〔美〕丹尼尔·布尔斯廷——著
符夏怡——译

The Image

幻象

南海出版公司

新经典文化股份有限公司
www.readinglife.com
出　品

A Guide to Pseudo-events in America

Daniel J. Boorstin

献给

芝加哥大学

“光辉、自由、求学之地”

“我担心钱。你还记得阿尼西木在结婚以前，就是复活节后第一个星期里，给我一些新的一卢布和半卢布的银币吗？当时我把一部分钱收在一个包里藏起来，另外的钱我拿来掺混在自己的钱里了……我呢，现在也就是这样分不清我的钱哪些是真的，哪些是假的。在我眼里，它们好像全是假的……我在火车站买票，付了三卢布，心想别是假钱吧。我害怕。我一定是病了。”

——安东·契诃夫，《在峡谷里》[1]

[1] 译文引自《汝龙译契诃夫短篇小说》，人民文学出版社，2015年版。——如无说明，本书脚注均为译注

目录

二十五周年版前言

四分之一世纪前，这本书初次面世。当时，电视还是新鲜玩意，公共关系还没完全成为美国人生活中最重要的力量之一。当时，“形象”一词还不是陈词滥调。这本书是我本人的一次探索，考察美国人眼中的现实发生了怎样的巨变。新版本保留了旧版所用的例子，这样一来，读者就能体会到我当时的摸索感，或许也能意识到眼下流行趋势背后的历史渊源。同时，读者还可以体验在日常生活中发现新例子的乐趣。

这本书很是享受了一番出人意料的名气。刚出版时，它不是畅销书，但也总是热度不减，经常在大学里被引用或被布置成作业。它被译入主要的西欧语言，日语版则已印了三十次。

本书在美国国外所受到的热情追捧远甚于国内，可能这也算不上什么意外。因为我们美国人对任何暗示我们为进步付出了代价的言论都十分敏感。1962 年本书初印时，我刚好在国外讲课。《时代》周刊在评论《幻象》一书时称，作者赶着在这部诋毁美国的作品出版前逃到国外，这一点也不奇怪。

另一些人对生活的真相则不那么过敏。许多人接纳了这本书所创造的词汇，把它们当作关于民主的新修辞。我在本书中引入的概念“伪事件”被我们的词典（以及《牛津英语词典》）收录，“知名度”一词也受到同样待遇，这些词在西欧本地语言中也有了对应说法。名人即是“因其名气而出名的人”（a person who is known for his well-knownness）这个定义则差不多成了耳熟能详的引语。

与此同时，我们的科技更加巩固了本书中提到的种种趋势。在一项项进步中——从家庭录像带到有线电视到超乎想象的未来机器——有哪一项进步不使得伪事件数量翻倍且更加鲜活？交通的进步——从随身听到移动电话到超音速飞机以及它们的后继者——有哪一个不是越发模糊了交通与交流之间的界限？每一天，观看和倾听都在取代身临其地的体验。

不过，作者永远都无法真正了解他的书到底在说什么。尤其在今天，像所有人一样，作者对自己所做之事的观感，也被形象与现实之间愈发模糊的界限所遮蔽。这种失调的现象，就像眼科医生所说的复视。若说这本书不断给许多读者带来困惑、将人激怒、叫人忍俊不禁，这评价也算不失公允。但我在二十五周年纪念版前言中如此强调它的名气，不过又一次证明了对伪事件的喜好有多难避免。这种喜好在过去不断加强，在可预见的未来，也将继续如此。

丹尼尔·J. 布尔斯廷

1987 年 6 月

初版前言

这本书的意图是“教你如何避免某种行为”。本书谈论的是我们自欺的艺术——我们如何掩盖事实，不让自己发现。不需要医生，我们就知道自己生了病；不需要鞋匠，就知道自己的鞋夹脚。我不知道“现实”究竟是什么，但不知怎的，我也能认出眼前的幻象。

对一本小书来说，这个主题十分博大。但对一本大书而言，这个主题又过于大了。如果我假装可以在这样的篇幅内穷尽20世纪美国生活中种种令人心醉神迷的非现实景象，并且完整调查或理解它们，那就歪曲了这个主题的宏大程度。归根到底，祛魅是读者而非作者的任务。全面调查必须由每一位美国人私下里替自己完成。

本书基于一些十分个人化的信念。首先便是对美国的感情以及美国带给我的惊异：这是我在五十多年的人生中所获得的，由于旅居国外的经历而越发增长，又因我成年后投身美国历史研究而越发强化。有不少人声称生活中这些令人迷惑不解的现象有各种幕后黑手——隐形说客、组织人[1]、麦迪逊大道[2]、华盛顿官僚系统、学究、反智主义者、权力精英，等等等等等等——读了好些说法之后，我对它们的邪恶很是不以为然。但 20 世纪美国生活中的种种困惑依然使我印象深刻。我早就怀疑，我们的问题并不源自我们的弱点，而是源自我们的强项。它们源自我们的学识、财富、乐观主义以及进步。

然而若以为大规模问题能够批量解决，就未免想错了。自建国伊始，美国的伟大承诺就是开放门户，让人们有机会自己解决面前的问题——不一定要单打独斗，而是在自己所选择的社群中，朝着吸引他们的那些常常前景不明的方向行动。

我对一切针对国家问题与国家目标之缺失的万灵药持怀疑态度。一个委员会，规模越大，成员越“有代表性”，工作协同性越高，它就越可能仅仅缓解或掩盖我们的症状。“国家目标”的问题很大程度上是一个幻觉——但可能是我们时代最流行的幻觉之一。而我们真正的问题都是个体的问题。

我在本书中尝试为读者提供其幻觉的代表性样本。这些素材来自我自己的经历，这些经历为大部分美国人所共有。书中只涉及了几种非现实，有更多种新的非现实充斥着我们的经验，模糊着我们的视野。我不能描述什么是“现实”，我知道这有可能让我成为更渊博的哲学家同行眼中的活靶子。但我可以自信地说，今天宰制美国经验的，并非现实。如果我能驱散迷雾，即使是一小部分，读者也可能得以更好地发现自己面临的真实困惑。无论选择哪条道路，最好都能先看清我们所处的形势。

---

[1] 出自威廉·怀特著作《组织人》(*The Organization Man*)，该书批判了企业对个性的压抑。

[2] 指广告业，纽约曼哈顿的麦迪逊大道在 20 世纪 20 年代后成为广告业中心。

引言　过度的期望

本书描述了我们制造的世界，描述了我们如何使用财富、学识、科技与进步，创造出非现实的丛林，把自己与生活的真相隔离开来。我要讲述的是给予我们这个前所未见的机会的历史性力量，它让我们得以欺骗自己，让我们的经验步入迷雾。

当然，美国为这一切提供了舞台，给我们资源和机会，实现了举国自我催眠的壮举。但我们每个人，也都各自为充斥体验的幻觉提供了市场与需求。

我们渴望并相信这些幻觉，因为我们饱受过度期望的折磨。我们对世界的期待太多。我们期望之过度，完全符合词典上对“过度”这个词的定义——“超过了合理或适度的界限”。我们的期望太过分了。

早上拿起报纸时，我们希望——甚至要求——报纸告知我们昨晚到现在发生的大事。开车上班时，我们打开车载广播，期望听到在晨报付印后发生的“新闻”。晚上回家，我们期望自己的房子不仅是头上片瓦，冬暖夏凉，还希望它能让我们放松，抬高我们的身价，让我们身边环绕着柔和的音乐与有趣的爱好；它得是游乐场，是剧院，是酒吧。我们期望两周长的假日充满浪漫与异国风情，费用低廉，还毫不费力。我们希望在附近感受远方的氛围，但如果长途出行，则希望一切都轻松、整洁、美国化。我们期望每个季度都有新的英雄，每月出一本文学巨著，每周一场盛大的戏剧演出，每晚一次罕有的体验。我们希望人人都能畅谈不同意见，但同时又期望人人都十分忠诚，不要捣乱，也别援引第五修正案❶。我们期望所有人都虔诚地信仰自己的宗教，但也不能看轻没有信仰的人。我们期望国家强盛、伟大、广袤、多彩、随时可以迎接任何挑战；但我们同样还期望我们的"国家目标"应当清晰简洁，可以指引将近两亿人的人生，同时还能在街角药店花一美元买到其平装版本。

我们期望一切，期望所有。我们期望的事物互相冲突，不可能实现。我们期望内部宽敞的紧凑型轿车、经济实惠的豪华轿车。我们希望能富有又慷慨，强大又慈悲，活泼又深沉，和蔼又好斗。我们期望被追求"卓越"的平庸之辈所激励，期望被渴望识字的文盲教导成学者。我们希望能放开肚皮吃又不长胖，能永远在路上又能睦邻友好，能前去"我们所选定的教堂"又感受到它指引我们的力量，能敬畏上帝又成为上帝。

从未有人能如此彻底地掌控环境，然而也从未有人感受到如此强烈的欺骗与失望。因为从未有人有这么高的期望，远远高于这个世界所能提供的一切。

我们被过度的期望所统治：

(1) 对世间事的期望。期望有多少新闻，有多少英雄，多频

---

❶ 美国宪法第五修正案规定任何人不得在刑事案件中被迫自证其罪，"援引第五修正案"这一说法因而也指拒绝回答对自己不利的问题。

繁地出现杰作，附近地区有多少异国风情，异国他乡会多么亲近。期望远地近在咫尺，又期望近地远在天边。

(2) 对改变世界的力量的期望。期望能在无事发生时制造事件，没有英雄时制造英雄，足不出户就能身处他地。期望随心所欲地创造艺术形式，将小说变成电影，电影变成小说，把交响乐变成氛围音乐。期望能在国家目标缺失时编造一个，编造完成后就去追求它。期望能发明自己的标准，然后又尊它们为自明的或被掘出的金科玉律。

我们持有、培养、不断扩张这些过度的期望，因此创造出对幻觉的需求，并用这些幻觉自我欺骗。我们付钱让别人用幻觉来欺骗自己。

制造这些充斥我们体验的幻觉，成了美国的生意，而且是美国最有诚意、最不可或缺、最受尊崇的生意。我指的不仅仅是广告、公关和政治说辞，还有那些意图告知、安慰、完善、教育、提升我们的一切活动：这些工作属于我们最好的记者，最有胆魄的出版商，最活力四射的制造商和贸易商，最成功的娱乐圈人士，最好的全球旅行导游，以及最具影响力的外交领袖。一切为了满足这些过度期望所做的努力，仅仅是让期望变得更加过度，让幻觉更加诱人。制造幻觉的故事——“新闻幕后的新闻”——成了世上最吸引人的新闻。

我们期望得到的比世界能给我们的更多，期望做到的比我们能对世界施加的影响更多，我们以此对自己施行暴政，让自己充满沮丧。我们要求所有对我们说话、为我们写作、为我们拍照、为我们制造商品的人，都生活在我们这充满过度期望的世界里。我们甚至期望外国人也能做到这一点。我们如此习惯我们的幻觉，以至于将它错当作现实。我们要幻觉。我们要越来越多的幻觉，更大、更好、更鲜明。它们是我们创造的世界：形象的世界。

如今，所有人都告诉我们，我们需要更多信仰，更强大、更深刻、更无所不包的信仰，对美国、对我们所做之事的信仰。这在长期而言或许会是真的。但我们现在该做的，是破除幻觉。最折磨我们的，不是我们对美国做了什么，而是我们以什么形象替代了美国。令我们遭受不幸的，并非我们的恶习或软弱，而是我们的幻觉。使我们忧心忡忡的，不是现实，而是我们用以取代现实的形象。

察觉这些幻象不会解决我们世界的问题。但如果不去察觉幻象，我们就永远无法找到真正的问题。驱逐世上由我们创造的鬼魅，不会带来力量，从而使我们征服真实世界中的真实敌人，或是重新打造真实的世界。但这可能帮助我们发现，我们并不能按我们的形象重塑世界。这会解放我们，磨利我们的眼光。这将驱散迷雾，使我们得以面对与全人类共享的世界。

第一章　从采集新闻到制造新闻：伪事件的洪流

赞不绝口的朋友："哎呀，你这孩子太漂亮了！"

妈妈："噢，这不算什么——你该看看他的照片！"

人们有许多过分的期望，其中最简单的一项，是以为世上有无尽的新鲜事。从前，读到无聊报纸时，读者会说："今天的世界也太无趣！"今天，他便要抱怨："这报纸也太无趣！"美国的第一份报纸是本杰明·哈里斯的《海内外公共事件报》，1690 年 9 月 25 日发行于波士顿。报纸承诺每月一期，准时面世。然而，编辑解释道，"若频有事端"，出刊也会频繁一些。制造新闻全然是上帝（或魔鬼）的责任。新闻人的任务不过是"如实记述我们注意到的大事"。

虽然这种对事件的看法背后的神学基础很快就消解了，但这种新闻观本身却还保留了一段时间。"一个熟练可靠的报人，"詹姆斯·帕顿在 1866 年注意到，"准确且有力地记录时事，以人力传达天意。"据说，在南北战争前，南方浸信会的一位牧师会在报纸送进他房间时说："请恕我离开片刻，我要去看至高之神如何管理他的世界。”查尔斯 · A. 达纳是 19 世纪最伟大的美国编辑之一，曾为自己发表在纽约《太阳报》上的大量犯罪报道辩护，说：“我一向认为，事件总因神的旨意发生，我不该自以为是而不去报道。”

当然，这种观念现在已经老掉牙了。如今的观念，借用威廉 · 伦道夫 · 赫斯特[1]为旧金山《观察家》聘用的首席编辑亚瑟 · 麦克尤恩的定义，最为恰当：“只要能让读者说‘哎哟喂’，那就算新闻了。”说得严肃点，“无论什么东西，只要一位好编辑愿意将它付印，便是新闻”。

哪怕不是神学家，我们也能发现，使世界变得有趣已不再是神的责任，而是新闻编辑的责任了。我们曾经相信世界上的“大事”不过只有那么多。如果没有有趣或惊人的事情发生，也不能怪在记者头上。不能指望他无中生有，造些新闻出来。

然而，在过去一百年里，尤其是在 20 世纪，一切都不一样了。我们觉得报纸应该塞满新闻。如果没有明显可见的，或者普通市民也能看得到的新闻，那开拓进取的记者也理应能找出点新闻来。即使没有地震、暗杀或内战，成功的记者也能挖出些故事来。如果找不到，那就必须造一个——逼问公众人物，从平常事里挖掘出惊人的趣味，或讲述“新闻幕后的新闻”。如果这些全都行不通，那就必须来一篇“记者述评”——给众所周知的事情添油加醋，或是揣测未来的惊人事件。

我们对待“新闻”态度的转变不仅仅是美国报纸发展史上的一个现象。它是我们面对如下事情时所持态度发生颠覆性转变的

[1] 威廉 · 伦道夫 · 赫斯特（1863—1951），美国报业巨头，赫斯特国际集团创始人，电影《公民凯恩》即根据其生平改编。

症候：世界上有什么事发生，有多少是新鲜事，有多少令人惊讶，有多少举足轻重。还有，生活能如何变得多姿多彩，我们有多大力量，那些告知我们、教育我们、引领我们的人有多大力量来提供合成事件以填补自发事件的空缺。我们索要的超过现实世界所能提供的限度，便要求有人编造出什么来以补足世界的缺憾。这不过是我们追求幻象的一个例子罢了。

我们的期望之所以变得如此毫无节制，背后有许多历史因素可供溯源。然而，我们现在所拥有的期待之多，其程度之过度，是毫无疑问的。每个美国人都了解在心中升起的那种期待：在早餐拿起晨报时，晚饭前拿起晚报时，在乡间开车听着每个整点的新闻时，看着自己最喜欢的电视评论员解读本日大事件时。许多富有创业精神的美国人正在努力帮我们满足这些期望。如果我们的期望突然变得合理了，那不少人可能就要失业。正是我们给了他们饭碗，要求他们用新奇事物填充我们的知觉，为我们扮演上帝。

一　伪事件的基本特征

这种新的人工合成新鲜事淹没了我们的经验，我称之为“伪事件”（pseudo-events）。Pseudo 这个前缀来自希腊语，意为虚假，或意图欺骗。在我回顾那些为伪事件提供条件、提振对它的需求与供应的历史因素前，我要先举个老生常谈的例子。

爱德华·L. 伯内斯在他极富前瞻性的《舆论的结晶》（1923）一书中举了这个例子。某酒店的所有者咨询一位公共关系顾问，他们问，怎样才能提振酒店的声望，从而改善生意。在没那么精致的年代，答案可能是雇个新厨子、升级管道系统、粉刷房间，或是在大堂装个水晶吊灯。公关顾问的手法则迂回得多。他向管理层提议举办一场三十周年庆典。为此，一个委员会成立了，成员包括一位杰出的银行家、一位社交名媛、一位著名律师、一位有影响力的牧师，然后又安排了一场“事件”（比如说宴会吧）来吸引社区的注意，让大家意识到酒店对社区做出过多么杰出的贡献。庆典举办了，照片拍了，事件被广泛报道，目的达成。这场庆典就是个伪事件，显示了伪事件的所有基本特征。

从一开始，我们就能看出这个庆典在某种程度上——但又不完全——具有误导性。按理说，如果酒店没有对社区做出杰出贡献的话，公关顾问也请不来这么多重要市民组成委员会。从另一方面来说，如果酒店的贡献真这么重要，那么顾问的这番鼓动也就没有必要了。一旦庆典举行，庆典本身就成了证据，证明酒店确实是个杰出的机构。这个事件给酒店带来了它假装拥有的声望。

同样，可以明显看到这个事件的价值对酒店所有者而言，在于照片，在于报纸、杂志、新闻短片、广播和电视报道。是这些报道赋予了这个事件在潜在客户意识中的力量。这让我想起一则传闻，有位下属向拿破仑质疑某次行动时势不利，拿破仑于是对他的将军说：“呸，时势我造！”这位现代公关顾问——当然，他也只是 20 世纪许许多多伪事件制造者中的一员——几乎达到了拿破仑这句吹嘘中的境界。“这位公关顾问，”伯内斯先生解释道，“不仅明白新闻价值是什么，还因为知晓它的本质，从而能够创造新闻。他是事件的缔造者。”

然而，当前状况有意思的地方在于，现代新闻制造者并非上帝。他们制造的这些新闻、创造的这些事件，不知为何，不太真实。人造事件和天然事件之间，有一些值得玩味的差别。

总而言之，伪事件具有以下特点：

(1) 它不是自然发生的。它之所以发生，是因为某人计划、安排或引起了它。一般来说，它不是火车失事，也不是地震，而是一场采访。

(2) 安排这个事件主要是为了（有时也不止于此）被报道或被再现。因此，事件发生的方式都是为了报道和再现的媒体方便。它成功与否，取决于它受到多广泛的报道。事件的时间关联一般是编造的、不自然的；在事件发生前就"为日后报道的便利"发出通告，行文中，仿佛事件已经发生了。"这是真的吗"这个问题，比不上"有没有新闻价值"重要。

(3) 它与所处情境的现实基础之间的关系十分模糊。其趣味主要就来自这种模糊。在针对伪事件时，"这意味着什么"这一问题有了新的维度。火车失事的新闻价值在于发生了什么，引起了怎样的现实后果；一次采访的兴趣，在某种程度上说，总是关于它到底是否真的发生了，背后的动机又是什么。某声明真就是字面上那个意思吗？若没有这些模棱两可，伪事件就不会有多少趣味了。

(4) 一般来说，它的目的是成为一则自我实现的预言。酒店三十周年庆典声称该酒店是个杰出的机构，但其实正是庆典将酒店打造成了这副样子。

二 采访与发布会

在过去半个世纪里，越来越多的体验，我们读到、看到和听到的，都包含了伪事件的成分。我们对它们期望更大，也得到了更多。它们漫过我们的意识，在美国增殖的速度比世界上任何一个地方都要快。就连增殖速度本身也在不断加快。在教育、消费与个人关系领域是这样，而在本章所描述的公共关系领域，更是如此。

若要对伪事件起源与崛起做完整解释，那就相当于讲述美国的整个历史。考虑到眼下的目的，只要回顾近期几个较具革命性的进展就够了。

供应与需求在现代的极大增长，始于19世纪早期。在那之前，报纸专栏里满是没劲的国内外事务二手转述或转载文章。剽窃法与版权法还没有制定。大部分报纸不过是个幌子，用来传扬政治立场，列举船只到岸离岸信息，刊登老生常谈的文章与实用的建议，发布商业或法律告示。

不到一个半世纪前，报纸开始传播与公众利益相关的最新报道，由目击者或身处现场附近的专业记者撰写。在19世纪三四十年代，电报技术得到完善，并应用于新闻报道。两位报纸记者——就职于费城《公众纪录报》的威廉·M.斯温与肯塔基州法兰克福的阿莫斯·肯德尔是国家电报网络的奠基人。1846年，波尔克[1]的总统咨文由电报发送，首开先河。1848年美联社成立时，新闻成为可供买卖的货物。而后，轮转印刷机问世，这种机器可以在连续纸张上同时双面印刷。纽约《论坛报》在19世纪70年代采用的高速印刷机每小时可以印制一万八千份报纸。内战与其后的美西战争为生动的实时实地报道提供了原材料和动机。

---

[1] 詹姆斯·诺克斯·波尔克（1795—1849），第11任美国总统，任期自1845年3月4日至1849年3月4日。

好胜而大胆的巨头如詹姆斯·戈登·贝内特、约瑟夫·普利策和威廉·伦道夫·赫斯特激化了追逐新闻的竞争，也让报纸发行量增加。

这些事件都从属于一场巨大却鲜有人注意的革命——我将其称为图像革命（Graphic Revolution）。人类制作、保存、传输并发布清晰图像的能力——包括印刷图像，人像、风景与事件图片，还有反映个人与民众声音的图像——正在以不可思议的速度增长。印刷速度的提升本身就是革命性的。相比之下更具革命性的，是制造直接映照自然的图像的新技术。摄影技术注定要让印刷物沦为次要的存在。不到一个世纪，美国人就飞越了银版照相技术和彩色电视技术之间的鸿沟。1873 年，干板摄影技术发明；1876 年，贝尔获得电话技术专利；1877 年，留声机问世；1884 年，感光胶卷出现；1888 年，伊士曼柯达一号诞生；1891 年，爱迪生注册无线电专利；1900 年前后，电影问世，同一时期，声音第一次通过无线电在世上传播；1928 年，全国性政治盛事首次通过广播转播；1941 年，电视开始在商业上举足轻重，最近，彩色电视更是如此。

逼真这个词获得了新的含义。现在可以真切地传播富兰克林·德拉诺·罗斯福的嗓音与姿态，将其无比真实且亲密地展现在全国人民眼前。生动鲜明的图像让苍白的现实失色。彩色有声电影让整整一代先锋影迷把本杰明·迪斯雷利看作是和乔治·亚利斯撞脸的古人，就像电视让下一代观众把西部牛仔看作对约翰·韦恩的拙劣模仿。[1] 而大峡谷本身则成了柯达彩色胶片上原版景色那令

[1] 本杰明·迪斯雷利（1804—1881），英国保守党政治家、作家和贵族，曾两次担任首相。大学应当是“光辉、自由与求学之地”的主张即由他提出。乔治·亚利斯（1868—1946），英国演员、作家、剧作家和电影制片人，第一位赢得奥斯卡最佳男主角奖的英国演员，曾饰演迪斯雷利。约翰·韦恩（1907—1979），美国电影演员，以出演西部片闻名。

人失望的复制品。

报道并展现事件的崭新力量是个新诱惑，引着新闻人在遇上可能发生的事件之前准备好可信的照片和报道。而人们又常常把自己的能力当成必需品。读者与观众很快就被报道的生动与照片的“真实”所折服，而不再关心被记录的事件是否自然发生。

于是，全天候媒体问世了。新闻报道之间的时间差很快就缩小到必须提前计划如何披露哪桩新闻，才能保证每版报纸或每期广播都能报道出“新”闻了。每周新闻和每日新闻后，出现了“特刊”和许许多多常刊。费城《晚报》很快发展到每天要发好几刊。新闻人永不休息。版面越多，填充版面的速度就要越快。为了让这么多版报纸说得过去，就越来越需要让新闻不断变化，或者至少看上去在变化。人们醒着时，广播还在一刻不停地播放，这让记者面临的问题更加严峻。每小时有整点新闻，有时候还有半点新闻。节目随时被特别快讯打断。怎样才能避免致命的重复，避免让人看出无事发生、看出新闻采集者在睡觉、看出竞争对手比你更机敏？印刷和广播成本变高，从财务上来说，也有必要让印刷机一刻不停，电视机画面也要一刻不断。制造伪事件的压力越来越大，采集新闻变成了制造新闻。

“采访”就是图像革命所造就的制造新闻的新方法。后来，采访进一步发展，变成广播与电视上冗长的公众人物座谈和竞答，还有长达三小时喋喋不休的对话节目。虽然采访技巧看似直截了当——其原始状态可以追溯到苏格拉底的年代——但在现代意义上使用这个词是相对近期的美国现象。波士顿《时事通讯》在1719年3月2日对海盗黑胡子之死的报道显然基于对某船长的采访材料。最早的一次现代采访——有些作者认为这是第一次——

由詹姆斯·戈登·贝内特主持，这位张扬的纽约《先驱报》编辑在1836年4月16日就罗宾逊–朱厄特谋杀案进行了采访。艾伦·朱厄特是妓院里的妓女，有人发现她被人用斧子杀害。理查德·P.罗宾逊是镇子里的年轻男人，被控谋杀。贝内特抓住机会，层层叠叠地发表了一系列文章，以此推动他名下《先驱报》的发行量；没多久，他的报纸就天天供不应求了。他以所有可能的方式利用这个故事，其中就包括实地采访妓院老板罗西娜·汤森。

研究新闻业的历史学家则认为，第一次对著名公众人物的真正采访发生于1859年7月13日，那天霍勒斯·格里利在盐湖城采访杨百翰，向他提了许多关系到公众利益的问题，并将他的答案一字不差地刊登在他的纽约《论坛报》上（1859年8月20日刊）。[1]“采访”一词在现代美国意义上得到广泛使用，就是在这件事前后。早在此之前，这个报社就落下了做作的名声。《民族》杂志抱怨道（1869年1月28日刊）：“这次安排的所谓‘采访’，总的来说，不过是一个迂腐的政治骗子和另一个记者骗子的联合作品罢了。”几年后，另外一位杂志编辑把这次采访称作“有史以来最完美的圈套，其目的就是为了让新闻业声名扫地，沦为一股恶臭，为所有正直的鼻孔所不容”。许多人拒绝这种做法，认为这是对隐私的侵犯。美国做出表率后，同样的事情在英国和法国上演，但在这两个国家，采访的发展要慢得多。

即使在发明采访以前，美国新闻制造业就挣得了新的尊荣地

[1] 霍勒斯·格里利（1811—1872），报纸编辑兼出版商，纽约《论坛报》创始人兼总编辑，短暂担任过纽约州联邦众议员，曾参与总统竞选。杨百翰（1801—1877），又译布里格姆·扬，摩门教徒，耶稣基督后期圣徒教会首领。杨百翰大学即以他的名字命名。

位与可畏的权势。1828 年，麦考利[1]把坐着记者的议会走廊叫作“国家的第四等级”[2]。但麦考利肯定想象不到记者在20世纪美国的崇高地位。他们早早把自己变成了人民的保护者。据说他们拥有超然的态度，没有党派的偏见，紧贴信息的源头，具有缜密清晰的表达能力，又时时刻刻直接接触全体人民，这使他们也成了人民的顾问。外国观察者如今会震惊于华盛顿媒体团所拥有的近乎写进宪法的——或许该说是凌驾于宪法的——权力。

在现代总统新闻发布会于 1933 年兴起后，首都的记者就获得了定期当面问询、羞辱、刺激总统的权力，将他逼入某种立场或公开拒绝某种立场。总统可能以不方便为借口拒绝会见一群政见不同的参议员或众议员，但他鲜有胆量拒绝媒体。拒绝本身就是新闻。这是最近才出现的现象，其背后是新闻人所施加的越来越大的压力，“无可奉告”这个词本身都传递出至关重要的信息。新闻人的名声——现在这个群体还包括广播、电视和杂志雇员——取决于有没有能力提出令人难堪的问题，让政客下不来台；他们的生计本身取决于公众人物是否愿意配合他们。在 1950 年之前，华盛顿就驻有一千五百位通讯记者，另有近三千位政府新闻官员专为他们服务。

新闻人的权力不仅体现在定期正式发布会上，更体现在其他全国性节目上——如《会晤新闻界》和《面向全国》。1960 年，大卫·苏士侃主持的深夜谈话节目《开放式结局》就争取来了苏联最高领导人三小时的出场。在当年总统候选人间的所谓“大辩论”

[1] 托马斯·巴宾顿·麦考利（1800—1859），英国诗人，历史学家，辉格党政治家，曾任军务大臣和财政部主计长。

[2] 第四等级（fourth estate），本义指除贵族、教士、平民外的另一等级；新闻媒体掌握行政、立法、司法之外的“第四权”的说法即源于此。

期间，也是新闻人在发号施令。

肯尼迪总统一上任，就在 1961 年开始直播总统例行新闻发布会，这在某种程度上改变了发布会的性质。新闻人不再是传达总统发言的重要中介。但这种新的形式引起了新的兴趣，也就是对戏剧性表现的追求。在家中和办公室里的民众看过总统在新闻发布会上的表现后，便比以前更希望听到娴熟的评论员对此发表相互抵触的解读。新闻评论员的传统角色是当下历史的解读者，如今又添上戏剧批评家的身份，这让他们更有吸引力了。即使在这种新样式中，提问的还是新闻人。他们仍旧是人民的保护人。

三　如何炮制新闻

英国宪法是由从中世纪起积累的材料组成的。我们被告知，英国宪法之所以生效，是因为英国人民乐意忍受大量的法律拟制。[1]君主制只是其中最突出的那部分。我们美国人之所以能让我国 18 世纪的宪法适用于 20 世纪的技术，则依靠生产繁多的伪事件，以及发展那些制造伪事件并帮我们解读它们的行业。一位有见识的公民应该知道的信息和他实际能够知道的信息之间，越来越不对称。随着官员欺瞒、捏造能力的增长，这种不对称也越发明显。新闻采集者筛选、发明、设计的需要也随之越发增多。于是，整个公共信息系统不可避免地产生越来越多的"包装"新闻，越来越多的伪事件。

[1] 法律拟制，指在法律上将原本不符合某种规定的行为也按照该规定处理。

美国对伪事件的偏好，早早就能在《国会议事录》[1]中找到一个微小但预言性十足的例子。出人意料的是，英国和法国的议员如实记录了审议机构中的所有发言。然而，自《国会议事录》在1873年首次以这个名号出现起，就只在表面上完整体现国会讨论的过程，而同国会内实际的讨论一点也不像。尽管偶有些小声抗议，《议事录》却依然是繁杂的庞然大物，将实际会议记录掩埋在未发表的演讲、未被读过的以及难以卒读的文山之下。我们之所以乐意忍受这种状况，只能用全国上下都缺乏幽默感——或都具有幽默感——来解释了。可能这也能解释一位沮丧的《议事录》改革者1884年在参议院的判断："美国公众一般来说都把国会事务看作综艺汇演，除了演员拿到的工资，其余一切都是假的。"

每日都有大量例行"新闻发布会"举行，来自国会议员办公室，来自总统新闻秘书，来自公司、慈善组织和大学媒体关系部门，这都可以看作是涵盖美国生活方方面面的《国会议事录》。他们只是对自然发生的事件做了不那么准确的记录罢了。为保证某个事件可以得到"新闻曝光"（尤其是当这个事件没有新闻价值时），人们必须以适当形式举办"发布会"。"新闻发布"这个词本身（很明显是个美国发明；1907年首次出现在记录中）直到最近才被广泛使用。把这种活动叫作"发布会"，本身就十分异样，改叫"新闻延迟"可能还比较贴切，因为其目的本身就是要防止公众知晓某些信息，待到特定日子才予以披露。报纸记者以带点贬低味道的黑话，将新闻发布会称为"施舍"（hand-out），这个词本来指的是家庭送给乞丐的馊臭食物。虽然该词的新意涵已通行

[1] 《国会议事录》（*Congressional Record*）是美国国会程序和辩论的官方记录，由美国政府出版局和国会印发，约每两周发布一次，在每届国会结束时，编成合订本。

于新闻采集行业，但因为是最近才有的发展，还没来得及收录进词典。

发布会上的新闻预先烹调过，封装储存，要用的时候再拿出来。其版式识别度很高（一般来说是油印的），并且印上了日期，比方说2月1日，但它还同时指出“于2月15日向公共媒体通报”。其内容是用过去时态写的，但描述的一般是新闻发布会当日尚未发生的事。利用并解读新闻发布成了新闻人的重要职责之一。国家记者俱乐部位于华盛顿的会场中有个大架子，每天都放满了最新的新闻发布，记者甚至不用前往发布会现场。1947年，准备新闻发布材料的政府新闻官数量甚至两倍于收集它们的新闻人。

大众已经非常习惯这些安排，以至于公职人员只要没按照事先发布的文稿讲话，就能“搞出个新闻”。1961年4月28日晚肯尼迪总统在芝加哥演讲，次晨的早报（前夜就印刷完毕，以在第二天一早送往各家）只刊发了新闻人员提早拿到的稿子。总统抛开稿子讲话后，芝加哥《太阳时报》最新一期报纸头条写道：“肯尼迪脱稿演讲……”底下的文章强调总统脱离了定稿，并以几乎相同的篇幅刊登了他的实际讲话和根本没讲的稿子。显然，这里最大的新闻就是总统不按提前准备好的剧本来。

我们开始怀疑事件到底怎样才算“初次发生”。记录“已发生”的事件和已说过的话的正统新闻，看起来越来越像提早发布的。越来越多的新闻事件变成戏剧表演，“新闻中的人”按照脚本演得或好或坏。事先准备好以供“未来发布”的故事，同日历上那天实际发生的事件，真实性不相上下。

近年来，成功的政客一直是最能熟练利用媒体与其他方式制造伪事件的人。富兰克林·德拉诺·罗斯福总统被海伍德·布龙称为“美国总统中最优秀的新闻人”，是第一位现代大师。当报社老板在没多少人读的社论中反对他时，罗斯福本人则在一群友好的华盛顿记者的合作下，用头版头条制造所有人都在读的新闻。他在制造“事实”——伪事件——而社论作者不过是表达意见。人人皆知他如何使用试探性声明、如何利用非正式评论的伦理、如何把总统新闻发布会从无聊仪式变成后任总统无敢轻忽的国家传统，又如何发明了炉边谈话。他知道新闻人靠新闻吃饭，就帮他们制造新闻。他也足够了解新闻制造的技巧，从而能让新闻报道导向他的目的。

就拿罗斯福总统在 1939 年 2 月 18 日访问佛罗里达平民保育团营地时的几个评论作例子吧，当时战争氛围日渐紧张：

> 我想传达一些信息，但不能这么说。换句话说，这东西是我不能直接讲的，但它又是我发言的背景。如果我来写报道——你们也知道我经常这么做——我就会这么写——你们知道是什么套路：当被问到什么时候返回（华盛顿）时，总统暗示不可能给出任何日期；因为，虽然他希望能到 3 月 3 号或 4 号才回，却不断收到消息称国际情势依然不稳，因此总统可能有必要在 3 月 3 号或 4 号之前返回（首都）。据悉，这些消息关乎某些国家可能新提出的要求，这些要求不是通过常规外交渠道提出的，而是通过较新的那种关系；换句话说，利用了对侵略的恐惧。

罗斯福非常温和，自然不造作，口才单纯而雄辩，他的公开讲话以一种崭新的亲密感贴近民众。然而矛盾的是，总统发言在其任期内变得微妙，满是算计。在他的写作班子里，除了新闻人，还有诗人、剧作家，以及一班职业演讲撰稿人。这个为打造个人的诚恳与天然印象而生的协作系统非但没有降低效率，反而引发了具有新闻价值的额外兴趣。这个或那个短语是罗伯特·舍伍德还是塞缪尔·罗森曼法官写的？[1]总统拿到写作班子给他的稿子之后，做了多少改动？公民们对某篇演讲稿写作过程的兴趣几乎和对稿子内容的兴趣一样高。当总统演讲时，几乎所有人都知道这是策划良久的集体作品，而罗斯福只是其中的明星演员。

当然，罗斯福总统做了很多伟大决策，他只是去推动其生活年代里的波澜，而非制造它们。但是，纯粹依靠伪事件来打造一段政治生涯是可能的。已故的约瑟夫·R.麦卡锡正是如此，他在1947年至1957年间任威斯康星州的国会参议员。若非依靠我先前描述的不眠不休的“信息”机器，他不可能拥有这种政治生涯。他有种天然的才能，懂得制造与潜在现实有着模糊联系的新闻事件。在麦卡锡最风光的时期，理查德·罗维尔在华盛顿做记者，他回忆道：

> 他知道怎么上新闻，即使在某些罕见情形下，他没法杜撰出什么东西来也没有非事实信息能透露，也还是能上新闻。比方说，他发明了晨间新闻发布会，发布内容就是下午还有一场新闻发布会。记者们会出席——这个时候，他们就像巴甫洛夫的狗听见铃声一样，形成条件反射了——而麦卡锡会说，他

---

[1] 罗伯特·舍伍德（1896—1955），美国剧作家、编剧，曾担任罗斯福的演讲稿撰写人。塞缪尔·罗森曼（1896—1973），美国律师、法官，罗斯福的演讲稿撰写人，首任白宫法律顾问，“新政”（New Deal）一词即出自他手。

只是想告诉他们，他在今天晚些时候会公布一则令人震惊的消息，可以刊登在明天的晨报上。这会让他上下午的报纸头条："麦卡锡将在首都披露新信息。"下午到了，如果麦卡锡真有什么可说的，他就会说出来，但他常常没什么可说，但这也没关系，他会说他还没准备好、遇到了一些困难、弄不到他需要的"文件"或者有个"证人"找不到了。第二天早上的头条："麦卡锡新闻发布延迟——正在寻找神秘证人。"

对渴求新闻的记者而言，麦卡锡有种魔鬼般的魅力和几近催眠般的力量。他们几乎是捏着鼻子感激他，感激他制造了这些产品。他们震惊地发现，他竟能靠这么点微不足道的材料搞出这么多新闻。许多人恨他，但所有人都帮他。某记者说他们有种"一视同仁的客观性"，正是这种客观性害了他们。换句话说，麦卡锡和新闻人都靠着同一种合成商品蒸蒸日上。

麦卡锡参议员的政治财富中，那些自认为恨他的人所贡献的额度，几乎和少数以他为友的人一样多。如果不是所有人对他的积极帮助，他就不可能制造这些让他臭名昭著又手握重权的伪事件。报纸编辑自以为是地攻击这位参议员的"同谋者"，他们自己对此却根本无能为力，无法削弱他的威望。甚至当他们在内页版面的社论上攻击他时，还在为他上头版头条添砖加瓦。新闻人是他最有力的盟友，这是因为双方在一道制造伪事件。他们作茧自缚，诚实的新闻人和寡廉鲜耻的参议员麦卡锡是同一门生意上的不同分支。

按新闻人的传统用词，"硬"新闻和"软"新闻间有清晰的分界。硬新闻应当是对重要事务的坚实报道：政治、经济、国际关系、社会福利、科学。软新闻报道的是流行爱好、奇闻异事或娱乐消遣：包括耸人听闻的本地事务、贩卖丑闻、八卦栏目、连载漫画、电影明星的性事，以及最近的杀人案件。新闻批评家攻击今日的美国报纸不够“严肃”，将越来越多的版面划分给软新闻，而非硬新闻。

然而，伪事件越推越高的浪潮将两者之间的区分洗去了。举个例子，1960 年 6 月 21 日，艾森豪威尔总统身在檀香山，正在往远东的访问途中，去会见韩国、菲律宾及其他国家的政府首脑。芝加哥《每日新闻》给读者带来整整七栏的头条：“艾克对这次旅行做何感想？幕僚缄口不语”“毫不忧虑”“执政党成员对新闻人的提问深恶痛绝”。还有一个双栏长度的报道这样开头：

> 檀香山报道——艾森豪威尔总统对远东之行的态度依然讳莫如深，捂得像他的高尔夫分数一样严实。总统在位于帕里山迎风面的卡内奥赫海军陆战队航空站下榻，附近是蔚蓝的太平洋与十八洞高尔夫球场。他可能是在那里研究亚洲之旅的利弊。然而没有任何迹象显示他正这么做。执政党成员非常厌恶人们查探白宫对亚洲之行的态度，尤其是日本之行告吹的那场闹剧。

报道结尾写道：“然而，现实迟早会降临。如今看来，恐怕这个时刻很快就要到了。”

如今，成功的记者必须做新闻的接生婆——多半还得做产妇。他依靠采访技巧，煽动公众人物说出听起来像是新闻的话语。在 20 世纪，这种技巧已经变为诈骗术，在技艺高超的人手中，甚至可以左右国家政策。

时间的压力，以及稳定制造新闻流以填满媒体内容的需要，引诱华盛顿和其他地方的记者利用采访和其他技巧制造伪事件，手法翻新，越来越天才，越来越咄咄逼人。身在华盛顿的通讯社记者要面临的现实之一是，美国的晚报比晨报要多得多。东海岸午后报纸要在早上十点之前付印，而自然发生的新闻在那时还没机会发生。“这意味着，”一位有良心的首都记者在道格拉斯·卡特可敬的《第四权》（1959）一书中透露，“通讯社记者必须要写‘隔夜’新闻，基本都是编造的——这些报道是前一天晚上写的，但要让第二天下午看到报纸的人觉得上面写的都是当天的事。”

在特定情况下这意味着什么？从某个辛勤工作的记者所经历的苦难上，就可见一斑。这位记者是在努力做本职工作，挣口饭吃。当时，参议院正在就 1955 年《奥地利国家条约》❶展开辩论。虽然这在全国乃至全世界都是有分量的事件，但条约通过基本上板上钉钉；这里没什么文章可做。因此，为了写报道，这位记者去找了参议院外事委员会主席沃尔特·乔治，后者向他保证，根据这个条约，奥地利不会得到金钱或军事援助，只有长期贷款。“这就成了我的新闻导语，”记者回顾道，“我做了该做的事，拿到了会成为第二天新闻的信息。”

第二天，辩论举行。辩论很无聊，也很难编出新闻来。幸运的是，参议员詹纳说了句和艾森豪威尔总统有关的难堪笑话。这位记者（在考虑报道此事的其他通讯社记者会做什么之后）把此事发了过去，作为“增补材料”。下午三点半后不久，条约就通过

---

❶《奥地利国家条约》（Austrian State Treaty）旨在结束二战期间的纳粹统治及战后盟军占领时期，重建主权独立的民主国家，该条约由奥地利、美国、英国、法国、苏联签署。

了。这自然成了通报，而且得为关于辩论的故事写一篇新导语。但在这时，饱受压力的记者还得给第二天的晨报准备全新的报道。

> 但我的工作还没有完成。条约通过的简报发出太晚，已经赶不上大多数东海岸晚报的截稿期，只剩大城市的报纸可登了，比如一天出七刊的费城《晚报》。我必须找个新角度写稿子，发到那些没有刊登条约新闻的晚报上。
>
> 它们不想仅仅刊登隔夜的辩论旧闻。它们想“压”别的报纸一头。所以，直截了当地说，我去找了参议员赛伊，设法让他说出詹纳的做法削弱了总统的权威。实际上，赛伊的指责比《奥地利国家条约》通过本身更具新闻价值。但这件事之所以发生，是因为我要找个新爆点写稿子。对于赛伊来说，这不是他主动说的话。我在这之前给另外七个参议员打了电话，到第八个才终于弄出一些对詹纳的评价。我知道这种做法应该受到批评。这些参议员没有打电话给我，是我打给他们的。在某种意义上，是我制造了新闻。是记者的想象影响了参议员的看法，催生了他自己可能不会想到的观点。
>
> 这种做法可能非常普遍。一位通讯社记者天天对乔治参议员穷追猛打，追问他对外贸的看法，直到他终于让乔治说出日本应该和红色中国贸易，而不是把纺织品倾销到美国市场。然后这位记者直接去找了参议员诺兰，让他反驳这个建议。这制造了一则好新闻，还激发了一场小小的政策辩论，这场辩论本来不会发生。“隔夜新闻”是通讯社探索性报道的最好战场。这可能该叫“榨取新闻”。

记者十分明智地补充道，他这个职业现在的任务不是以最快速度报道已经发生的事件。相反，它被“包装问题”影响了。他说：“我们的工作是报道新闻，但也要保证新闻流的稳定。比如说，每周六早上我们都会去见几位国会领袖。我们可以把见面时得到的所有消息都写在周日的晨报里，但我们不这么做。我们学会了安排这些新闻，均匀地排在周日和周一的报纸里。”

头脑简单的看客可能会以为，电视和现场新闻报道的兴起可能会带来压力，让人们如实报道自然发生的实际事件。然而讽刺的是，就如先前的清晰图像技术一样，这些技术只是创造了越来越多的伪事件。

当道格拉斯·麦克阿瑟将军回到美国时（这是在杜鲁门总统解除了他在远东的指挥任务后的事，当时是1951年4月11日，朝鲜战争期间），他的“凯旋”之旅遍及各州。他受邀到芝加哥庆祝“麦克阿瑟日”（1951年4月26日），这个节日是市政局通过决议设立的，安排了精心设计的庆典，包括游行。

由三十一位芝加哥大学社会学者组成的团队，在库尔特·兰充满想象的指挥下，占据了麦克阿瑟游行路线上的战略性位置。他们的目的是记录人群的反应，并把观众所看到的（或自称看到的）景象和他们本可以在电视上看到的景象作比较。这项天才的研究确认了我的观察，我们越发倾向于用编造的内容来填满自己的经验。新闻报纸当然给大家做好了心理准备，迎接芝加哥《论坛报》当日早晨预告的“凯旋英雄受到欢迎——中西部史上最大、最温暖的迎接仪式”。实际挤在人群里的人，有许多抱怨看不清到底发生了什么；在某些地方，他们等了好几个小时，才能有幸瞄到将军一眼。

但电视转播的角度则非常不同。得益于四处分布的摄影机，电视媒体于是以它自己的方式指挥这次活动，与在场者一头雾水的经历大为不同。摄影机精心对准“重大”事件——换言之，突出活动的戏剧性。对电视观众而言，将军一直处在注意力的核心，从他在下午 2:21 出场开始，直到 3:00 突然信号中断，都是如此。播音员不断重复（脚本中超过十五次精确提及）这场面多么前所未有，“是这个城市最壮观的热情欢迎”。电视屏幕会让你产生这样的印象：狂热的欢呼在游行前、游行中和游行后持续不断。当然，这些摄影机都特意挑选了“活动”画面，展现不断挥手的喧闹人群；然而在许多情况下，这些欢呼、挥手和叫喊实际上并非朝向将军，而是朝着转向他们的摄影机。现场观众两脚酸麻，熬过漫长的无聊时间，许多人毫无兴致。而电视观众，看一眼将军又看一眼热情群众，耳朵里连珠炮似的旁白强调着人群和明星间的互动，他一定会以为，这是一场连绵不断的精彩盛典。

这些社会学家得出的最重要结论就是，该活动在电视上的呈现（相对于亲眼所见而言）“全程完全在意料之中，对事件经过的阐释符合人们的期望……电视节目的制作遵照观众所期待的样式”。实际在场者则遭受双重失望。不仅因为他们在自己的位置上没看到多少东西（看到的时间也十分短暂），还因为他们知道自己错过了一场好看得多的电视表演（比他们期望看到的远远精彩得多）。几乎所有人都会这样抱怨：“我打赌我老婆在电视上看到的都比我多！”以及“早知道就待在家里看电视了！”。当在场者嫉妒在家的伪事件观众时，电视评论员自然是一遍又一遍地告诉观众“真在现场”该有多刺激。

然而，芝加哥大学的社会学者指出，对于许多在场者而言，当天最大的刺激就是上电视的机会。所有人都想让自己的名字见报，几乎所有人也都喜欢想象在电视上露脸（如果能通过录像带亲眼看见电视上的自己，那就更妙了）。同样，跟踪报道肯尼迪与尼克松 1960 年总统竞选之旅的记者也指出，电视媒体拍到的大片人群中的许多“支持者”之所以前来，是因为想上电视。

电视报道让所有人得以成为扮演自己的演员。最近，我在芝加哥大学校园里闲逛，碰巧看见学生之间的拔河比赛。看到女生队把男生队拽进了植物园池塘里，弄得他们浑身泥水的景象，确实十分有趣。主要电视媒体的摄影人员也在场。女队的胜利在我看来简单得有点可疑了。我一头雾水，听人说了真相才明白，原来这不是真比赛；真正的拔河比赛一两天前就办过了，但当时的电视转播条件不够好。这场比赛是为了电视节目而重演的。

1960 年 12 月 2 日，在新奥尔良合校风波[1]期间，市长德雷赛布 · S. 莫里森向新闻人写了封信，提出让新闻和电视稍停三天，不要再报道这场争端。他辩称印刷媒体和电视媒体的报道夸大失实，对城市形象和旅游业造成伤害。人们形成一种印象，以为这里暴力泛滥，而他说只有千分之一人口参与抗议。但他同时也指出，只要电视媒体在场，就是在酝酿混乱。“在许多情况下，这些人到现场就是为了上电视，然后立刻赶回家，看下午和晚上的节目。”至少有两位电视记者在人群里到处采访抗议者，问些煽动性问题，比如“你为什么反对种族间通婚？”莫里森市长说他亲眼看见电视摄影师“布置场景”，然后说服一群学生做“啦啦队”，指挥他

[1] 1954 年美国联邦最高法院裁定种族隔离政策违宪，但由于白人居民的强烈抵制，新奥尔良地区的教育系统内仍然允许实行隔离政策。1960 年 11 月，新奥尔良地区两所白人学校取消隔离，引入黑人学生，此举引发示威抗议。

们喊叫或抗议。认真负责的记者群体义愤填膺地拒绝了市长提出的新闻暂停期，声称“新闻自由”受到威胁。新闻自由从前是为了保障公共利益而设立的制度，如今却常常只是记者保住制造合成商品特权的托词。

四　伪事件与政治宣传

伪事件的崛起以许多微妙的方式混淆了我们作为观众和作为演员的身份——用哲学家的话来说，混淆了“主体”和“客体”。如今，我们在这两种身份之间摇摆。威尔·罗杰斯曾说：“电影业是唯一能让你站到前头向自己鼓掌的行业。”如今，我们不需要成为专业演员就能体会到这种满足感。我们可以在群情汹涌的人潮中出现，然后回家在电视屏幕上看到自己。无怪乎我们已经弄不清什么是自然发生的事件，也不知道一切到底是怎么回事！

于是，伪事件的新形式，尤其在政治界，为政客和新闻人带来新的困惑。政客（如我们例子里的罗斯福，或是任何召开新闻发布会的人）自己在某种程度上创作一个故事；新闻人（就像我们所引用的那位通讯社记者，或任何发表刺激性煽动言论的记者）自己则生成事件。新闻的参与者常常不确定到底是谁在行事，又是谁在报道，就更别指望公民能够知晓实情了。谁是历史，谁又是历史学家呢？

这种主客体之间的纠缠，历史和历史学家之间的混杂，演员和记者之间的模糊，有一个极好的例子，那就是所谓的“泄露”新闻。如今泄密已经是美国政治生活中一项历史悠久的重要制度。它实际上是官方向公众传递重要信息的主要手段。

而泄露这个词新获得的不合常理的意涵，正是理解民众所处世界的非现实性的一条线索。根据词典定义，“泄露”就是“意外让液态物体流出或流入：如，船漏了”。但现在，新闻泄露是精心设计的通气手段。它当然是政府官员为了达成某种明确目的（泄露，比直接宣布目的性更确切）的手段，可以是公布声明、提出问题，或是给出暗示。这种行为，更准确地说，应该叫作“私下公布”“间接声明”或“隐匿新闻”。

新闻泄露是绝妙的伪事件，从起源到发展，都体现出伪事件世界的另一条公理：伪事件催生更多伪事件。我将在后文对此进一步详述。

依靠华盛顿发达的新闻采集机制——包括计划内的例行新闻发布会，或供未来发布使用的预定发言稿，还有其他数不清的既定做法——新闻的常规套路已经固化。政府官员和记者都感到需要更有弹性、更暧昧的交流模式。总统新闻发布会本身的起源就是某种新闻泄露。西奥多·罗斯福总统有时候会让林肯·史蒂芬在自己接受剃须服务时采访他。其他总统也时不时给自己偏爱的记者采访的机会，或是对友好的新闻人透露一些暗示。与之相似，现在的新闻泄露机制起源于政府官员的偶尔行为，向某位记者十分自信地透露一些已经定下来但尚未公开的信息。然而现在，新闻泄露几乎成了有组织的行为，受到严格的规定束缚，几乎和正式发布会一样。因其暧昧程度更甚，还带有十分吸引人的密谋感，故而受到所有相关人员的青睐。有组织的新闻泄露对政府官员和记者双方的发明能力和伪装能力带来了更大的压力。

如今在华盛顿，政府要员养成了这种习惯——在其他地方也一样，只是规模较小：政府成员和新闻界精选的几位代表共进晚餐。在晚餐前，惯例上要喝一轮酒，在此之前则是一段时间克制的愉快交际。所有人都清楚规则：这是私下聚会，其后得到的所有信息都要根据规则发布，用词也该在技术上得体。晚餐后，副部长、将军或海军将领允许他人提问。他可能会回忆过去的新闻与国家计划背后的“实情”，或是宣布政策。记者也很有信心，就算官员靠不住，至少同行对这种规矩的尊重靠得住。所有人都明白在场的所有言论能披露到什么程度：要引用的话，什么话可以直接引用，什么话是“幕后消息”，什么又是“深层幕后消息”，什么信息必须被归于“一位发言人”或“一位知情者”，什么是猜测，什么是传言，什么又是极小的可能性。

这些场合和从这里获取的报道充满暧昧。记者本人常常不知道自己听到的是简单的实情、刚刚定下的政策，还是政府方面的期望，或对方是不是在刻意散播不实信息以安抚公众对实情确实如此的恐惧。政府官员本人（有时候只是发言人而已）可能也不清楚。记者的任务就是把这些不实的线索编织成报道，别让读者觉得这报道满是胡言。有些人批判这些体制化的新闻泄露是针对公众的某种反情报活动，不应出现在共和国里。其重要性越发增长，一些关于当下政治最有影响力的报道，正来源于此。

只要举一个例子就够了。1955 年 3 月 26 日，《纽约时报》在头版发布了一个三栏的头条报道：“美国预测红色中国将在 4 月攻击群岛；考虑全面防御。”三天后，在同样的版面刊登了矛盾的报道：“艾森豪威尔认为现在中国群岛不会有战争。”这些头条底下的文章都十分冗长。两个报道都没有指出这些看似实情的消息源于何人。当时未披露的幕后故事（几个月后，道格拉斯·卡特记录了实情）是这样的。第一个故事里，海军作战部长罗伯特·B.

卡尼将军与几个记者吃了顿非正式的“背景”晚饭。然后将军向记者透露了一些消息，记者（和他们的读者）认为这是真实信息。由于这些内容“不能指明来源”，记者就不能提及任何相关的真实信息——比如说，这只是卡尼将军的个人观点。这位卡尼将军一直声称在亚洲必有一战，而许多华盛顿人士（甚至包括参谋长联席会议成员）都不赞同他的观点。在基本规则下，第一个报道只能在被赋予客观权威性的前提下，才能登报。该报道于是带上了一种毋庸置疑的官方味道，而它本身并没有这个资格。第二个与其矛盾的报道实际上并非来自总统本人，而是总统的新闻官詹姆斯·哈格蒂。他在报纸上看到了先前的报道，大为震惊，便迅速组织了另一场“背景”会议，否认第一个报道引起的各种推论。如果这场闹剧确实有任何意义的话，到底是什么呢？这其中难道有任何真正的新闻吗——除了卡尼将军与詹姆斯·哈格蒂之间的异议？然而，这些事实却是新闻人不能刊登的。

伪事件如几何级数一般催生其他伪事件。其中部分是因为每一种（被计划的）伪事件都倾向于仪式化，都有自己独有的规矩和刚性。由于每种伪事件都有独属的刚性，由此而来的压力便催生出另一种衍生的伪事件，其形式更灵活、更诱人、更暧昧。于是，当新闻发布会（本身也是伪事件）形式化以后，就催生了系统化的新闻泄露。当泄露被形式化后，还会有其他手段产生。当然，精明的政客或有进取心的记者对此心知肚明，也知道该怎么利用这种情况。这很少是为了明目张胆地骗人；多半只是为了制造更多“新闻”、提供更多“资讯”，或是为了“促进沟通”。

比方说，一场非正式的背景记者会，即使只是试探性会议或外交手段（国务卿约翰·福斯特有时候就会这样做），也成了官方“否认”或“不承认”的基础，使专栏作家和评论员得以推测和解读，催生电视和非电视媒体对各位参议员、众议员与其他公职人员的专访。在公众视野中做出的任何声明或非声明，都会成为其他人发布反声明或拒绝评论的基础。这一切都使得最初催生它们的场景变得更加模糊。

现在，华盛顿记者面临的考验很少涉及准确且精彩报道的技术，而多针对处理隐秘暗示的娴熟程度。如果他想维护自己的新闻渠道，就必须积累一套词汇、开发一种风格，用来掩盖新闻来源和生活中的真相，同时还需显得自己提供的是无可动摇的事实。他的货品有一大部分是自己与其他人对所报道的真相的猜测。他生活在现实与幻想之间的虚影里。他出力构建这种晦涩和阴暗，若没有它们，他用报道所照亮的“现实”就变得无关紧要。现在，机敏的行政人员也得具备相似的技巧，必须掌握这门“在不说谎的情况下否认事实的技术”。

这些淹没我们意识的伪事件必须和政治宣传区分开来。这两种东西确实有共同之处，但我们所面对的特殊问题，恰是由于伪事件在某种意义上同主宰极权国家的政治宣传截然相反。政治宣传——比如说，像希特勒在《我的奋斗》中定义的那样——是故意扭曲的信息，其效果主要来自情绪上的感召。伪事件是模棱两可的事实，而政治宣传是激动人心的谎言。伪事件的兴盛源自我们真诚地渴望资讯，渴望拥有“所有真相”，甚至不满足于现实存在的信息。而政治宣传则以我们乐于被煽动的意愿为食。伪事件戳中我们接受教育的义务，而政治宣传针对我们想被挑拨的渴望。政治宣传用观点取代事实，而伪事件通过合成事实，为人们做出自主判断提供“真实的”基础，间接发挥效果。政治宣传则明目张胆地替他人做决定，直接施加影响。

在极权社会中，人们接收到大量故意编造的谎言，而真相自然被扭曲，但呈现的方式本身毫不暧昧。政治宣传的谎言被当作真话来传播，其目的就是让人相信真相比实际情况更简单、更易懂。“政治宣传的目的，”希特勒解释道，“不是为一些厌倦于享乐的小主子不断提供有趣的变化，而是为了说服；这意味着，要说服大众。然而由于大众的惰性，即使只是让他们意识到某事，都必须要一段时间。即使是最简单的想法，也必须要通过上千次重复，他们才能记住。”但在我们的社会中，伪事件让简单的事情显得比实际更微妙、更模糊、更可疑。政治宣传过分简化了经验，而伪事件把它变得太过复杂。

乍看之下，伪事件的兴起与专业新闻人职业伦理的发展正巧同时发生，这种伦理要求新闻人必须在报道新闻时去除一切社论和个人判断。然而，如今正是在制造伪事件的过程中，新闻人找到了极大的余地以表达自己的个性和创造性想象。

在我们这样的民主社会中——具体而言，在一个识字率高、富有、竞争氛围强、科技高度发达的社会里——人民会完全被伪事件占据视野。对我们来说，言论自由、新闻自由与广播自由也包括制造伪事件的自由。互相竞争的政客、新闻人和新闻媒体加入了制造伪事件的比赛。他们互相争斗，竞相以引人入胜、“信息量大”的方式解读世界，提供这个世界的形象。他们可以自由地怀疑事实、创造新闻、要求他人回答自己编造的问题。在我们那“思想的自由市场”上，人们面对着互相矛盾的伪事件，被允许从中判断。当我们在说使公众“知情”时，这才是我们真正的意思。

五 幻想比现实更真实，形象比原型更高贵

直到最近，我们都有正当理由相信亚伯拉罕·林肯那句熟悉的格言："你或许可以暂时欺骗所有人，你甚至可以永远欺骗一些人，但你不可能永远欺骗所有人。"这成了美国民主信仰的基石。林肯这句吸引人的口号建立在两个基本前提之下。首先，虚假和真实之间有清晰明显的分界，煽动者用来欺骗我们的谎言和永存的真理之间界限明显。第二，人们喜爱真实胜于虚假，当要在单纯的真理和做作的形象间做选择时，他们会选择真理。

这两个前提再也不符合事实了。这不是因为人们变笨了，或是变得不诚实了，而是因为人们未曾预见的巨大变化——美国文明向前大踏步前进——模糊了现实的边界。涌入我们意识的伪事件既不是我们所熟知的真，也不是我们所熟知的假。创生这些形象的进步也使得形象——无论经过怎样的计划、多么做作、多么扭曲——变得比现实本身更加生动、更吸引人、更令人印象深刻、更有说服力。

我们不能说自己受了愚弄。若说我们"知情"，也并不全然错误。这个暧昧世界的创造者相信他们在教导我们，创造它的人是我们最好的公务员，而我们也在其中出了份力。我们的问题很难解决，因为制造问题的是做着受人尊敬的工作、十分勤勉又真诚的人。问题并非源自煽动者、骗子、阴谋或邪恶目的。大量高效制造的伪事件——以各种方式包装，黑白的、多彩的、文字的，还有成千上万种形式——由我们的整个社会机器所制造。这是心怀好意的人每天制造的产品。必须要喂饱媒体！必须要让人民知情！于是，大部分追求"更多资讯"的要求就被误导了。只要我

们还把资讯定义为对伪事件的了解，“更多资讯”就只会让症状越来越多，而疾病本身得不到医治。

于是，美国公民就生活在这样一个世界里，幻想比现实更真实，形象比原型更高贵。我们几乎没有勇气面对自己的困惑，因为暧昧的经验如此令人愉快、如此光华四溢，而相信人造现实所带来的安慰又是如此真实。我们成了时代骗局的饥渴附庸，而这些骗局是我们自己编造出来欺骗自己的。

从本质上说，伪事件总是比真实事件更加有趣、更吸引人。于是，在美国公共生活中，伪事件倾向于把所有其他事件都挤出我们的意识，至少也要掩盖它们。诚恳而且知情的公民很少发现他们对真实事件的经验已被伪事件所掩盖。然而现在，越是孜孜不倦地想让自己“知情”，他们就越多地被伪事件蒙蔽。

在沃尔特·李普曼如今已成经典的著作《舆论》中，他早在1922年就区分了“外部世界和我们脑中的图景”。他将“刻板印象”定义为过分简化的模型，我们靠它们在世界上寻找意义。他举了一个例子，“我们脑中粗糙的刻板印象”包括各类大型群体的分类，比如“德国人”“东欧人”“黑鬼”“哈佛男”“煽动者”等等。李普曼解释道，这些刻板印象满足了我们的需求，在表面上给我们混乱无序的日常生活带去确定性和一致性，帮助我们维护自己的偏见。当然，在某种意义上，刻板印象——过分简化但易于理解的种族、国家、宗教团体形象——只是另一种伪事件。然而，笼统地说，它们更接近政治宣传。因为它们让事情简化而非复杂化。刻板印象挤压并限制人的经验，但又让人心满意足；然而伪事件却以有趣的方式把经验变得繁复而戏剧化。这就使伪事件变得更加诱人；在智识上，它们也更能说得通、更繁复、更引人入胜。一旦发掘刻板印象的成因——一旦揭露政治宣传的源头——就会让刻板印象不那么可信。而关于伪事件策划过程的资讯，只会让伪事件更加迷人。

李普曼对刻板印象的描述在当时很有帮助。但在他创作的年代，还不到伪事件的全盛期。当时，摄影新闻才刚刚起步。《纽约时报》在 1919 年才刚刚组织广阔世界照片公司。有线传真第一次吸引广泛关注是在1924年，那时美国电话电报公司给《纽约时报》发送照片，记录了克里夫兰的共和党大会，卡尔文·柯立芝在大会上被提名为总统候选人。美联社摄影部在 1928 年才成立。第一个广泛流传的新闻周刊画报《生活》是1936年出现的；发行一年内，它就卖出了一百万份，两年内两百万份。《展望》紧随其后，于 1937 年发行。百代在法国创立了新闻短片，直到 1910 年才引进美国。当 1922 年李普曼写作《舆论》时，广播还没向消费者播报新闻；当然电视就不用说了。

最近，生动程度和速度的提升、新闻媒体的扩张和增殖，以及公众对新闻的渴望不断增长，都使得李普曼对刻板印象的精彩分析变成了较单纯的年代的遗产。这是因为刻板印象使得经验变得更容易掌握。但伪事件则前所未有地使经验令人满意地变得捉摸不定。1911 年，威尔·欧文在《科利尔》杂志上把新时代公众对新闻越发增长的需要描述为“一种哭喊不止的原始精神需求，就像身体的饥饿感”。对新闻的狂热是一种症状，表明过度膨胀的期待超出了自然世界可以满足的上限。它要求合成产品。它引起了一种非理性的无差别饥渴，渴求更新奇、更多样的事物。刻板印象古已有之，以后也将继续存在；但它只是让人对信息的触感麻木。它们是鸦片。伪事件刺激人们的胃口；它在满足对新闻的渴求时，也在刺激着这一渴求。

在伪事件的时代，使我们迷惑的与其说是对经验的人为简化，不如说是对经验的人为复杂化。无论什么时候，只要一桩伪事件和一起真实事件同时争取公众的注意力，伪事件常常胜出。电视上发生的事将会盖过没上过电视的事。当然，我所说的并不是我们的私人世界，而是公共事务的世界。

伪事件的以下特点使它们能够盖过自然事件：

（1）伪事件更戏剧化。总统候选人电视辩论总是被策划得比非正式对话或两段事先准备的、连贯的正式演讲更有悬念（比方说，压着问题不问，再突然间抛出）。

（2）伪事件是为了传播而策划的，因而更容易传播，更容易安排得生动。参与者的选择基于他们的新闻价值和戏剧天赋。

（3）伪事件可以随心所欲地重复，因此可以强化它们带来的印象。

（4）伪事件要花钱来策划；因此有人被利益驱使着去散布、扩大、宣传并夸耀它们，声称它们是值得一看或值得相信的事件。于是，它们便被提前宣传、事后重播，好保证这钱花得值。

（5）伪事件是为了让人理解而策划的，因而更容易理解，也因此更让人安心。即使我们无法明辨地讨论总统候选人资格或那些复杂议题，但我们至少可以评价电视表演的效力。总算有我们能够把握的政治议题了，多让人安心啊！

（6）伪事件社交属性更强，更适合讨论，更方便见证。它们的发生都是为我们的方便而安排。之所以有周日晨报，就是因为我们周日早上十分悠闲，可以分些时间给它。电视节目开始时，我们正准备饮上一杯啤酒。第二天早上到了办公室，杰克·帕尔

（或其他任何明星）按时播送的深夜秀成了谈资，使在新闻中出现的突发随机事件黯然失色。

（7）对伪事件的了解——包括报道内容，或是事件里安排了什么，又是如何安排的——成了“知情”的试金石。新闻杂志按时给我们出小测，考察的不是发生了什么事，而是“新闻中提到了谁”——也就是新闻杂志所报道的内容。伪事件开始提供一种“公共话语”，这是我那些老派的朋友希望能在伟大著作中找到的东西。

（8）最后，伪事件以几何级数的速度催生其他伪事件。它们占据我们的意识，仅仅因为它们数量繁多，而且越来越多。

根据劣币驱逐良币这条美国公共生活新法则，伪造的事件倾向于将真实发生的事件挤出流通渠道。总统的权力和威望之所以增长，不仅因为其职务权力增长，还因为集中式新闻采集和播报的崛起。总统拥有了比从前更迅速、更频繁、更集中化的方式，得以接触伪事件的世界。可以用相似的方式解释近年来国会调查委员会越发高涨的威望。这些委员会中，有许多没有推动立法的冲动，也没有能被人理解的立法任务。但他们确实拥有前所未有的制造新闻的权力，超过联邦政府中除总统外的所有人。新闻人之所以支持这些委员会，是因为委员会喂养着新闻人：他们构成了一种欢乐的共生关系。华盛顿机构之间争夺权力的战斗成了主导公民获取政府信息的竞赛。最简单的方法，就是编造伪事件。

有一个完美的例子，可以指出伪事件如何占据上风——那就是智力问答节目最近获得的极高人气。这些节目原来的吸引力并非源自它能考察智力（或装傻能力），而是来自节目安排得多么精巧——独立小间，持械银行保镖，还有其余一切——以及他们声称要教育公众。

除此以外的唯一例子，就是1960年大选，把智力问答的形式用在总统候选人之间所谓的“大辩论”上。这四场竞选活动被广播网络公司大张旗鼓、自以为是地大肆宣传，极其成功地将重大国家事务弱化成微不足道的琐碎小事。如果换个恰到好处的粗俗名号，干脆叫作“四十万提问大赛”（奖金：年薪十万美金的工作，长达四年）好了。这是教科书一般的伪事件示例，从它的规划，到它吸引人的原因，到它对美国民主的影响，都是如此。

在大辩论的缘起中，政客和新闻制造者之间存在一种令人疑惑的合作。政治利益围绕伪事件，以它为核心：打光，化妆，基本规则，是否允许记笔记，等等。对表演的兴趣远远超过对讨论内容的兴趣。大辩论转而又激发了数不胜数的伪事件。看过这场表演的人兴致勃勃，劲头十足地阅读相关报道，饥渴地收听新闻评论员的解读。两党议员对辩论可能导致的结果发布“声明”。数不清的采访和讨论节目登上广播或电视，研究它们的意义。民意调查让我们时时了解自己和其他人的各种微妙态度。撩人猜想的话题成倍增加。连该不该举行第五次辩论都成了一段时间内的热点“话题”。

这种戏剧性的情况与重点（但被人忘却了的）事物之间的关系是似是而非的，至少它们的关系模糊到了极点：哪一位候选人更适合做总统。当然，一个人能不能站在弧光灯下，连续两个半小时脱稿回答此前一直保密的问题，以及他能不能在听取一群顾问的建议后，针对长期存在的公共问题，做出深思熟虑的总统决定，这两者之间如果真有联系的话，那也极其微弱。我国史上的伟大总统（罗斯福可能除外）在这种辩论中，表现一定极其糟糕；

但我们史上最臭名昭著的煽动者则会大放异彩。一系列激动人心的伪事件自此诞生——比如金门－马祖之辩[1]。然而这些也都是伪事件的好例子：它们是为了被报道而制造的，它关注的问题当初无人关心，还用最做作琐碎的方式描述了我们与中国之间切实存在且至关重要的问题。

电视媒体在许多关键方面塑造了这种新型政治智力问答比赛的奇观。白修德[2]在《美国总统的诞生》（1961）中以丰富的细节给出了证明。这场争夺选票的比赛，各方面比起林肯－道格拉斯之辩[3]以及“辩论”这个词的含义，都远为新奇。白修德认为，肯尼迪在关键的第一次辩论中展现出的可观力量在于，他实际上根本没有在“辩论”，而是抓住机会对整个国家发声；尼克松紧紧跟着对手提出的论题，一个接一个地反驳。另外，尼克松还有一个只对电视成立的缺陷：他的皮肤很白，天然带着透明。用光学投影成像的普通照相机拍摄，他的皮肤没什么问题。但电视摄影机通过电子成像，采用带有X光效果的超正析像管。这种摄影机穿透了尼克松的透明皮肤，连皮肤下毛囊里生长的最细短的胡茬（即使刮了胡子）也无所遁形。在关键的第一次辩论节目上，尼克松使用了一种叫作“懒汉剃须粉”的化妆品，但没什么效果。因此，他的形象十分憔悴、胡子拉碴，和精神抖擞、干干净净的肯尼迪

[1] 美国1960年总统选战期间，尼克松与肯尼迪曾就美国是否应协助国民党军防守金门、马祖展开辩论。

[2] 白修德（1915—1986），原名是西奥多·怀特，美国著名政治记者、历史学家，普利策奖得主，毕业于哈佛大学，师从费正清，二战期间担任《时代》周刊的驻华特派记者，著有《追寻历史》《中国的惊雷》等作品。

[3] 1858年，伊利诺伊州参议员候选人亚伯兰罕·林肯与该州在任参议员斯蒂芬·道格拉斯围绕奴隶制开展了七场辩论。林肯反对在新设立的州推行蓄奴制，道格拉斯则主张由新设州自主决定推行与否。在该届参议员选举中，林肯败于道格拉斯，但借由这次辩论吸引的公共关注，林肯成为举国闻名的政治人物。

大相径庭。

这个美国史上前所未有的、通过对国家大事的辩论教育选民的机会就这样逝去了。白修德指出，背后最大的原因就是媒体的强迫行为。“电视和广播天然地对沉默和‘死亡时间’避之唯恐不及。所有电视和广播讨论都不得不把问题和答案快速抛出，好像参赛者是智力网球比赛中的对手一样。虽然所有经验丰富的报纸记者和调查者都知道，要对任何困难问题做出深思熟虑、切中肯綮的回答，都需要很长时间。思考时间越长，抛出的想法就越有启发性。即便如此，电子媒体甚至连五秒钟的沉默都无法忍受；三十秒的停顿简直像永恒。因此，候选人只能互相抛出两分半钟的答案，两个人都只能为了摄影机做出反应，无法思考。”任何一位候选人，只要发现他对某项事物的思考探索要花不止两分钟，他就会很快退缩。最后，这些看电视节目的选民做决定时，所依靠的不是深思熟虑的人对重要事务的探究，而是看两位候选人在电视的压力下谁表现得相对好一些。

于是，伪事件便导致我们强调伪资格。这又是一个自我实现的预言。如果我们用以考验总统候选人的是他们在电视问答节目上的表现，我们自然就会选出善于答题的总统。在民主国家，现实倾向于遵照伪事件。自然模仿艺术。

我们试图公开揭露伪事件的真相，但这种努力本身只会让我们徒劳无功。无论什么时候，我们在描述打光、化妆、会场安排、彩排等等环节时，只会引发更大的兴趣。一个新闻人的解读只会让我们更想知道另一个新闻人的解读。一位评论家质疑辩论没有太大意义，只会让我们好奇另一位评论家会不会有不同意见。

伪事件自然而然地催发了我们的错觉，让我们以为理解了世界，有人把这叫作美国的全能幻觉。也许我们以为，历史上的问题可以通过“声明”、通过“峰会”、通过“声望”的对决、通过互相遮蔽的形象、通过政治问答节目，全部迎刃而解。

我们一旦尝过了伪事件的魅力，就不由自主地相信它们是唯一重要的事。我们的进步毒害了经验的源头。这毒药如此甜蜜，以至于养坏了胃口，不能再接受朴素的现实。我们看似有能力满足自己过度的期望，以至于忘了这些期望是多么过度。

第二章　从英雄到名人：人类伪事件

“他是最棒的！”

——匿名（正在成为共识）

过去半个世纪中，我们误导了自己，不仅误会了这世界上有多少新奇事，还误会了人类本身，误会了人世间存在多少伟大之处。人类想象中最古老的一个，就是伟大者身上的神性之光。他存在的理由仿佛是人所不能理解的，其伟大背后的秘密是上帝的秘密。同时代人因他的存在而感谢上帝，就如感激天降甘霖，感激大峡谷或马特洪峰，感激自己从海难中得救。

然而，图像革命后，我们对人类的伟大有了十分不同的理解。两个世纪前，如果出现伟人，人们就会在他身上寻找神的旨意；而今天，我们找的是他的媒体经纪人。莎士比亚对伟人的区分流传甚广：有人生来伟大，有人挣来伟大，还有人的伟大则是送上门来的。[1]他从来没想过还有一种人，依靠雇用公关专家和新闻秘

[1] 出自莎士比亚戏剧《第十二夜》第二幕第五场。

书，被打扮成伟大的模样。现在已经很难记起从前那个“名人堂”只不过是个比喻的时代了，那时名人堂的成员都由无法捉摸的历史进程遴选，而非由特意为此指派的委员会来选出最为媒体所知的名字。

我们问题的根源，这些过度期望的社会根源，在于我们新获得的造星力量。当然，“名气”从来都不等价于“伟大”。但直到很晚近的年代，名人还几乎等价于伟人。“名声，”弥尔顿写道，“是纯粹精神所引发的躁动……名声的茎叶是不会在凡人的土壤中发芽的。”如果不是在某一方面展现了自身的伟大，某人的名字不会变得家喻户晓。他可以像拿破仑那样，具有伟大的权力；像 J. P. 摩根那样，拥有伟大的财富；像圣方济各那样，具有伟大的德行；或是像蓝胡子[1]那样，具有伟大的邪恶。要为全体人民所熟知，一个人总该是某种英雄才对：根据词典的定义，这是“因他的勇气、崇高或功勋而受崇敬”的人。战争英雄是原型，因为他的品质受到战斗的磨炼，战争也是展现其勇武成就的舞台。

在图像革命前，缓慢、“自然”的成名方式最为普遍。当然，像法老、奥古斯都、沙贾汗这样的人，各显神通建立起纪念碑，向后代称颂自己的英名。但用来攫取人民崇敬的纪念碑并不能一蹴而就。于是伟人就如名人一般，只能慢慢进入国家意识。他们成名的过程，就如上帝统御诸多年代一般，神秘无比。历史成了伟人的天然居所。在所有年代，日渐老去的人都同样哀叹过，伟业已成绝迹。

---

[1] 《蓝胡子》（*La Barbe bleue*）是由法国诗人夏尔·佩罗创作的童话，同时也指故事主角，曾收录在初版《格林童话》中，故事中的蓝胡子是个以杀妻为乐的贵族。一般认为蓝胡子的原型是圣女贞德的忠实战友吉尔·德·雷元帅。

因此，人们常常相信，用《创世记》中的话说，“那时候有伟人在地上”——大洪水之前的年代。每一个年代都认为，英雄——伟人——主要存在于过去。托马斯·卡莱尔在经典的《英雄，英雄崇拜和历史中的英雄人物》（1841）中叹息，拿破仑“是我们最后的伟人！”小亚瑟·M. 施莱辛格在40岁时曾不无警告地说在我们的时代（1958），在他年轻时，“伟人似乎支配了我们的生活，塑造了我们的命运”，“但如今，再无巨人跨骑于我们这个狭小的世界上了；我们失去了巨人……”这种认为伟大不断衰落的传统看法表明了一个简单的社会现实，伟大被等同于名气，而名气是不能在一夜之间打造的。

自19世纪末起，尤其是从1900年开始，我们似乎发现了打造名气的方法。现在，至少在美国，某人可以一夜之间变得家喻户晓。图像革命突然带给我们的东西中，有一项是伪造名声的方法。我们（电视观众、电影观众、广播听众与报纸杂志读者）和我们的服务者（电视、电影和广播制作者，报纸杂志编辑与广告作者）发现，原来可以这么快、这么高效地给一个人带去“名气”，我们自愿被误导，以为名气——出名的程度——依然等同于伟大。我们有能力用“知名人士”填满头脑，这使我们更加渴求知名人士，更愿意把名人混同于伟人。我们再一次把自己的能力错认为必需品，用人造的名声填满了我们的世界。

我们自然不愿意相信这些崇敬之情的对象基本上都是合成产品。我们制造属于我们的名人，糊里糊涂地把他们变成了瞩目的焦点——我们兴趣的指路明灯——我们不由得相信他们不是人工制品，他们依然是上帝打造的英雄，只不过充满了神乎其神的现代无度。

伟人的传说依然存续。我们还像西德尼·史密斯那样，如他在19世纪所写的那般相信，“伟人使所有国民都变得神圣，让所有同时代的人都更为伟大”。我们依然同意卡莱尔的观点：“种种证明己身渺小的行径中，最悲哀的莫过于不相信伟人……每个大丈夫，在对那些真正优于自己的人投以崇敬时，难道不都感受到自己也因此而有所提升吗？”我们如今依然听到专家、国会、电视节目和编辑手记告诉我们，伟人的生涯“都让我们记起，我们依然能让生活超凡脱俗”。即使在充满怀疑的20世纪、在连道德本身也臭名昭著的时代，我们也还是绝望地紧紧抓着对人类之伟大的信仰。这是因为，人类榜样比具体的道德律令更为生动，更有说服力。愤世嫉俗者和知识分子也一样，质疑道德理论总比质疑英雄之伟大更为积极。不可知论者与无神论者或许会否认上帝的存在，但他们在否认伟大的不可知论者与无神论者的神性时，也会有所犹豫。

崇拜英雄的民俗、对英雄的狂热追寻、崇敬英雄所带来的愉悦依然存在，但英雄本身却消解了。家喻户晓的大名、占据我们意识的名人，除了寥寥几位以外，丝毫谈不上伟大，只是人造的新产品——图像革命为了满足我们过剩的期望而制造的产品。我们把它们变得越唾手可得、越数量繁多，他们就越不值得我们崇敬。我们可以伪造名气，可以随心所欲地（虽然总要付出极大代价）让某人变得为人熟知；但我们不能让这人变得伟大。我们可以制造名人，但我们永远都无法制造英雄。在某种几乎已经被人忘却的意义上，所有英雄都是自我成就的。

名人崇拜和英雄崇拜不应混为一谈。但我们每天都在张冠李戴，并因此而几乎走到了十分危险的境地，以致所有真正的榜样也将被夺去。我们看不见那些不因名声而看似伟大，而是因其伟大而获得名气的人了。我们越来越向着将所有名声贬低为恶名靠近。

在先前半个世纪，过去的人类榜样已经破碎，新的榜样被塑型。我们实际上主动要求塑造这个榜样，以便大批量生产能够市场化运作的模型——现代“英雄”，来满足市场需求，且毫无阻滞。如今，能让某人成为“举国宣传”品牌的素质，实际上是一类象征人性之空虚的新范畴。模筑新榜样的，不是我们熟悉的道德，甚至不是老牌的现实。事情是怎么走到这一步的？

一　英雄的陨落

传统类型的英雄包含各种各样的人物：摩西、尤利西斯、埃涅阿斯、耶稣、恺撒、穆罕默德、贞德、莎士比亚、华盛顿、拿破仑，还有林肯。为行文之便，把英雄定义为在某些壮举中展现伟大之处的人物（真人或虚构皆可）就够了。他是成就了伟大事业的男人或女人。

当然，这些伟大人物中，有许多依然还在。但如果我们统计一下全国人民所熟知的名字——那些不知为何，在美国几乎人人皆知的人——就可以发现，符合旧标准的真正英雄比过去任何时期都要少。这背后有很多原因。

第一点自然是我们的民主信仰与新出现有关人类行为的科学视角，这两点侵蚀了从过去继承来的英雄。我们相信普通人有能力自治，与之相伴的是对人类平等的热忱，这便造成了对个体英雄之伟大的不信任，至少也会心生疑虑。民主国家的人民对领袖表现出的过剩德性十分警觉，提防自身的成就被过多地归功于领袖，这情有可原。20 世纪，墨索里尼主义、希特勒主义的崛起，以及极权的兴盛，使得因人民轻信伟大领袖的权力而造成的祸害变得过分戏剧化。我们甚至错误地相信，因为在我们的时代暴政以领袖、元首之名大行其道，民主必须在没有伟大领袖的前提下存续。

然而，早在希特勒之前，对英雄的个人崇拜就伴随着对民主的轻蔑。从柏拉图到卡莱尔，英雄崇拜都是反民主的信条。贵族统治天然更倾向于相信英雄，即使在今日英国存续的那种温和而衰微的贵族制下，情况也是如此。如果一个人习惯了王室、女王和上议院的存在，在体现人类伟大的载体面前屈膝，就不那么容易觉得因此受到贬低。大部分政体的基础都在于相信某些受青睐的人身上具有神圣的火花；然而美式民主耻于具有个人魅力的人。我们害怕马背上的人[1]、半神或独裁者。如果我们的伟人比其他国家要少，可能是因为我们希望或允许自己拥有较少的英雄。我们最受崇敬的国家英雄——富兰克林、华盛顿和林肯——据说基本上都很“平易近人”。我们崇拜他们，不是因为个人魅力、受上天眷顾、具有天赐的优雅或才能，而是因为他们体现了人民的美德。我们崇敬他们，不是因为他们宛若神明，而是因为他们有如我们自己，进而提升了我们自身的地位。

在这些民主思想形成时、大众政府在美国发扬光大时，社会科学的发展给了我们额外的理由对英雄抱有世故的态度，怀疑其伟大的根基。我们现在把英雄看作所有社会都会有的普遍现象。

[1] “马背上的人”出自 1943 年法国作家皮埃尔·拉罗谢尔的同名小说《马背上的人》，该小说以玻利维亚为背景，讲述了一个试图建立帝国的独裁者的故事。

我们从皇家人类学会最近一届主席拉格伦男爵的《英雄》（1936年）一书中学到："传统从来都不是历史的。"他考察了极为传统的著名英雄，结论是"没有任何依据相信这些英雄中任何一位真实存在，或他们的功勋故事中有任何史实基础……这些英雄，如果真的是传统上的英雄的话，他们原先的身份也不是人类，而是神明……这些故事讲述的不是事实，而是仪式——换句话说，就是神话"。或者，我们也可以从约瑟夫·坎贝尔的《千面英雄》（1949）中学到，所有英雄——从东方到西方，从现代到古代再到原始时期——都是各种各样"在神话和宗教形象下隐匿的真实"。坎贝尔跟随弗洛伊德的脚步解释道，所有英雄都是某个伟大"创世神话"的体现。他们总是有几个阶段：（1）分离或出发；（2）试炼或成功启蒙；（3）复返并融入社会。现在，是否看到英雄身上所体现的普遍谬误或普遍真理已不再重要。无论是哪一种情况，我们都超脱了自身。我们把伟大看作幻相；若伟大确实存在，我们也猜测自己知晓其秘密。我们现在以清醒的、破除迷惘的目光看待我们对那些曾经是伟大化身的历史人物的敬意。

如今在开明的教堂和犹太会堂里，《圣经》被看作过时的民间信仰集合，之所以还有欣赏价值，是因为其"精神激励"和"文学价值"——民间英雄也是一样的待遇。他不再被幼稚地视作我们的英雄了。我们对所有体现人类伟大的榜样的崇拜都让自己难为情。我们知道，他们并非表面上那个样子。他们不过是社会幻觉法则的体现罢了。

"科学的"批判性历史及其侍女批判性传记的兴起，也带来了同样的效果。相反，在日本，天皇的神圣德性之所以得以保留，是因为禁止写作有关他的批判性传记。就连明治天皇——建立现代日本的“开明天皇”，留下了详细日记和材料，让西方传记作者大喜过望——也没有被加以准确的批判分析。在美国，20 世纪以前，公众人物的传记一般由他们的崇拜者书写。这些作品一般是文学回忆录，体现友情、亲情的诚挚，或政治上的虔诚。甚至更好的传记也是如此。亚历山大 · 汉密尔顿的传记是亨利 · 卡伯特 · 洛奇写的，约翰 · 马歇尔的生平由阿尔伯特 · J. 贝弗里奇撰写，罗伯特 · E. 李被道格拉斯 · 邵索尔 · 弗里曼铭记，卡尔 · 桑德堡为林肯立起一座丰碑。现在不是这么回事了。这也不单单是因为致力于揭秘的传记新潮流在充满嫉妒与偏见的 20 年代兴起，比如说范 · 怀克 · 布鲁克斯的《马克 · 吐温》（1920）和《亨利 · 詹姆斯》（1925），W. E. 伍德沃德的《乔治 · 华盛顿》（1926）和《格兰特将军》（1928）。20 世纪早期，美国历史成为广受认可的专业，因而催生了一系列传记作品，其写作目的很少是个人的致敬。实际上，这些作品常常不过是专业习作罢了；学者们用笔杆子辛勤工作，写到哪算哪。于是，我们对国家英雄的了解远远超过之前的世代所愿意了解的极限。

同时，卡尔 · 马克思的影响、经济决定论的兴起、对经济和社会历史愈发增长的认识以及对社会力量愈发的强调，使单个领袖显得不那么关键了。我们现在被告知，那些清教徒移民不过代表了动荡不安、欣欣向荣的中产阶级；他们的思想体现了正在兴起的“清教徒伦理”，这才是现代资本主义真正的预言者。查尔斯 · A. 比尔德及其他人指出，立宪的开国元勋不过是某种资本利益的代言人。安德鲁 · 杰克逊成了表达西部兴起的各种描述中的一种。边疆本身取代了人，变成了英雄。“主义”“力量”和“阶级”

宣告了历史文学中英雄的死亡。

在心理学和社会学的火热凝视下，英雄的特有素质消解为环境影响和内部失调所构成的一团糨糊。比方说，来自马萨诸塞州的激进废奴主义者查尔斯·萨姆纳（1811—1874），被来自南卡罗来纳州的众议员普雷斯顿·S.布鲁克斯一手杖敲在头上的那位参议员，一直是废奴主义者尊奉的英雄、北方事业的烈士。而在1960年大卫·唐纳德学术气息浓厚的出色传记中，萨姆纳身上的崇高品质几乎一点不剩。他成了受痛苦童年折磨的难民。他的追求仿佛源自某种不安全感，源于他那个半被坎布里奇上流社会放逐的私生子父亲。他晚年坚守的原则（与他在被打后好几个月拒绝出席参议会）所体现的再也不是一个真正的十字军战士的热情。亨利·华兹华斯·朗费罗曾经为萨姆纳写挽歌：

当伟人离世，
后人眼前多年仍有
他留下的光辉
指引人类的道路。

但现在，用大卫·唐纳德的术语说，萨姆纳晚年的作为成了“创伤后综合征”。

在20世纪中叶这些年里，英雄几乎从我们的小说中消失殆尽。在任何严肃作品中，核心角色更有可能是受害者。在田纳西·威廉斯和阿瑟·米勒的戏剧中，在欧内斯特·海明威、威廉·福克纳和约翰·奥哈拉的小说中，主角都是饱受世界摧残之人。就连小说家的想象力也在构想人性伟大的尝试面前步履蹒跚。

现在，每个美国人，从孩子到成年人，都碰到过极大量的名字、面孔和声音，有历史人物，有外国人。新闻、杂志、邮购刊物、书本、广播、电视、电话、留声机——林林总总的载体给我们带来成千上万个名字、人物或人物的一鳞半爪。在我们的认识中，人越来越多，英雄越来越不重要。新闻、杂志读者或电视观众不仅能看到总统和总统夫人以及总统家人的脸庞、听见他们的声音，还能看见和听见内阁成员、次长、参议员、众议员，以及他们各自的家人。公共教育的进步、对时事的日益强调，都稀释了我们所认识的事物。重大人物如今成了一千个大人物中的一个。这种情况愈加严重，因为我们越来越少地从书本上获取信息。英雄，就像真实事件一样，被埋没在伪事件的拥堵洪流之中。

二 大众的崛起

过去的英雄于是在我们眼前消解，或被埋藏在视野之外。可能除了战时，很难产生新的英雄，来取代旧的。

因为科技和社会科学一日千里的进步，我们给自己制造了奇怪的难题。我们时代的伟大成就，如今已经进步到让人无法理解的前沿。以前，英雄的成就大部分是在战场或决斗中达成的，所有人都能理解他有多么英武。殉道者或者蓝胡子激发我们的崇拜或恐惧，这也容易理解。当引人注目的成就还是白炽灯、蒸汽机、电报或机动车时，每个人都理解伟人又达成了什么成就。现在则不一样了。现在，英雄成就在实验室、回旋加速器和电子感应加速器上实现，在公众眼里，这些成就连名字本身都代表了科学的神秘。就连最戏剧性、传播最广的太空冒险都快让我们无法理解了。当然，确实还有寥寥几个例外——阿尔贝特·施韦泽❶博士或者汤姆·杜利❷博士——他们的英勇事迹人们尚可以理解。但这更说明了人们可以理解的英雄行为只有圣人或烈士的成就，在这方面几千年都没什么变化。而在人类进步的伟大领域内，在科学、技术和社会科学的世界，我们20世纪的无畏创新者走到了我们难以理解的暗淡远方。在某种程度上，世界向来如此；深刻思想家的作品对外行大众来说，少有能差不多读懂的。但情形从未像现在这么严重。

即使富有独创性又认真负责的科学记者做出了极大努力（这已经是一个行业了），我们的发明家和发现者所处之地依然晦暗不明。每个年代，公共教育都被科技甩得越来越远。艾萨克·牛顿爵士的《数学原理》是为那些稍微瞥见他思想中粗略要点的“女士们先生们”而普及的。但有多少“普及”讲师能够——即使以最粗略的形式——解释爱因斯坦的相对论呢？如今，我们感兴趣的主要是这些发现有多么神秘。神奇的潜在可能让我们想象力飞扬，又不会太过挑战理解力。我们赞叹尤里·加加林与艾伦·谢泼德的飞行壮举，但不怎么明白他们的成就意味着什么。

变得难以理解的不仅是前沿科学。或许大部分佛罗伦萨朝圣者都能理解契马布埃或乔托画作中的美。但如今，有多少纽约人能理解杰克逊·波洛克或罗斯科的作品呢？

---

❶ 阿尔贝特·施韦泽（1875—1965），法国阿尔萨斯（出生时属于德国）的通才，拥有神学、音乐、哲学及医学博士学位，因在非洲长期从事人道医疗工作而闻名，1953年获诺贝尔和平奖。

❷ 汤姆·杜利（1927—1961），美国海军医生，长期活跃于东南亚，他对该地区状况的描述为美国干预越南局势铺垫了舆论基础。

被我们视为偶像的作家也晦涩难懂。有多少人能不被乔伊斯的《尤利西斯》或《芬尼根的守灵夜》弄糊涂？阅读最受尊敬的文人时，所有受过教育的群体也只能做到一知半解。有多少人能读懂T. S. 艾略特、威廉·福克纳、圣琼·佩斯，或是夸西莫多？我们的伟大艺术家在我们所无法描绘的世界作战，手中拿着我们无法理解的武器，对抗我们认为不真实的敌人。我们怎么能把他们当作自己的英雄呢？

科学、文学和社会科学领域中，集体合作越来越普遍，我们也越来越难以分离出一个单独的英雄，以供瞻仰。第一个核裂变反应（也带来了原子弹和原子能）就是一个遍布全国的大型组织的研究产物。这项事业中，谁才是英雄？是爱因斯坦吗？如果没有他在理论上的大胆，这一切都不可能发生；或是格罗夫斯将军？还是恩里科·费米？社科学者的研究也成了群体项目。由卡内基基金会赞助的研究《美国的困境》是黑人及美国民主研究的丰碑，有几十个学者和合作研究项目都为其做了贡献。贡纳尔·默达尔是研究项目指导，也是此书的主要作者，他所扮演的角色相当于大公司董事会主席。今天，美国人所接触到的大量文字作品——从广告到政治演讲——基本上都被当作集体作品。若某位总统候选人发表了雄辩的选战演说，人们敬佩的是他精妙的管理手段，能够组成这么优秀的写作班子。我们在读公众人物的书时，即使是传记和最私人的回忆录，都无法不去想他们背后的捉刀写手。

总而言之，我们在美国见证了“民众”的衰落和“大众”的崛起。民众多半没什么学养，但在不自觉中，他们有着特殊的创造力。民众的典型创造包括口语、姿态和歌曲：民间传说、民间舞蹈和民歌。民众会自我表达，其创作直至今日仍被学者、古文物收藏家和爱国者收集；它是一种声音。然而在我们这个大众媒体和大众传播的世界，大众却是靶子而非箭矢，它是耳朵而非声音。大众是他人想要触及的——通过印刷品、照片、图像和音响。民众创造英雄，大众却只能看他们、听他们。大众希望被展示、被告知。我们的社会，同苏联所说的群众并不相干，但依然受我们自己的“大众”概念统治。民众有一个自己创造的宇宙，有它自己的巨人与侏儒，巫师和巫婆。大众则活在迥然不同的充满伪事件的幻想世界中。大众所接触的文字和图像在捏造大人物的同时，也在祛除他们的魔魅。

三　因名气而出名的人

我们的时代制造了一种新的卓异，它反映出文化和国家的特色，就如公元前 6 世纪希腊诸神的神性或中世纪骑士精神与典雅爱情。这种新的卓异尚未将英雄主义、圣徒、殉道者完全逐出我们的意识，但每过去一个年代，它便越发夺走它们的风头。所有旧形式的伟大都只能在新形态的阴影中存活。这种新形态的卓异就是“名人”。

Celebrity（名人）这个词（来自拉丁语词 *celebritas*，意为“民众”或“名声”，而 *celeber* 意为“常被人拜访”“受欢迎”或“著名”）一开始指的不是一个人，而是一种状态——如《牛津英语词典》所说，“一种常常被人谈论的状态；著名，臭名昭著”。这种意义的用法至少可以追溯到 17 世纪。即使在那时，它的含义也比 fame（声誉）或 renoun（名望）要弱。比如，19 世纪时，马修 · 阿诺德曾说虽然哲学家斯宾诺莎的追随者有名声（celebrity），斯宾诺莎本人却有声誉（fame）。

对我们来说，celebrity 指的却主要是人——“一个有名气的人”。该词这种用法明显始于图像革命早期，第一例出现在 19 世纪 50 年代前后，爱默生提到了“富有而新潮的名人”（1848）。现在，美国词典把 celebrity 这个词定义成“一个著名或广为人知的人”。

这种特殊现代意义下的名人不可能在此前任何时代出现，也不可能在图像革命前的美国出现。名人是一个因其名气而出名的人。

他的特质——或他的缺乏特质——为我们的奇特问题给出了例证。他不好也不坏，不伟大也不卑微。他就是人形的伪事件，他是被故意捏造出来满足我们对人类之伟大的过度期待的。他在道德上持中立态度。他不是阴谋产物，背后也没有意图推广恶习或虚无的群体，制造他的是一群诚挚、认真工作的人，兢兢业业，极有职业道德，努力对我们“告知”，对我们宣教。他是我们所有人制造的产品，我们自愿阅读他的资料，喜欢看他上电视，购买灌注了他声音的唱片，和我们的朋友聊起他。他与道德甚至现实之间的关系非常模糊，他就像埃莉诺·格林[1]小说里的女人，在谈论别人时说，“她就像埃莉诺·格林小说里的角色”。

大部头《名人纪事》（*Celebrity Register*，1959）由厄尔·布莱克威尔和克里夫兰·艾摩利编写，如今为我们留下了该词定义的翔实记录，又以超过二千二百则传记加以说明。“我们认为我们比《社会名人录》（*Social Register*）或《美国名人录》（*Who's Who*）

---

[1] 埃莉诺·格林（1864—1943），英国小说家、编剧，专攻爱情小说，对 20 世纪流行文化与好莱坞产生过巨大影响，由克拉拉·鲍主演的电影《攀上枝头》（*It*）即改编自她的小说。

之类的同类书籍有更好的标准。”他们解释道，“我们认为，要准确列出某人的社会地位是不可能的——就算真有人在意这方面的信息；要准确列出每个人的成功或价值也不可能；但你确实可以判断一个人是不是名人——你只要称一下相关剪报的重量就行。”《名人纪事》以首字母顺序排列名人，将莫蒂默·J. 阿德勒放在波莉·阿德勒前面，把达赖喇嘛放在电视喜剧演员达格玛旁边，德怀特·艾森豪威尔放在安妮塔·艾格宝前面，前总统赫伯特·胡佛放在前感伤歌手莉比·霍尔曼前面，教宗约翰二十三世排在帽子设计师约翰先生后头，伯纳德·罗素后面跟的是简·罗素。他们都是名人，他们各自的知名度盖过了其他一切。

广告业证实了名人的市场影响力，名人在行话里被称作“大人物”（big names）。代言广告不仅用到名人，它还帮助塑造名人；让已然成名的人更加知名，这自然提升了其作为名人的地位。19世纪前，声明产品地位的方法是称其为“国王特选”，这种做法自然也是一种代言推荐。但国王确实是大人物，有显赫的家世，实权和名义上的权力都十分可观。国王不是收受了金钱而做推荐的，他多半也只会使用质量超群的产品。他不单单是个名人，因为成为名人的关键仅仅是有名气罢了。

对大众杂志上传记的研究显示出这些杂志的编辑——恐怕还有读者，在不久前把他们的注意力从老派英雄身上挪开了。他们创作传记的热情不再放在因实际功绩而闻名的人身上，而是转向了新潮的名人。分析《星期六晚邮报》和现已停刊的《科利尔》在 1901 至 1914 年间一共五年的传记文章，结果 74% 是政治、商界和专业人物。但在 1922 年前后，超过一半文章都在关注娱乐界人士。即使在娱乐界，越来越少有文章关注严肃艺术——文学、美术、音乐、舞蹈和喜剧。越来越多的文章（近年来，几乎所有文章）涉及轻娱乐领域、体育界和出没于夜店的人群。早年间，比方说一战前，主流传记主角都是美国总统、参议员、州长、财长、银行家 J. P. 摩根、铁路大亨詹姆斯 · J. 希尔、航空先锋、鱼雷发明者、黑人教育家、移民科学家、歌剧演员、著名诗人和著名小说作家这样的人。到了 20 世纪 40 年代，主流就成了拳击手杰克 · 约翰逊、克拉克 · 盖搏、博比 · 琼斯、电影女明星白兰黛 · 娇意丝和布伦达 · 马歇尔、威廉 · 鲍威尔、女斗牛士阿德莱德 · 莫非特和黑猩猩坨坨了。有些分析家说，这种变化主要显示了大众所关注的对象从生产转移到了消费。但这种解释未免也过于微妙了。

比较简单的解释是制造信息的机器制造了一种新的英雄替代品，那就是名人，其主要特征就是有名气。在伪事件的民主特点下，任何人都可以成为名人，只要他能上新闻、不过气。娱乐圈和体育圈的人最容易积攒名气。如果他们够成功，就可以盖过他们所扮演的对象。乔治 · 亚利斯的风头盖过迪斯雷利，费雯 · 丽盖过郝思嘉，菲斯 · 帕克盖过戴维 · 克罗克特。由于他们最有价值的东西便是名气，他们也就最能让积极的媒体不断把他们留在公众的视野中。

杂志和报纸读者不再认为能从他们的英雄的生活中学到什么，这一点并不出人意料。通俗传记提供不了多少可靠的信息，因为传主本身也只是媒体的虚构。如果他们生活中没有任何戏剧性事件或成就，那也不出我们的意料，因为他们之所以出名，不是因为戏剧性事件或成就。他们是名人，他们获得名气的主要方法就是依靠名气本身。他们因为自己的昭著恶名而臭名昭著。如果这让人一头雾水、不可思议，如果这不过是同义反复，那也不会比我们的其他经验更让人一头雾水、更不可思议、更同义反复。我们的经验越发沦为同义反复——毫无必要地用不同措辞和图像表达相同内容。或许让我们苦恼的并不主要是名为“虚无”的缺憾。实际上，因为我们急切地使用机械方式人为制造充实，我们经验的空白变得更加空虚了。不同寻常之处在于，我们不只用这么多空虚填满了经验，还把这些空虚弄得如此缤纷多彩。

我们能听见自己的声嘶力竭。“他最棒了！”我们描述名人时，满嘴都是“最”。我们读着通俗杂志传记，读到某个布林克利医生是“美国广告打得最好的医生”；某个演员是“现在电影圈最幸运的人”；某个林林家族的人“不仅仅是林林家族最优秀的一个，还是家族里第一位真正的杂耍艺人”；某将军是“爱因斯坦之下最好的数学家”；某专栏作家的“求爱最为奇异”；某政治家的工作是“世界上最刺激的工作”；某运动员“嗓门最大，肯定也是最悍勇的”；某新闻人是“国内最始终如一充满怨恨的人”；某位前国王的情妇是“有史以来最不开心的女人”。然而，虽然标签上有这么多“超级之最”，内容却很平庸。我们所爱读的名人生活故事，如利奥·洛文塔尔所说，不过是一系列的“难关”和“喘息期”。这些男男女女“是坐实了的平凡人物样本”。

这些新模板铸造的“英雄”再也不是赋予我们目标的外部源泉，而是一些容器，我们将自己的漫无目的倾注其间。他们不过是放大镜下的我们。因此，这些表演者－名人无法扩展我们的视野，占据我们视野的都是些我们熟悉的男男女女。正如《名人纪事》广告那令人信服的说法，名人是“过去被新闻造就，如今自己制造新闻的‘人物’”。要制造名人，只需让他们被人熟知，以公关手段引入并强化。因此，名人承载了完美的同义反复：人们最熟悉的就是人们最熟悉的。

四　速朽的名声

英雄依靠功绩扬名；名人依靠形象或商标扬名。英雄创造自己；名人由媒体制造。英雄是大写的人；名人是大写的人名。

从前，公众人物需要私人秘书来将自身与公众隔开。现在，他则有媒体秘书，以让他在公众眼中保持良好形象。在图像革命前（也在尚未经历图像革命的国家里），如果某人或某家族置身于新闻之外，那么这就标志着他们拥有坚实的非凡之处。怀有贵族式虚荣的女士只应上三次报纸：出生、结婚、离世。如今，上流社会家庭的定义就是常常上新闻。曾经，真正的英雄人物对公共宣传弃如敝屣，默默依靠自身人格或成就的力量。

在南方，媒体的发展比国内其他地方缓慢，城市出现较晚，乡村生活方式占据主流。在那里，老派英雄被浪漫化。在这方面，也在其他许多方面，南方联盟将军罗伯特·E. 李是世上最后的老派美国偶像。在他众多令人钦佩的品质中，南方同胞最敬仰的莫过于他从公众视野中隐退。他以不接受任何采访闻名，并坚定拒绝写回忆录。“这是在拿弟兄们的血做交易。”他说。乔治·C. 马歇尔将军这个例证则较晚近，更与时代格格不入。他也对名声避之不及，即便其他将军正在报纸上连载回忆录，他也拒绝写作。但在他的时代，已经没有多少人把这视作美德了。他这样老派地拒绝进入公众领域，最终害得他饱受约瑟夫·麦卡锡参议员等人的诋毁。

英雄是时代造就的：要孕育英雄，至少需要一个世代。俗话说，他“经受住了时间的考验”。他创造传统，也被传统塑造。他的成长历经数代，每一代人都从他身上发现新的美德，将新的成就归于他。当他所处的过去变得愈加虚幻，他的英雄气概则有增无减。他的面容和身形不需要有刀削般清晰的线条，他的人生也不需要注脚。当然，他不会留下任何照片，常常连画像也没有。19 世纪的人比眼下的人更英雄；古代的人更甚；而史前那些则成为半神。英雄常常与古人为伍。

与此相反，名人永远是当代人。英雄是由民间传说、神圣文本和历史著作造就的，但名人是由小道传闻、公众舆论、报纸杂志和转瞬即逝的电影电视画面打造的。时间的流逝，可以创造并成就英雄，但却毁灭了名人。一方由重复所创造，另一方由重复所破坏。名人诞生于日报之中，永远像其起源那样稍纵即逝。

先前制造名人的手段，日后也必定摧毁他。他成于公共宣传，也毁于公共宣传。新闻让他生，也让他死——不是通过谋杀，而是通过窒息和饥饿。没有谁比上一代名人更加彻底地被人遗忘。正因如此，新闻栏目“现在他们怎么样了？”描述的过气名人默默无闻的现状，才让我们忍俊不禁。故意提起一度大红大紫、在过去几十年间名气尽失的人，总能让人发笑：梅·布什、威廉·S. 哈特、克拉拉·鲍。女人要是说出她所知的名人，就暴露了自己的年龄。

明星的坠落甚至算不上悲剧，因为他只是恢复原形，重归本来的无名状态罢了。根据亚里士多德广为人知的定义，悲剧英雄是从高位坠落的人，是身有悲剧性缺陷的伟人。他在某种程度上被自己的伟大害了。然而，昔日的名人不过是普通人，若是他回到该在的平庸位置，这不是因为他本人做错了什么，而只是时间的必然。

死去的英雄永垂不朽。随着时光流逝，他变得愈加鲜活。而名人即便还在世，就过时了：他变得不相干了。公众关注的炽热光芒在一开始给了他徒有其表的辉煌，然后很快让他融化消失。即使在公众关注的载体仅有杂志报纸时，事情就已然如此。如今我们有了全年不休的媒体、有了广播和电视，情况就越发变本加厉。现在，名人的声音和画面尽可能地侵入我们的客厅，制造名人比以前更快，名人也消失得比以前更快。许多娱乐明星和政治家都意识到了这一点。富兰克林·德拉诺·罗斯福十分小心地拉开炉边谈话的间隙，以免惹公民厌烦。某些喜剧演员（比如说 20 世纪 50 年代中期的杰基·格利森）发现，每周做节目可以迅速积攒恶名从中牟利，但也会很快过气。为了延长出名的生涯，他们露面频率下降了——每月一次或两个月一次，而不是一周一次。

英雄和名人的个性还有更加微妙的差异。这两类人日渐相似，但方式又很不一样。在传统模板下代表伟大的英雄倾向于变得无趣且迂腐。最伟大的英雄有着最没有辨识度的面容或身材。我们可以给他们加上胡子以示崇拜，就像给上帝的形象添上胡子一样。然而，我们很难想象摩西或耶稣脸上还能有别的特征。英雄因此被理想化、一般化，从而失去个人特质。乔治·华盛顿的个性不突出，反而有助于他扮演国父的英雄形象。爱默生说所有伟大英雄最后都会变得超级无趣，可能就是这个意思。要成为伟大的英雄，实际上就意味着变得毫无生气；变成硬币或邮票上的面孔。这意味着成为吉尔伯特·斯图尔特笔下的华盛顿。然而，当代人，以及他们中的名人，却受困于个性。他们太鲜活、太独特，无法打磨成对称的希腊雕像。图像革命的聚光灯照射在脸上、身上，突出了不同人的形象差异。这一点就让他们无法成为英雄或半神。

当各英雄因人格中相似的伟大美德变得越来越相像时，名人的辨识度主要来自他们个性中微不足道的差异。因个性而出名，实际上意味着你是个名人。于是，“一位名人”的同义词就成了“一种个性”。于是，娱乐圈的人便最有能力成为名人，因为他们十分擅长区分个性中的小小差异。他们把自己和一群本质上完全一样的人区分开来，并因此而成功。他依靠的是鬼脸、手势、语言和嗓音中的细枝末节。我们认出（“大鼻子”）吉米·杜兰特是靠他的鼻子，认出鲍勃·霍普是靠他的招牌微笑，认出杰克·本尼是靠他的吝啬，认出杰克·帕尔是靠他的粗鲁，认出杰基·格利森是靠他摇摇摆摆的步子，认出伊莫吉恩·柯卡是靠她的刘海。

种种伪事件如雨后春笋般涌现，名人倾向于催生出更多的名人。他们互相成就、互相赞赏、互相宣传。由于他们主要依靠自己的名气而出名，名人要增强自己的名人形象，只需要让他们之间的关系为人所熟知。名人形成了某种共生关系，互相依存。某人要变得更出名，可以通过总被另一个人开涮、通过成为另一个人前妻的情人、通过成为另一个人八卦的对象，甚至通过被另一个名人无视。伊丽莎白·泰勒的名人魅力多半并不来自她作为女演员的名气，而是来自她与其他名人的关系——尼基·希尔顿、麦克·托德和艾迪·费舍。剧作家阿瑟·米勒通过和玛丽莲·梦露结婚而成为“真正”的名人。当我们谈论、阅读或书写关于名人的一切时，我们会强调他们的婚姻关系和性爱习惯，或是他们对烟、酒、衣服、跑车和室内装修的喜好，我们通过这种绝望的努力来分辨这些毫无差异的人。那些普通人和我们一样（由于媒体垂青，他们碰巧成了名人），怎么才能把他们打造得比我们更有趣，或更突出呢？

五　人类伪事件的典型

就如同我们时代的伪事件倾向于盖过真实事件的风头，名人（这些人类中的伪事件）也倾向于遮掩英雄的光辉。他们紧跟潮流，全国范围内广而告之，常常雇用媒体经纪人。而且，他们的数量要多得多。名人很快消亡，但更新速度更快。每年，我们眼前的名人都比前一年多。

就像真实事件常常被塞入伪事件的模板中，在我们的社会里，英雄要存活，就得发展出名人的特征。得到最好宣传的，似乎就是最真实的经验。如果有人在我们的时代成就了英雄的功绩，所有公共信息的机器——媒体、讲坛、广播、电视——就会迅速把他变成名人。如果他们做不到，那这位准英雄就会从公众视野中消失。

一个十分引人注目的悲剧案例便是查尔斯·A. 林白的故事。他独自一人成就了 20 世纪最英勇的功绩之一。他达成的是那种最史诗级的英雄成就。但他被贬低成了名人。于是，他不再能代表其成就所赋予他的德性。他被空虚填满了；而后他又从人们的视野中消失。这是怎么一回事呢？

1927 年 5 月 21 日，查尔斯 · A. 林白驾驶单翼机“圣路易精神号”，首次完成从纽约罗斯福机场到巴黎勒布尔热机场的单人不间断飞行。毫无疑问，这是经典意义上的英雄成就；这是英勇的成就——独自一人对抗自然的伟力。在那个沉闷、缺乏英雄的年代，林白的飞行仿佛一道闪电，展示出个人的勇气。除这次飞行外，林白就是个平凡人。当时他二十五岁，出生于底特律，成长于明尼苏达。他不是伟大发明家，不是领袖。他没有超群的智力、口才或创造性。就像当年许多年轻人一样，他疯狂地热爱飞行。天空是他的领域。在那里，他显示出极致的技巧和超凡的勇气——甚至到了蛮勇的程度。

他是真正的英雄。但这还不够，又或者是太过了。因为他注定只能成为一个名人；他将成为美国最杰出的名人。他作为英雄的兴衰、他的磨难、他的转变，他作为名人的起起伏伏，都在肯尼斯 · S. 戴维斯为他撰写的传记中得到精彩讲述。

林白本人料定这一成就会让他上新闻。在离开纽约前，他向《纽约时报》出卖了这一新闻的独家报道权。这个印象中天真而羞怯的男孩到达巴黎后，在麦伦 · T. 赫里克大使宅邸遭遇了一大群扑上来的新闻记者。但他一直等到《时报》代表允许，才肯发言。他其实还购买了报纸剪报服务，寄送给他当时正在明尼苏达教书的母亲。然而，怀着某种难以名状的考虑，他要求将剪报服务费用限制在五十美金。（即便如此，剪报公司还是将他告上法庭，称他没有付清超额的服务费，这显然是在求名求财。）要不然，他就得把余生所有收入拿来支付关于自己的剪报账单了。

林白在报纸上取得了空前的成功。在这次飞行后的第二天早上，作为严肃新闻标杆的《纽约时报》把前五版全部用来报道他的事迹，只在第五版附了几个广告。其他报纸的报道篇幅都有过之而无不及。广播评论员连续几个小时都在谈论他。但实际上没有什么硬新闻。这次飞行相对来说比较简单，只持续了三十三个半小时。林白把能说的都对巴黎的记者说了。他的相貌、身形和个性都没什么出奇的地方；他的性格也不为人所知。有些年轻女子说他“高大英俊”，但他的相貌实在平平无奇。他就是邻家男孩。飞行后第二天，为了介绍这个年轻人，全国报纸比平时多用了二万五千吨新闻用纸。在许多地方，报纸销售量比平时多出两到五倍，要不是机器跟不上，还能卖出更多。

林白在 1927 年 6 月 13 日回到纽约。第二天，《纽约时报》前十六个版面上几乎全都是他的新闻。林白的庆功会在海军准将酒店举办（据说是“现代史上”为个人举办的最大的庆功会）。会上，前国务卿查尔斯·埃文斯·休斯致辞，极尽溢美之情。他无意间准确地刻画了这位从美国英雄变成美国名人的年轻人的特点：“我们衡量英雄的方式和衡量船只的方式是一样的，看的是排水量[1]，林白上校取代了一切。”

至此，林白成了现代历史上最大的人类伪事件。实际上，由于这个成就的完成过程过于简洁，成就本身单纯得惊人，因而无法提供附带的新闻。关于林白最大的新闻，就是他本人成了个大新闻。伪事件以几何级数增长，速度比平时更快，因为林白的名气来得太突然、太惊人。要编造故事说他是个怎样的大名人并不难；说这个年轻人几天前还默默无闻，现在却成了家喻户晓的人

[1] Displacement 除排水量外，还有取代之意。

物；说他怎么得到总统、国王和主教的接见。除此之外，他身上就没什么好说的了。林白唯一惊人的英雄事迹很快就被他惊人的名气远远盖了过去。如果是名气成就了名人，那这就是最大的那一位。当然，独自飞越大洋确实是非凡之举，但更引人注目的是依靠这一举动占据所有的新闻版面。他作为英雄的地位远远比不上他作为名人的地位。更何况，这一切都发生在一夜之间。

很大一部分新闻很快就变成林白对这些“新闻”和自身名气的反应。人们对林白的敬佩源自他对名气那令人敬佩的回应，以及他接受名人身份时的优雅姿态。“闪电”传记出现了。这些传记不过是林白在礼节性访问美国和欧洲各国首都期间狂欢般涌现的新闻报道的摘要。这就是英雄林白死后作为名人的生活。这就是名人的同义反复。

之所以林白在随后几年内都受到公共关注，一直是名人，主要是因为两个事件。其一是他在 1929 年 5 月 27 日与文雅又标致的安娜·莫罗结婚。新娘的父亲是德怀特·莫罗——摩根的合伙人，时任驻墨西哥大使。现在，他们成了“孤鹰夫妇”。新婚燕尔，他成了最吸引人的新闻原料。感人的浪漫伪事件就这样加到了原来那一切之上。他的新闻价值重燃起来。媒体的热情避无可避。不屈不挠的新闻人没了可供揣测的材料，便冷嘲热讽地说林白这样躲着记者，其实是想借这种卑劣的手段提高新闻对他的兴趣。当林白称他只会和清醒且体面的报纸合作，别的一概不考虑时，那些被他排除在外的记者便将他的拒绝发挥成更多的新闻，远超他的声明本身所能引起的注意。

延续林白名人生涯的第二起事件，是其幼子的绑架案。1932 年 3 月 1 日，绑架案发生在他的新泽西州霍普威尔乡间新屋。在将近五年的时间里，“林白”只是个空壳，新闻制造者往里注入他们编造的东西——甜腻的、煽情的、传奇的、诽谤的、奉承的，或只是单纯感叹其不可思议。现在，当一切制造新闻的机会都被穷尽，只能切切实实地来消费他的家人了。这里一定埋着个好故事。用肯尼斯·S. 戴维斯的话说，这一事件是奉献给名气之神的“血祭”。由于该案件从来没有彻底解决，虽然疑犯被处决，还是没人能切实知道，如果报纸和公众没有如此行事，孩子是不是能安全回来。媒体（在无能的警方的合作下）无意间破坏了真正的线索，之后又收集并公布了无数假线索，没有提供任何实质性的帮助。在利用林白的个人灾难时，媒体比往常更加起劲。

林白之子的绑架案，就像林白的跨洋飞行一样惊人。两件事都没有多少硬新闻可供报道，但这不妨碍新闻专栏塞满了关于它们的消息。地方新闻编辑对绑架案的报道没有任何篇幅限制。“我想不到任何能与之匹敌的故事，”合众通讯社综合新闻经理观察道，“除非美国打仗。”赫斯特旗下的国际新闻社摄影部把所有员工都派到这个项目上，他们租了两辆救护车，装满摄影器材，警笛大响，穿梭于霍普威尔和纽约之间，去程开往林白府邸，回程就把车当成暗房冲洗照片，一到目的地便可付印。为了在霍普威尔现场报道，国际新闻社还另派了五个人三辆车。合众通讯社派了六个人三辆车；美联社派了四个男职员，两个女职员，四辆车。到 3 月 1 日，纽约《每日新闻》已有九位记者身在霍普威尔，第二天又增派三人；纽约《美国人》报社则派了一打人（包括社长小威廉·伦道夫）；纽约《先驱论坛报》派了四人；纽约《世界电讯报》《纽约时报》，费城的《纪事报》都各派了十人左右。这还只是开始。

第二天，媒体同意林白的要求，离开他在霍普威尔的居住地，以鼓励绑架犯放归孩子。新闻洪流没有停止。二十四小时内，国际新闻社就通过电报发出五万字（都够填满一本小书了）报道这一罪案；第二天，三万字；此后有一段时间，每天都有一万字或更多。美联社和合众通讯社也为订阅者提供了与此相当的服务。许多报纸都用头版全版报道此事，内页还续了一些版面，持续整整一周，直到确实没有什么新东西可报道。然而，新闻还是连续不断——教科书般的伪事件——线索、留言、本地特别专栏，还有业内称作"想法"的板块。

很快，在新闻方面，这一犯罪再没什么能做的了。再没什么可以报道、发明或捏造。人们的兴趣很快就落到一系列衍生戏剧事件上，很大程度上，这些都是记者自己制造的。有的报道关注原事件如何被报道，处理这件案子的几位警员弄出什么乱子，谁将会、谁应该成为林白的媒体发言人以及与绑匪联系的中间人。还有大量新闻关注围绕该事件的所有新闻加在一起是多么大的一件事，关注林白夫妇如何应对这一热度。

到了这个阶段，禁酒令时期的著名罪犯也来凑热闹。"老膏"斯皮塔尔和欧文·比茨这两位纽约地下酒吧老板，短暂地吸引了聚光灯。他们由莫里斯·罗斯纳推荐，这位罗斯纳有黑道门路，很快就在林白跟前成了私人秘书之类的角色。斯皮塔尔和比茨由于努力联系绑架者，上了几天头条；后来他们又怀疑可能是臭名昭著的底特律紫帮或阿尔·卡彭在芝加哥的手下暴徒犯事，又上了头条。这两位中间人成了大人物，直到斯皮塔尔主动退场，还十分得体地召开了一场新闻发布会。在会上他解释道："如果是我认识的人，而我不指出是谁，那就让我遭神罚。我到处找人，最后结论是，绑架犯是头独狼。”阿尔·卡彭本来就因为即将因逃税入狱服刑而名气高涨，又因为试图在事件中施以援手，声望更盛。在接受赫斯特报纸“严肃”专栏作家亚瑟·布里斯本采访时，卡彭悬赏一万美元，寻求能让孩子安然归家、使绑匪落入法网的线索。甚至还暗示，让自己免于牢狱之灾就能帮助孩子获救。

这个案子本身制造了一大批新名人，人人都没怎么弄清他们到底有什么重要性，但其新闻价值使他们变得举足轻重，包括新泽西州警察部门长官H.诺曼·施瓦茨科普夫上校、霍普威尔警长哈利·沃尔夫、孩子的保姆贝蒂·高、布朗克斯学校离休教师J.F.（外号“贾福思”）康登博士——他自愿做此案的中间人（他还主动从毕生积蓄中拿出一千美金加入赏金，“好让深爱孩子的母亲能和骨肉团聚，也让林白上校知道美国人民感激他以自己的勇气和无畏所给他们带来的荣耀”）、弗吉尼亚州诺福克的造船人约翰·休·柯蒂斯——他有点疯疯癫癫，假装自己找到了绑匪、盖特森·B.米恩斯（《哈丁总统的离奇死亡》作者，假装成绑匪的谈判人，事后被控以此诈骗艾福林·华休·麦克林夫人十万四千美元）、莫罗家的女侍应维奥莱特·夏普——她嫁给了莫罗家的管家，在绑架案发当天与年轻男子约会（她被威胁要受警方盘问，并因此自杀），还有无数其他人。

仅仅几年后，聚光灯就不再关注林白了，热度走得就像当年来时一样快。每年发布的大部头《纽约时报索引》列出前一年十二个月报纸上各主题被提及的次数，非常精确地记录了这一事实。1927年到1940年，每年的索引都用了好几栏篇幅，用小字逐项列出提到林白的报道。1941年索引中，这种列表占了三栏的篇幅。然后，突然间，新闻流就干涸了，首先是缩减到断断续续的几篇，然后就一篇也没了。1942 年到 1958 年，所有报道加起来也不到两栏篇幅——和 1941 年比起来只是当年的一半。在 1951 年和 1958 年，甚至一次都没有提到林白。1957 年，由詹姆斯·斯图尔特领衔主演的电影《林白征空记》面世，票房惨淡。对点映观众的调查显示，四十岁以下的观众中，没几个人知道林白。

《纽约客》上一幅漫画很好地展示了问题的核心。刚看完《林白征空记》的父亲和年轻的儿子从电影院走出，男孩问："如果大家都觉得他做的事情这么了不起的话，那他怎么都没火过呢？"

于是这位英雄像名人那样突然死亡。他出名了十四年，远远超过普通名人的寿命。查尔斯·A. 林白之所以消失得如此突然，还有一个附带的解释：他承受的压力太大，要做到"面面俱到"。民主信仰不满意于仅仅是无畏飞行员的英雄。他必须成为科学家、勇于发声的公民、一位领袖。不幸的是，他的名人地位说服他成了公众发言人。当林白屈服于这些诱惑时，他就越界了。但他的越界（不像某些人，比如阿尔·卡彭和他的心腹以前走进棒球场落座时会收获人们的鼓掌致意）本身并不戏剧，也没那么大新闻价值，无法构成新的恶名。他的发言无聊、暴躁、恶毒。他积累了新的名声，成了新纳粹、粗俗的种族主义者；他接受了希特勒的奖章。很快，名人就变得一文不名。芝加哥一座摩天大楼顶上的"林白射灯"被更名为"棕榈射灯"；在科罗拉多洛基山上，"林白峰"被重新命名为含糊的"孤鹰峰"。

六　名人是我们放大了的影子

在图像革命后，名人的光彩盖过了英雄，这种现象背后的法则也为其他伪事件带来掩盖一切的光华。当一个人有了英雄和名人的样子，他作为名人的角色就模糊了他作为英雄的角色，并很容易破坏他的英雄身份。在创造名人时，总牵扯到人的利益——新闻人需要新闻，媒体经纪人受雇打造名人，而名人本身也获益。但死去的英雄不会关心热度所带来的利益，也无法雇用专员来保证自己停留在公众视野中。由于名人是量身打造的，可以用来取悦、安慰、迷倒并恭维我们，可以迅速制造、迅速替换。

人民曾经感觉自己是由他们的英雄造就的。詹姆斯·拉塞尔·洛厄尔说："偶像是信徒的尺度。"而名人是由人民制造的。英雄代表着外部榜样。名人是同义反复。我们还在试着让名人代替我们不再拥有的英雄、代替那些被推出我们视野的英雄。我们忘了，名人之所以出名，只是因为他们有名气。我们模仿他们，仿佛他们脱胎于伟大的模板。然而，名人不过是推广得更好的我们罢了。模仿他，模仿他的穿着、谈吐、外貌、思维，我们不过是在模仿自己罢了。用赞美诗作者的话说："造它的要和它一样，凡靠它的也要如此。"[1]通过模仿一个同义反复，我们自己也成了同义反复；我们代表我们所代表的，努力更好地成为我们已经成了的。当我们称赞知名人士时，我们装作透过历史之窗观看他们。我们不愿意承认，自己看着的其实是镜子。我们找的是榜样，但看到的却是自己的倒影。

我们仅存的几个英雄不可避免地照着名人的模子重新塑造自己，方才留住了我们的注意。我们试着同英雄亲近、与他闲谈、保持友好。布道台上，我们听说耶稣"并不娘娘腔，而是个平常

[1] 引自《旧约·诗篇》115:8。

人”。安德鲁·杰克逊是个“好家伙”。我们不为自己的英雄杜撰壮举，而是编造他们的普通之处（比如十分成功的青少年系列读物“美国名人童年故事”）。让他们成为名人的，是这些普通之处，而不是功绩。

我们揭秘名人（无论是通过新闻传记还是粗俗的“私密”杂志），证明他们不值得我们崇拜，这种种努力就像是讲述制造其他伪事件的“幕后故事”。自己拆自己的台让我们愈加对编造过程感兴趣。这种手段就像普通手段一样，能够创造同样的名人效应。当然，大部分真正的名人都有媒体经纪人。这些经纪人本人有时也会成为名人。魔术师的帽子、兔子和他本人都是新闻。一个骗子大获成功，那他的新闻价值就翻倍了。他是个骗子，这让他更有个性。名人的私人新闻制造手段并不会让我们对他失望，而只会证明他是个真正的名人并且完全能够胜任。我们就此放下心来，因为自己没有错将无名之辈奉为大人物。

“英雄”这个词本身成了愤世嫉俗的批评用词，也就没什么可惊讶的了。美国退伍军人协会的批评者将其称为“英雄”协会。要让一个自以为是的人泄气、惹怒他，还有什么法子比叫他“我们的英雄”更好呢？我们认为这个词属于史前文明社会、属于漫画超人的世界、属于威廉·史泰格笔下的小混混。

今日在美国，英雄就像童话一样，受众已不是成熟的大人了。但我们翻倍制造奥斯卡和艾美奖帝后、给年度最佳老爸发奖、为美国小姐和闪光灯小姐戴上冠冕。我们有伟大美国人名人堂、农业名人堂、棒球名人堂、玫瑰碗橄榄球名人堂。我们奋力让自己安心，我们崇拜的是值得崇拜的人，赞美的是富有美德的人。但就在这种努力的过程中，我们把自己弄得一头雾水，无所适从。

我们刚开始不情不愿、而后又心醉神迷，看着每个奖项背后的政治运作，目睹每次为名人披上荣光或选出一日女王[1]而动用的诡计。虽然我们都心怀好意，但制造英雄替代品的计谋最后只是造出了名人。宣传即是曝光。

我们拥有了前所未有的能力，能够放大形象、宣传英雄的美德，但我们的制度却只是增加并放大了我们的影子。不知为何，我们没法做到完全不加思索，满足于崇敬或尊重我们自身的空虚映照在镜中的形象（无论我们到底有多想这么做）。我们不断偷偷怀疑，伟大是不是天然就罕见，伟大到底能不能合成？或许，我们的祖先将人类之伟大与对上帝的信仰联系在一起是正确的。或许人类不能创造自己。或许英雄是天生的，而非造就的。

我们时代这些讽刺的失望之处，其中最挑动人心的是我们为了满足自己对人类之伟大的过度期望所做的努力。在自然只允许一位英雄诞生之地，我们徒劳地栽培出几十个人造名人来。今天，只需开始歌颂一位英雄，他就会蒸发为名人。“在贴身男仆面前，没有人能做英雄。”——或许，卡莱尔还会加一句：“在他的《时代》记者面前也一样。”有趣的是，在我们这个满布大人物的世界里，真英雄都是无名氏。在这个充满幻觉与准幻觉的生活中，身上可供崇拜的素质不仅限于其名气的人、拥有实实在在美德的人，总是不为人所知的英雄：老师，护士，母亲，好警察，干着孤独、低薪、没什么光彩、不为人知的工作的认真员工。但吊诡的是，

[1] 《一日女王》（*Queen for a Day*）是当时美国的一档广播电视综艺节目，嘉宾主要由在经济或感情上遭遇困难的女性构成，为实现心愿，嘉宾需要在节目上讲述自己的故事，越卖惨越容易胜出。该节目的口号是“希望我们能让每个女人成为每一日的女王”。

这些人之所以还能是英雄，正是因为他们不为人知。他们的美德不是我们努力填补自身空虚的产物。他们的默默无闻保护他们不被闪耀而短暂的名人生涯所害。唯独他们具有神秘的力量，来克制我们对超现实的伟大的狂热。

第三章　从旅行者到游客：失落的旅行艺术

“你离欧洲的距离，只差全世界最快游轮上的十五顿美餐。”

——美国轮船公司广告

在最近几十年里，我们开始认为新科技可以保护我们免受必然规律的困扰。通过魔法般的现代机器，我们希望让世界摆脱平庸——摆脱那些树上随处可见的麻雀、椋鸟和冠蓝鸦——用稀有的萨顿莺、象牙喙啄木鸟、高鸣鹤和棕煌蜂鸟填满世界。每一个观鸟人都清楚接受普通鸟类最常见、珍稀鸟类极少见这回事有多难受。如今，每日体验异国风情（而且还不能失其风味）、让庸常之物彻底消失的期望，成了我们所有人沮丧的根源。

“冒险”这个词已经成了语言中最无味、最空洞的词语。街角的廉价咖啡店为我们提供“美味的冒险”；持续几周的自我提升课程（标价 13.95 美元）将会把我们的日常对话变成“大冒险”；坐新款道奇车是“一场冒险”。由于不断过度使用这个词，我们让它失去了原先的通常含义——“一次不寻常、令人忐忑的经历，常带有浪漫气质”，并把 adventure 一词变回了它最初的意思，仅仅是“一件事”罢了（拉丁文 *adventura* 和 *advenire*）。但相对于 adventure 的原义，即“自然发生的事件；机会，偶然，运气”，现在的它通常指一次人为设计的以供售卖的经历。其含义的改变不仅是伪事件在近来无处不在的症状，还标志着我们如何用过度的期望击败了我们自身；世间的意外——“冒险”——以及其他一切都满足不了我们。

没什么比旅行观念的转变更能体现我们新近发展出的过度期待。在人们还能做选择的时候，旅行最古老的动力之一，就是为了看看陌生的事物。人们有种无药可救的渴望，希望去不一样的地方。这展示了他无可救药的乐观主义和无从满足的好奇心。我们总以为在另一个地方事情会有所不同。“旅行，”笛卡尔在 17 世纪写道，“几乎就是和生活在其他世纪的人对话。”由于饥饿、恐惧或受压迫而上路的人，希望新的地方更加安全、更能吃饱饭、更加自由。生活在安全、富足且体面的社会中的人之所以旅行，是为了逃脱无聊、躲开熟悉之物、发现异域他乡。

以前的人们总能成功。思想的巨大震动总是发生在旅行的好时代之后。纵观历史，前往远方、见证奇闻异事刺激着旅行者的想象力。他们感受到的惊异和快乐，使他们意识到家乡的生活没理由保持一成不变。他们发现解决问题的方法不止一种，天堂和俗世中的一切比他们的哲学所梦想的更为丰富，生活的可能性尚未在平庸的街道上穷尽。

15 世纪，发现美洲、绕非洲航行以及前往印度让人们睁开了眼睛，开阔了思想，并催生了文艺复兴。17 世纪，环游欧洲、前往美洲和东方的旅行使人们见识到别样的生活方式，由此引发了启蒙运动。发现新世界总能革新人们的思想。旅行是放之四海而皆准的催化剂。它让人思考得更快、想象得更大胆，催生出更热情的渴望。归乡的旅行者给家乡带回震动人心的思想。帕斯卡（在电视出现前三个世纪）曾说人的不幸源于他尚未学会安安静静地待在房间里。

近几十年来，出国旅行的美国人数量超过了历史上的任何时期。1854年，大概有三万多美国人出国；一个世纪后的1954年，有将近一百万美国公民前往加拿大和墨西哥以外的国家。排除人口增长的因素后，现今美国人出国旅行次数是一百年前的五倍。以国家而言，我们可能是这个年代最频繁旅行的人民，甚至在整个历史上都是如此。但深思过后，这种现象中最值得注意的并不是出国旅行如今变得多么频繁，而是这么频繁的旅行竟没有为我们的思想和情感带来什么改变。

看来，旅行并没有明显让我们变得更胸怀四海或更体贴他人。这并不是因为美国人比过去更愚钝或不可教化。相反，是旅行这种经历本身发生了转变。许多美国人现在会“旅行”，但这个词的含义已经和它古老的意思不一样了。旅行设施的倍增、改善及廉价化让更多人能够到达遥远的地方。但前往异地的经历、在当地的经历和从当地带回的经历全都大相径庭了。经历被稀释、被伪造、被预制。

现代美国旅行者的旅途中填满了伪事件。他所期待体验的异国情调和熟悉事物都超过了世上原本所能提供的。他开始相信，两周内就能体验冒险的一生，享受出生入死的兴奋但又完全没有一点风险。他期待所有的异国情调和熟悉事物都能随叫随到：附近的度假地可以带给他旧世界的魅力，而如果他住宿选得好，还能在非洲中心享受家一般的舒适。他抱着这一切期望，要求有人向他提供这一切。他付了钱，就希望钱没白花。他要求整个世界都变成伪事件的舞台。世上也不缺少诚恳且富有创业精神的人试着给他提供他想要的一切、推高他的期望、满足他对不可能之物那贪得无厌的胃口。

一　逝去的旅行

几乎直到20世纪，出国旅行都是艰难且昂贵的辛苦事。美国的中产阶级并不是为了“乐子”而出行的。异国首都提供精致的享受：与聪明人对话，欣赏画作、雕塑和建筑，在已逝文明的残垣中陷入浪漫的沉思，到诗人的出生地、到政治家和演说家的扬名之地朝圣。人们在看到“世界奇景”时会生出一种通常在意料之中的惊奇之情。这是多年来欧洲人在欧洲旅行的模式。“一学会一点拉丁语，”法国才子圣埃夫勒蒙在写于17世纪的喜剧中描画了一幅讽刺的图景，“我们就开始准备旅行了……由于我们的旅人都很有文化，他们难免要带上一本装帧精美但完全空白的书，他们叫它签名簿。带上这件装备，他们特别注意请那些碰巧遇见的当地学者为他们签名。”

18世纪末的严肃态度则由贵族学者沃尔内伯爵写了出来，他解释道，在接受一小笔遗产后：

> 经过深思熟虑，我认为这笔钱太少，不足以大幅增加收入，这笔钱也太多，不能就这么随便花在无关紧要的东西上。我十分幸运，生活在让我惯于学习的环境中；我培养了对知

> 识的品位，甚至还有对它的热情，在我看来，我所继承的这笔钱给我提供了崭新的机会，可以满足我这方面的偏好，并让我拥有新的进步方法。我读到过这样的言论、也常常听人重申，能够修饰头脑、形成判断的多种方法中，最有效的便是旅行；我于是下定决心，计划远行，但出行的道路到底要通向哪个国家，还没有定论：我希望能够游历全新的景色，至少也得是绝妙的景观。

沃尔内决定去中东，游历叙利亚和埃及（1783—1785）的经历最后造就了游记中的经典。英国农学家阿瑟·杨为了完成自己定下的目标，调查种植方法，三次前往临近的法国，分别在1787年、1788年和1789年；他的日志（出版于1792）促进了英国农学革新，其影响甚至远及建国不久的美国。同期，杰斐逊在法国和意大利热诚地为弗吉尼亚寻找新的植物，他带回的建筑模板在日后塑造了弗吉尼亚大学的式样。

年轻贵族出国旅行还为了长大成人，四处浪荡。他可以在惬意的远方纵情欢愉，远离家园，不至于损毁名声。亚当·斯密在《国富论》（1776）中记录道，在他的时代，财力足以负担旅行的家庭在惯例上会“在年轻人毕业离校后立刻把他们送到外国，不去上大学。据说，我们的年轻人从旅行中返家后，表现总会大有起色。年轻人十七八岁离家，二十一岁回家，年龄增长了三到四岁，都在国外度过；在那个年纪，三到四年间是很难没有什么大进步的”。然而，斯密对此颇有微词，认为这种做法十分冒险，常常会腐化年轻人；他说，这种习俗之所以兴起，只是因为英国大学水平太差。英国的财富让年轻人能够在欧洲大陆（根据德国一位观察者在1760年不无嫉妒的评价）“寻欢作乐，甚至在意大利也不例外……他们有大笔钱财可以挥霍，这不仅让他们更积极地冒险，还让他们有能力用金钱打通关节，或是花钱消灾”。我们常常忘记，卡萨诺瓦那爱欲横流的《回忆录》（1826—1838）记录的正是他周游欧洲首都的经历——威尼斯、巴黎、柏林、华沙、马德里，向东远至君士坦丁堡。

17至18世纪，许多有文化的欧洲人喜欢自吹拥有多个祖国。旅行意味着见过世面。除非阅历丰富，否则在国内也称不上有教养。年轻的意大利人安东尼奥·孔蒂可作为一例（根据历史学家保罗·哈泽德的记述），他出生于意大利帕多瓦，在巴黎生活过一段时间，后于1715年在伦敦与人讨论新近兴起的微积分，之后又顺路到荷兰向自然学家和显微镜制造者列文虎克致敬——这一切都发生在前往汉诺威拜见哲学家莱布尼兹的路上。在曾经的壮游[1]中（比方说，在劳伦斯·斯特恩的《伤感的旅程》中描述的那种），年轻的绅士完成了他的教育。洛克、吉本和休谟在长居法国时了解了这个国家。吉本在瑞士完成许多写作。君王也常常出国，不仅限于在禅位或被驱逐后。哈姆雷特王子就到国外留学。瑞典女王克里斯蒂娜在巴黎生活过一段时间，1689年死于罗马。俄罗斯的彼得大帝在17世纪末旅居德国、荷兰、英国和奥地利。对欧洲人而言，国外旅行是流亡君主、冒险贵族、富商巨贾和漫游学者的领域。

对美国人而言，事情也是这样，直到将近19世纪末时，旅行这种经历也还只属于拥有特权的少数人。富兰克林在海外的巨大

[1] 壮游（Grand Tour），文艺复兴以后，欧洲贵族子弟间兴起了漫洲欧洲的风气，游历时间可达数月或数年。壮游传统在18世纪的英国尤为盛行。

成功发生在英国下议院的委员会会议室里，也在巴黎的沙龙（和卧室）里。杰斐逊和其他有教养的美国人仍然相信一个遍及全球的“文人共和国”，十分渴望接触欧洲同胞。亨利·亚当斯在柏林、罗马、伦敦和巴黎的经历就是理想化的美国版欧洲式壮游。亨利说，亚当斯一家，包括他、他父亲及祖父的所有成就，“都主要来自欧洲赐予他们的牧野”。如果没有欧洲的帮助，他们很可能只是地方律师或政客，就像他们的邻居一样，终其一生只能如此。当富兰克林、杰斐逊、查尔斯·萨姆纳或亨利·亚当斯这样的人到达欧洲时，他们被引荐给名流伟人。亨利·亚当斯称他的欧洲旅行为第三次或第四次教育。就像其他教育手段，这样的旅行十分愉快，但也需要下苦功。

邮递设施的缺乏和报纸的稀有让人更有动力旅行。同时，行走在真正无路可走的土地上十分艰难，愿意出国旅行的人怀着严肃的目的，就算不那么严肃，至少也是真诚的。旅者愿意冒着被抢劫、被杀害、患上疾病的风险，在无路的荒野上寻路，穿过宽阔的沼泽，通过深及马车轮轴的泥泞。“在最好的情况下，”一位18世纪的历史学家记录到，“要七匹马才能在乡间拉动乡绅笨重的四轮马车，有时候还得用上几头牛。”将近1800年时——依靠两位苏格兰工程师托马斯·特尔福德和约翰·麦克亚当的工作——现代造路科学才得以发展，廉价高效的路面加固法才成为可能。

旅行经历也是一场冒险，只因为没多少人负担得起，或是敢于面临这么多艰难困苦。现代酒店——乔治·萧伯纳将来会歌颂它是“使人得以逃离家庭生活的避难所”——还没被发明。游记里的别致小旅馆中，所有舒适享受都值得大书特书。奢侈的单人床十分罕有，除了因为床上有蟑螂、臭虫和跳蚤陪伴，还因为旅馆老板会随意把不止一位客人分配到同一张床上。在法国旅行的英国人记录称，遇见同在旅途的人有多难，更别说是同一个国家的同胞了。18 世纪的亚瑟·杨发现“旅人的数量少得令人惊奇”。他沿着大路往巴黎城外走了五十公里，整整一天“只看见一位绅士的马车，路上连个绅士的人影都没有”。即使在那之后，晚上留宿的条件有所进步，在欧洲大陆上旅游的人或许能找到“舒服的酒店，但里面总会有令人不快的人群”。直到 19 世纪 60 年代，还有一位前往荷兰的英国旅人写道：“游客相当罕见，也没什么穷游的远行者。”

二　游客的发明

19 世纪中期后不久，随着图像革命开启，出国旅行的特性——首先是欧洲人的旅行，然后是美国人的旅行——发生变化。这一变化在我们的时代达到高潮。在此之前，旅行需要长时间筹划，花费极巨，耗时极长。旅行可能威胁健康，甚至危及生命。旅行者曾是主动的，现在他变得被动了。旅行不再是体育锻炼，而成了观赏运动。

这一变化可以用一个词描述。这是旅行者的衰落，游客的崛起。这些词语有着妙极了的准确性，但少有人意识到这一点。旧英语名词 travel(就其旅行的意义）原本和 travail(意为“问题”“劳作”或“折磨”）是同一个词。而 travail 一词，应该是通过法语作为中介，从通俗拉丁语或罗曼语族中的 *trepalium* 转化而来，指的是一种三足的折磨用刑具。去旅行——去 travail，或（后来的）去 travel——在当时就是一种劳神费力、十分麻烦的经历。旅行者是个积极忙碌的人。

在19世纪早期，一个新的单词进入了英语，我们得以从中窥见旅行的世界经历了什么变化，尤其是在美国人眼中。这个词是tourist（游客）——刚开始中间还有个连接符，写成tour-ist。我们的美国词典现在把游客定义为“一个愉快旅行的人”或是“一个旅行的人，尤其是为了享受而旅行的人”。还有一点也很重要，tourist一词中的tour是使用逆序构词法从拉丁词*tornus*而来的，而这个拉丁词来源于希腊语，指的是一种画圆的工具。这样一来，旅行者是在从事某项工作；而现代游客则是找乐子的人。旅行者是主动的；他费力去寻找人、寻找冒险、寻找经历。游客是被动的；他期待有趣的事情发生在自己身上。他去“观光”(sightseeing，这个词也在同一时期出现，最早的成文记录在1847年)。他期待一切都替他料理好，为他服务。

出国旅行不再是一种活动了——一次经历、一个任务——而是一种商品。游客的崛起起初只是一种可能性，后来成了不可避免的发展方向，这是因为吸引人的旅行项目被包装起来，以套餐出售（所谓的“包价游”）。通过购买一次出游，你可以强制另一个人保证有趣并宜人的事情发生在你身上。可以批发（长达一月或一周的旅行，或某国深度游），也可以零售（一日游，或是只参观某个外国首都）。

造成这一切的原因我们十分熟悉，在此也有必要再提一次。首先，最显然的一个原因就是交通的进步。19世纪后半叶，铁路和远洋轮船真正把旅行变得舒适了，不适及风险突然减少。整个历史上，长途运输工具第一次得以大规模工业化生产，能够卖给许多人，还十分廉价。为了保证能得到满意的投资回报，它必须要大量卖出。在任何一种旧交通方式上投入的资本——从公共马车到航船客舱——都远远比不上铁路（即使只是一节卧铺车）或豪华游轮的投资。这些资本投资之庞大，意味着必须要让设备时刻运转，运送成千上万的旅客。现在，一大批人将会被引诱出门，为了享乐而旅行。庞大的跨洋轮船只靠外交官、出公差的人或像亨利·亚当斯这样为提升教养的人可填不满。消费群体必须扩大，包括出门度假的中产阶级，至少也要拉上上层中产阶级。出国旅行被大众化了。

显而易见的下一步就是“跟团游”。计划完备的团体出游甚至能把爱待在家的害羞者吸引出来。当然，由导游带领的旅行十分古老：十字军东征有时候也和这有些相似。我们可以在乔叟的《坎特伯雷故事集》中看到，在14世纪后期，塔巴德酒馆那博学慷慨的主人就提出：

> 为了让大家兴致更浓
> 我愿主动与你们同行
> 旅费自负，做你们的向导……

但在那之后，少有向导免费提供服务，向导引领的旅行本身成了一种商品。冒险被打包成套餐出售，保证消费途中没有风险。在英国，旅行距离很短，中产阶级兴盛，铁路发展得早，因此催生出第一次组团旅游。根据传说，第一个旅游团出现在1838年，火车将游客从韦德布里奇带到邻近的柏德明，在那里参观两个杀人犯的绞刑仪式。由于柏德明行刑的惨状在露天车站就能看见，这些短途游客甚至没走下开放车厢就享受了这场乐子。

创造并推广跟团游的真正先锋自然是托马斯·库克。他在19世纪40年代早期开始安排英国国内的特价火车游。他筹备的第一次团体游把将近六百人从莱斯特送到相距十八公里的拉夫伯勒，花费很低——打折后的双程三等车费，每人只要一先令。很快，库克就把上百人送往苏格兰（1846）和爱尔兰（1848），在1851年，他更是把上千跟团游客送到了伦敦水晶宫博览会。1856年，他打广告宣传其第一次“环欧洲大陆大型游”，游览目的地包括安特卫普、布鲁塞尔、滑铁卢战场、科隆、莱茵河及其两岸、美因兹、法兰克福、海德堡、巴登-巴登、斯特拉斯堡、巴黎、勒阿弗尔，然后回到伦敦。而后，在他极富创业精神的儿子的帮助下，他还推出了瑞士游、美国游，最后在1869年，便是第一次中产阶级向耶路撒冷的东行。他很快就开发了一系列便利服务：彬彬有礼、知识丰富的导游，酒店打折券，订房服务，防止疾病和偷窃的保护及建议。

精致的英国人对此很是抗拒。他们说，库克是在剥夺旅行者的动力、夺走他们的冒险，在欧洲大陆的风景里塞满没教养的中产阶级。“坐火车去，”约翰·罗斯金[1]抱怨道，“我觉得根本不能算作旅行；这不过是被‘送’到一个地方，就跟货物包裹没什么两样。”《布莱克伍德》杂志在1865年2月刊发了一篇文章，作者是英国驻意大利领事，他对此大加攻击，称“这种新出现的邪恶行为正不断增长……把四五十个人，不顾性别年龄混在一起，从伦敦送到那不勒斯再接回来，收取固定费用”。“意大利的城市，”

[1] 约翰·罗斯金（1819—1900），英国维多利亚时代主要的艺术评论家之一，也是英国艺术与工艺美术运动的发起人之一，还是一名艺术赞助家、制图师、水彩画家、社会思想家及慈善家。

他哀叹道，“被这一群群生物塞满了，因为他们从来不分开行动，你会看见他们四十多人聚在一起，跟着导游沿街道乱走——一时在前，一时在后，到处打转，像牧羊犬一样——真的，这景象与牧羊之间的差异可以说很小了。我已经碰见了三堆人，以前从来没见过这么粗野的东西，里面的男人大多年纪不小，很沉闷，怏怏不乐；至于女人，年纪稍轻些，舟车劳顿，但活泼得不行，很是精神，轻浮不已。”

库克为他的服务辩护，他把这些旅行叫作“促进人类进步的手段”。他说对这些旅行的攻击完全是在摆架子，这些批评者都是老古董了。“认为罕见而有趣的地方不该由普通人享受，而应该只为‘特选’社会成员的利益服务，这多么愚蠢。但在这个进步的年代，再说些什么特权的胡话太不合时宜了，上帝把地球造得这样充实而美丽，都是为了人民；铁路和蒸汽船是科学一视同仁的光辉所带来的产物，也是为人民而存在的……最优秀的人，最高贵的思想，看见人民跟随他们的脚步，领略他们领略过的乐趣，只会欢呼雀跃。”

然而，在美国，虽然所有人都突然负担得起这一切了，运送移民还是比运送旅客有利可图多了。往来奔波、塞满了移民的初期美国无论在国内还是国外，都看不出旅行有多少光彩。在美国人看来，出国旅行很大程度上仍是贵族的专属，这种想法甚至比英国人持续得更久。直到 20 世纪早期，想跟团游览欧洲的美国人还要依赖托马斯·库克父子公司。格兰特总统就用过库克的服务。马克·吐温对库克这种全新的、无忧无虑的傻瓜式旅行商品做了最好的描述：

> 库克把旅行变得很简单，成了一种享受。他会卖给你一张票，把你送到地球上任何一个地方或者所有地方，给你所需的所有时间，他所提供的远远不止于此。他为你提供任何地方的酒店，完全随你心愿；你也不会被索要过高价钱，因为打折券上标明了你具体要交多少钱。库克在大站台的员工会照料你的行李，为你叫出租车，告诉你要给司机和搬运工多少钱，帮你找来向导、马、驴子、骆驼、自行车或是你想要的任何东西，让你的日子过得舒服又满意。库克随时随地为你提供银行服务，若你不慎被风雨困住，他的产业也会为你遮风挡雨。他的文员会回答你的所有问题，而且答得彬彬有礼。我建议您旅行时买库克的票；我堂堂正正地提出这个建议，因为我没有拿他一分钱。我并不认识库克。

库克公司一直保持着早期建立的领导地位。它现在还是世界上最大的旅行社。

该公司在美国最大的竞争对手就是美国运通公司。它的前身是著名的威尔斯公司、法戈公司再加上其他公司，19 世纪中期这些公司在美国国土上运输货物和金钱。19 世纪，这些中介从流入美国的移民潮中获取了不少利益，它们负责为成功的、刚到美国的美国人给在欧洲急需金钱的家人汇款。1891 年，第一张美国运通旅行支票获得版权，其后，这个发明为旅行者解决了许多担忧。（到 1960 年，每年的销售额达到二十亿美元。）1895 年，美国运通在欧洲开设了第一间办公室。刚开始，该公司向美国旅行者提供的服务只包括邮寄信件、订火车票和预订酒店，并帮忙找回丢失的行李。执掌公司直到 1914 年的詹姆斯 · C. 法戈总裁坚持认为旅游业没有利润。他说，美国运通应该专注于货运和快运。但在第一次世界大战期间得到加强的各快运业务无可避免地改变了市场格局。即使在一战结束前，美国运通就已经在发展大规模旅游服务，战后，公司的旅游部门大幅发展。到 1961 年，美国运通所服务的客户已遍及全球，在全世界共有二百七十九家办事处。

美国运通战后组织的第一个欧洲旅游团在 1919 年 10 月出发。其后不久，第一个地中海团就乘着冠达航运公司的“卡罗尼亚号”出发，该船由美国运通和库克公司共同控制。1922 年，美国运通开启第一次海上游轮环游世界之旅，使用的轮船是“拉科尼亚号”。在这之后，每年都规划了一次相似的游轮旅行。大反击开始了。美国人返回旧世界，发起巨大的旅客冲击，其强度随着美国的财富上下波动，但近年来，冲击的强度比以往任何时候都要高。

到 20 世纪中期，出国旅行成了一门大生意。它是美国生活标准中最突出的特点，是我们与世界其余地区文化与金融关系的重要组成部分。比方说，1957 年，约一千万美国居民在国际旅行上花费超过二十亿美金。在这些旅客中，有一百五十万人跨洋旅行。仅在 1961 年夏季，估计就约有八十万美国人到欧洲旅游，在当地消费约七亿美元。

出国旅行现在当然成了一种商品。就像任何其他大规模生产的商品一样，它可以用批发价购买，还可以分期付款。19 世纪早期，波士顿的查尔斯·萨姆纳向几位相信他未来会有出息的老朋友借钱去欧洲旅游，当时这被看作是一种值得注意的奇特事件，一件咄咄怪事。现在，越来越多的旅行者在付不起旅费的情况下出游。“现在先去，日后再给钱。”你的旅行社会帮你安排的。

当旅行再也不是量身定做，而是流水线产物、可以在店里买到时，对它的内容我们就没那么多可说的了。我们也越来越不清楚我们买的到底是什么。我们购买了若干天的假期享受，甚至也不知道套餐里包含什么。最近在周游讲学时，我乘飞机到了海得拉巴——一座位于印度中心的城市，这名字一年前我甚至连听都没听过。飞机上，邻座是一个疲惫的美国老人和他的妻子，他是从布鲁克林来的房产经纪。我问他，海得拉巴有什么好玩的。他什么也不知道。他们夫妇之所以来这里，是因为这个城市“在套餐里”。他们的旅行社保证，套餐里只会有“全球闻名”的目的地，所以这城市在世界上肯定大有名气。

一个好的旅行套餐必须包含保险。在这个意义上，旅行的危险性成了过去式；我们买的套餐直接包含安全和内心的平静。别人帮我们把风险都担了下来。1954 年，悬疑片《情天未了缘》描绘了一架豪华班机从旧金山到檀香山的一次问题重重的航行。机上各式各样的度假者乘飞机前往中太平洋，享受一到两周的悠闲假期。引擎熄火后，乘客的精神开始崩溃。最后，为了让飞机不至于坠毁，机长要求把行李扔下去。我在芝加哥郊区的一座影院看了这部电影。坐在我身边的是一对母子，孩子还很小。他看上去不太纠结于乘客所面临的生死危机，但当乘务长把乘客各种雅致的随身行李扔进海里时——奢华行李箱、帽盒、便携打字机、高尔夫球杆、网球拍——男孩开始坐立不安。“他们怎么办啊？”男孩大喊道。“别担心。”母亲安慰他，“都上了保险了。”

当旅行者的风险由保险承担时，他就成了游客。

三　把“小美国”开到全世界

曾经，旅行者到处出行是为了结识当地人。而现在，旅行社的功能之一就是避免这种接触。他们总能找到高效的新方法，把游客和他游历的世界隔离开来。

在旧时旅行者的游记里，妙语连篇、满腹当地传说的本地客栈老板是常驻的有趣角色。现在他过时了。今天，在你家乡的主街道上，你就能安排在罗马、悉尼、新加坡或东京的食宿与娱乐。

也不再有讨价还价。计划万全的旅游让游客无须和当地人讲价。之所以观光归来的游客老是这么生气地谈到小费问题，是因为这是他们与当地人唯一的直接接触。就连小费也快要被取消了。1958 年，官方旅游组织国际联盟下的旅行设备委员会正在研讨如何将消费标准化，最终把所有小费都包含在旅游套餐内。购物和小费一样，是游客还能做的寥寥几件事之一，事先安排好的一切事项就像墙一样把他和他观光的国家分开，而这是墙上的一条小裂缝。他自然会觉得购物刺激好玩。购物时，他真的可以遇见当地人，用他们的陌生语言讲价，还可以发现当地的商业规矩。简单说，他尝到了从前的旅行者曾经无时无刻不在体验的刺激和“折磨”——那时每一次交通服务、每晚的住宿、每一顿饭都需要亲自过问。

跟团游还以其他方式将游客隔离开来。19 世纪早期，托马斯·库克第一次发明跟团游时，这种完全事先计划好的出游就承诺让客户与本国同胞融洽共处，同时还能享受国外景色的异域风情。奢华的远洋游轮和费用全包的游轮观光（这个词的这种含义最近才出现，很可能是美国发明的词义；刚开始，cruise 这个词指的是

“从一个地方航行到另外一个地方，纯为娱乐，没有指定目的地”）把这种旅行变成了住在漂浮度假酒店中的经历。

同船乘客现在代替了本地人，成了新的冒险来源。广告提及的风险不再是被偷被抢，取而代之的是被过度宣传的船上浪漫。乘船游览过程中，让单身男女大失所望的并不是梵蒂冈、卢浮宫和雅典卫城，而是其他乘客。除了给小费和购物冒险之外，从游轮上回来的游客对当地人没什么好说的，但对于同行的本国游客却有一肚子话要说。官方授权的美国运通一百周年历史中计数了某次环游世界游轮观光中巡游经理所经受的磨难。他对许多事情负责，此外还得“拯救一位轻信他人的年轻花花公子不落入游轮女投机者的圈套；为一位英国从男爵和一位美国女演员牵线搭桥；守护澳大利亚珍珠大亨遗孀，她行李中随便放着一大堆马口铁罐头，里面全是成对的珍珠；静静解决一起筹划在加尔各答发起的谋杀；在阿格拉，保护船上人员在印度教徒与伊斯兰教徒庆祝丰收节时的激战中不受伤；应付一位以通过国际日期变更线而丢失一天旅程为由坚持要求退款的乘客；在一位老妇人躺在罗马某酒店垂死时握住她的手”。过去，远行的指挥者被称作“向导”；现在，他成了“社交主管”。

当然，即使在跟团游中，游客在陆上的体验也不像在海上那样受隔离。如果他独自前去，他所受的隔离就更少了。但跟团游的概念太过风行，以至于如果某人想独自旅行，美国运通旅行社会给他的旅行套餐起个特别的名字，F.I.T 或 D.I.T，意思是国外或国内自由行。如果你想购买完全为自己打造的旅行套餐（也就是说独自旅行、量身定制），就能找到这种作为“特色”提供的服务。该套餐被描述得同常规的团队游非常不同，是种极富吸引力的新产品，就像半个世纪前跟团游被当作特色产品推出一样。个人定制套餐，根据美国运通编年史作者的解释，“针对的是偏爱独自旅行而不爱跟团的客户。我们为客户的喜好量身定制流程。花费根据实际支出估算，在付清一口价后，旅客将会得到一套常规的美国运通套装，其中包括所有门票和消费券，涵盖整个旅程的所有开销”。

旅行者从未像现在这样，和他所游览的地域如此隔绝。最新、最受欢迎的前往异地的交通方式，也是已知最彻底地将游客与环境隔绝的方式。到 1958 年，美国游客在前往异国时，飞机乘客数量是轮船乘客的四倍。最近，我在纽约爱德怀德机场乘机，登机时间是晚上六点半，第二天上午十一点半我就到了阿姆斯特丹。我乘坐的是常规班机，飞在七千米的高空，远在云层之上，太高了，看不见任何地标或航标。除了天气现象，什么都看不到；由于那天没有什么天气现象，所以也没有东西可看。我飞跃的不是空间，而是时间。唯一能显露出我跨越了这么长距离的个人迹象，就是六个小时的时差。我在途中的唯一问题就是消磨时间。我穿越了空间，如此轻松、如此不起眼。飞机把景色从我这里夺走了。

游客到了一个地方，却没有任何旅途的经历。对他来说，哪里都一样：去这里或去那里，一样。今天，只有在短途出行时，我们搭乘陆上交通。我从芝加哥开车去印第安纳或者威斯康星的避暑地时，或是以前坐火车或开车从郊区去大学上班时，我所感受到的东西都更丰富，看到的景色也更多变，让我认识了更多形形色色的人，远胜过我从纽约到阿姆斯特丹的那一程。

在很长时间内，去某地的感受与在某地的感受不可分离。现在，“一半的乐趣来自到达目的地的过程”。“罗马，”英国跨洋航空公司宣布，“是有趣的一站。”没什么比乐趣更千篇一律，无论哪个地方都一样。现在，我们在路上的项目也很多。美国轮船公司的广告说道：

> 你离欧洲的距离，只差全世界最快游轮上的十五顿美餐。伊朗的鱼子酱，苏格兰的野鸡……全球美食任君选择，让船上的美妙体验更加丰富。船上有泳池、健身房、两间影院、三支梅尔·戴维斯旗下的管弦乐队。为您提供五天的冒险，探寻失落的闲适艺术。

在广告附带的照片上，我们看到“伦纳德·克雷柯那太太向赖定顿大副炫耀她的爱犬。这艘伟大的现代游轮设有狗舍，有兽医，还有遛狗区”。甲板游泳池，鸡尾酒吧，还有最新的电影！每次荷兰－美国线的游轮在纽约启程时，“世界上最顶尖的餐馆之一便朝欧洲起航”。前往当地的途中体验被抹消了。途中的一切经历都被我们换成了豪华享受。比在家里还好。

如果搭乘飞机，我们也被音乐环绕，在装修得像豪华度假酒店的酒吧里享受鸡尾酒。1961 年，电影首映登上了环球航空旗下超音速喷气式飞机头等舱的特设宽屏。德国汉莎航空的整页彩色广告上印着黛特兰·冯·雄费尔特女士——汉莎航空的空乘代言人，“背景高贵，态度泰然，富有魅力，头脑聪慧，教育完善”，自然也说得一口流利的英语。她“邀您参加一场不寻常的晚宴……每一次航行都是迷人的非正式欧陆派对，在平稳的喷气式飞机中，凌于大西洋之上十三公里的高空”。

空姐这类人是美国开发的，现存于几乎所有主要国际航班上，她们是女性的亚种。空姐的魅力没有私人印记，标准化，她带着同样的魅力，在世界上任何地方，在我们脖子下面放上同样的枕头，递给我们最新一期的《展望》或《读者文摘》。她是航班上的圣母，是个漂亮的符号，代表着新近在旅行世界里涌现的千篇一律的温柔。第一批空姐是美联航在 1930 年 5 月 15 日雇用的那八个女孩；空姐工会则成立于 1946 年。到 1958 年，美国的航空公司一共雇用了八千二百名空姐，她们接受过六周的培训项目。根据一位谨慎的记者的总结，这份工作的基本要求是二十一岁到二十六岁的年轻女性，“未婚、形象好、苗条，腰臀部尤其要细，因为这正是乘客平视时看到的位置。她得上过高中，沉静、灵活、性情温良、声音甜美”。有着相似条件的乘务员也受训在火车与长途巴士上服务。

1500 年从葡萄牙向印度航行的卡布拉尔[1]船队自然没有腰肢纤细、声音甜美的乘务员为伴。他们的海上之旅长达六个月，不知道自己到底是不是朝着目的地进发。制冷装置或罐头食品发明前，船员的饭菜可不是什么美食。淡水定额分配，新鲜水果蔬菜想也别想。坏血病是航海人的瘟疫。伤寒、斑疹伤寒和疟疾肆虐。

“五月花号”的乘客在海上漂了将近两个月，1620 年 9 月中旬出发，11 月初才到北美。到达后，威廉·布拉德福德写道：“他们跪了下来，赞美上帝，赞美他让他们安全渡过了广袤而凶猛的大海，熬过了旅途中的种种危险与痛苦，得以重新把双足放在坚实

[1] 佩德罗·阿尔瓦雷斯·卡布拉尔（1467/8—约 1520），葡萄牙航海家。1500 年 3 月 9 日，卡布拉尔指挥十三艘船由里斯本出发前往印度。为躲避非洲赤道无风区，卡布拉尔向西南方向前进，于 4 月 22 日偶然抵达今天的巴西，他被普遍视为最早到达巴西的欧洲人。

稳定的大地上，回到他们应在的领域……他们就这样穿过了广阔的大海，以及大海中的一切困难。”他们知道自己跨越了遥远的距离，这个意识一直陪伴着他们，一直延续到下一个世代。英克里斯·马瑟在汇编他心中的各种神圣天意的体现时，第一章就是“令人印象深刻的海洋救赎”。在美国人的经验中，它就如森林以及印第安人一样举足轻重。

对19世纪向西推进的美国人而言，他们在路上共同生活的方式，塑造了他们抵达后的生活，就如传说中摩西带着以色列的孩子走过荒野，走出埃及，来到应许之地的四十年旅程，这段经历把他们塑造成了一个国家。向西开拓的美国人组织起来抗击途中的危险，在过程中形成章程和条规，让他们能够在到达后组建起新的社区。

现在，踏上旅途的人所冒的风险如此之小、其经历如此之贫乏，以至于到达某地的这段经历不知怎的变得越来越空虚、越来越琐碎。旅途经历的困苦越多，到达后的感受就越生动。当旅途成了“乐趣”，到达目的地也就和到达其他地方没有任何不同。

到达目的地的游客享受的是“改良”的观光设施，他所受到的隔绝几乎和路上的不相上下。现在，理想的国外观光旅馆和国内最好的旅馆如出一辙。床铺、灯光、通风、空调、中央暖气、下水设施都是美式的，但精明的酒店管理者当然会特别努力地保留某种“当地氛围”。

由于航空业的刺激，国际连锁酒店的数量在第二次世界大战后经历了可观的增长。1942年，康拉德·希尔顿接管了他在美国之外的第一间酒店，靠近墨西哥北部边境的奇瓦瓦希尔顿。“我当时感觉，”后来他回忆道，“组织周末大巴旅游，配上向导，在酒店有大规模娱乐设施，这种一口价的度假服务，应该可以发展得很好——也确实发展得不错。”战争结束时，希尔顿国际酒店有限公司成立。“以前长达一个月的旅行，”希尔顿解释道，“现在几乎能在周末完成……飞机一直会有。美国人不仅能，而且想要前往更远的地方、看更多景色、做更多事情、花更少时间。胡尼佩罗·塞拉神父❶在加利福尼亚的两场传教会之间要花费一天在路上。现在，你可以在几个小时内就飞过整段路程。如果我们隔一天路程就开一家酒店，没多久我们就会开遍全世界。这是完全可靠的生意，与我们国家的理想主义相得益彰。”希尔顿把他的口号从“遍布全国”改成了“环绕全球”。加勒比希尔顿于1947年在波多黎各的圣胡安开张，卡斯特拉那希尔顿于1953年开张，伊斯坦布尔希尔顿于1955年开张——这只是个开始。到1961年，希尔顿酒店同时在墨西哥城、阿卡普尔科、巴拿马城、蒙特利尔、开罗、西柏林、圣托马斯（美属维尔京群岛）、圣地亚哥和檀香山开张。在悉尼、墨尔本和昆士兰也有附属酒店。在西班牙港（特立尼达和多巴哥首都）、雅典、阿姆斯特丹与鹿特丹、伦敦、德黑兰以及罗马有酒店正在建设，在巴黎、马亚圭斯（波多黎各）、东京、亚的斯亚贝巴、波哥大、多瓦尔（魁北克）和突尼斯有建设酒店的计划。

康拉德·希尔顿在1955年伊斯坦布尔希尔顿开业式讲话中很好地点出了这些新酒店的精神。在开业式上，他请来一整飞机的美国名人和新闻制造者。“我们飞到伊斯坦布尔，为来自美国的贵

❶ 胡尼佩罗·塞拉（1713—1784），西班牙籍罗马天主教神父，因在18世纪把基督教传播到加利福尼亚而知名，于2015年被梵蒂冈追认为圣徒。历史文献显示，塞拉用奴役和酷刑方式迫使原住民放弃原有宗教和文化。

客举办开业式，席中有卡罗尔·钱宁、艾琳·邓恩与她的丈夫、弗朗西斯·格里芬博士、莫娜·弗里曼、索尼娅·海妮、戴安娜·林、梅尔·奥勃朗、安·米勒、美国媒体代表、约翰·卡梅伦·斯韦兹、鲍勃·康西丹、霍勒斯·萨顿、卢埃拉·帕森斯、赫达·霍珀，还有柯碧娜·怀特，更别提我多年的老友利奥·卡里略，他曾经有一头鹿叫红杉。毋庸置疑，我们所有人都感受到了这座古老城市的历史、浪漫与神秘……我感觉，这座‘金角之城’是个极其适合植入一点点美国风情的地方。”“我们的每座酒店，”希尔顿在开业式上宣布，“都是一个‘小美国’。”

加勒比希尔顿和伊斯坦布尔希尔顿我去过，可以作证，这两间酒店都是美国现代性与消毒方法的模板。它们的内部装潢与设计一模一样，就像两架美航飞机一样毫无差异。除非你看向窗外，否则你弄不清自己到底在哪。你有种舒适的感觉，仿佛你并没有身在此处。就连仔细彻底过滤后的本地空气都经过精确的测量和混合，证明你确实仍然身在美国。

四　专为游客定制

就连提供本地氛围的自觉努力也完全是美国式的。它十分有效地把你和所在地区隔绝开来。门外，真正的土耳其环绕着伊斯坦布尔希尔顿。而室内，只有对土耳其风格的模仿。酒店实现了一种微妙的效果，在土耳其的心脏地带，把对土耳其的体验变得次要。

与之相似，另一种隔绝来自那些已经是或希望成为“游客的麦加”的国家为吸引游客所做的努力。这些“观光景点”提供的是精心捏造的间接体验，当这种人造产品被消费时，真正的体验就在其周围，像空气一样免费。景点的作用在于让旅客在“参观”外国人时不需要真正接触他们。本地人被隔离起来，游客在开着空调的舒适房间内，透过观景窗口观看他们。景点如今是遍布游客绿洲的文化蜃景。

奇怪的是，许多此类景点十分偶然地作为民主革命的副产品出现。但很快，他们就成了精心筹划的产物，被国家旅游部门大规模、大批量制造，以吸引远方的游客。

现代博物馆同现代游客一样，是民主兴起的产物。两个现象都体现了科学知识的传播、艺术的大众化、私人艺术赞助的衰落，以及中产阶级识字率的提升。将珍贵、奇趣且美丽的物品收集起来，一直都是有权有势之人的专属。很久以前就有私人博物馆，但很少向公众开放。在古代，尤其是印刷书籍出现前，博物馆和图书馆的联系十分紧密，比如亚历山大图书馆。当然，一直有专为公众展示而设计的艺术品，就如雅典卫城入口处的大理石画廊或罗马的奥古斯都广场。至少自罗马以降，最好的艺术品与学术收藏都归私人所有。第一间现代公共博物馆是大英博物馆，1753年由议会法案授权建造。这座博物馆源于汉斯·斯隆爵士的遗嘱，他在过世那年将惊人的书籍、手稿和古玩收藏捐给了国家。在欧洲大陆上，大部分伟大的艺术博物馆是新兴中产阶级在18世纪末以来的革命中所搜刮到的战利品。卢浮宫曾经是王室宫殿，在1789年法国大革命后成了公共博物馆。

现在，参观欧洲最好的艺术博物馆，就是去参观民主时代以前的富豪、贵族与君主的居所：在佛罗伦萨，是乌菲兹宫和皮蒂宫；在威尼斯，是总督宫；在巴黎，是卢浮宫；在维也纳，是美泉宫。从众多王公贵族的住处取来美丽的物件，放在废弃宫殿中最气派的一座里，供公众观看。画作、雕塑、挂毯、餐具，还有其他小艺术品（一度属于当权的贵族阶层生活中的内饰或家具的一部分）于是被“解放”，被民众解放，为民众解放。现在这些东西要向整个国家和所有参观者展示。普通人现在可以看到从宫殿内部拿出来的珍宝，它们原本装饰着贵族阶层牢牢保护的私密餐桌、卧室与浴室。终于，每个人都能购买库克公司的跟团游，参观过去时代的艺术珍品，只需要象征性地付点钱，甚至免费。政治家把这些新的博物馆看作教育与文化广泛普及的象征，把它们看作是纪念碑和民族骄傲的催化剂。它们也的的确确如此。现在，这些场所依然是远道而来的朝圣游客的目的地。

把波提切利、鲁本斯和提香的画作放在一间房里，花几分钟就能看完；把多那太罗和切里尼的雕塑从各处教堂、修道院和会客厅里拿来，放在一间大厅里长期展览；把偏远宅邸和狩猎小屋中遮盖墙壁的挂毯取下，在位处中心的博物馆里展开——这实在是太方便了。但这会导致一个无可避免的结果——所有事物都脱离了它们的情境。因此在某种意义上，它们都被歪曲了。或许，相较于体验质量的下降，就参观者所能见到的艺术品数量而言，存在着更大益处。但问题在于，这种安排对体验所带来的影响十分直接，无可否认。

不可避免地，这些博物馆——以及其他后来用废弃宫殿根据相同模板建造的新博物馆——成了主要游览景点。它们现在依然如此。然而，几乎所有博物馆的展品都脱离了适当的情境。对每个单独艺术品的印象或对该国家文化历史所留下的整体印象，无论是不是来自参观博物馆的体验，总是不自然的。这种印象是拼凑而成的，为了你我的方便，为了教育、消遣、娱乐。但要拼凑出这种东西，艺术专员就必须把曾经真实的环境拆得七零八落，正是那些特定的文化整体创造并享有这些艺术品。博物馆游客参观的是文化产品的仓库；他没有看到活的文化的生命器官。即使人们参观的博物馆曾经为私人所有（像马德里的普拉多或列宁格勒的埃尔米塔日），原本的收藏也已被大幅稀释或扩充，以至于体验本身成了新的人造物。只有博物馆本身是十分真实的——是一项持续经营的事业的功能部分。欣赏凳子上的缎带和祖先画像的人，再也不是这个家族的子孙，这是这种变化的象征。每一个活生生的艺术品，被从它本来的环境中摘除，好让我们能方便地盯着它看，这就像动物园里的动物一样。离开原来的环境后，艺术品的某些部分已经死了。

当然，全世界各处还有一些地方——温莎城堡、佛罗伦萨美第奇宫、象岛石窟的印第安壁画、日本皇宫，还有无数教堂、圣殿与寺庙——在里面，艺术品都还在它们原本该在的地方。但在几乎所有旅游胜地，游客都是去参观博物馆。而大部分博物馆都有这种不真实的特征，歪曲的特征。

博物馆只是观光景点的一个例子。所有观光景点都带有这种虚假的伪事件特点。从前，旧时的旅行者访问一个国家时，他所看见的就是这个国家的真实模样。提香、鲁本斯的作品或哥白林挂毯会挂在宫殿墙上，是王公贵族聚会或社交活动的背景。民歌和民俗舞蹈也是属于本地人的创造。然而现在，游客看到的更多是观光景点，而不是国家本身。现在，他很少能看见活生生的文化，而只有特地为他搜集而来做了防腐处理的标本，或是特意为他安排的节目：标准的造作产物。

自19世纪中期以来，国际博览会数量越来越多，名声也越来越大。这些展会一般都有具体目的——促进贸易、巩固世界和平、交流技术信息。但当博览会也变成观光景点时，也就带上了造作的味道。从1851年伦敦水晶宫博览会与1855年香榭丽舍博览会，到1933—1934年芝加哥万国博览会、1939—1940年纽约世界博览会、1958年布鲁塞尔世界博览会，还有一年一度的威尼斯电影节，现代博览会被设计成宣传工具，用以吸引外国游客与他们的现金。为外国游客筹备的博览会展现了有意为之的、做作的国家形象。这是供外国消费的伪事件。

旅游交通的兴起导致了一种新近出现的现象，亦即彻底纯粹的旅游景点。它通常只有一个目的，就是为景点所有者或景点所属国家的利益吸引他人。把attraction这个词解释为"'吸引'人的事物或特点，尤指任何有趣或令人惊叹的展览"的做法，毫不意外地只能追溯到1862年。这是一种新出现的事物：某国文化的最弱化版本。现在，世界各处都有这种"景点"——几乎不体现某国人民的内在生活，但作为观光商品异乎寻常地紧俏。比方说，伦敦杜莎夫人蜡像馆（她最初就是靠着制作法国大革命领袖与受害者的蜡质头像成名）以及香港的虎豹别墅。加州迪士尼乐园——是游客赫鲁晓夫最想参观的美国"景点"——在所有例子中最有代表性。在这里，自然模仿艺术。参观迪士尼乐园的人看见的不是平面的漫画或电影，而是它们的立体复制品。

当旅游景点成为伪事件时，它们才能最好地满足原定的目的。为了能够随意重复，它们必须得是人为造作的。对其人造属性的强调，来自旅行社那种无情的坦率。他们确实能向你保证的，不是自然形成的文化产物，而只是那些特意为旅游消费和外国顾客准备的东西。在墨西哥城和蒙特利尔如此，在危地马拉的旅游胜地齐齐卡斯特南戈、在日本的边远乡村，也能看见勤奋真诚的当地人把他们的传统典礼变得华美，改变、扩充他们的节目，使其变得更具观赏性，好让游客满意。为了满足旅行社和游客的过度期待，各地的人都在自愿变成自己不诚实的仿品。为了在最好的季节和最方便的时间提供一整套节目，他们歪曲了自己最庄严的仪式、节日和民间庆典——一切为服务游客。

据传说，在第一次世界大战前的柏林，当皇家军乐队于正午在皇宫前例行演奏时，宫里的威廉皇帝不论在做什么都会停下手来。如果他在开国务会议，他会说："先生们，请允许我失礼，我必须得去窗户前露面。你们知道的，贝德克尔旅行指南里写了，这个时候我都会在那。"

现代旅行指南推高了游客的期待。他们也给了本地人——从威廉皇帝到齐齐卡斯特南戈的村民——一份详细的清单，逐项告诉他们外界期待他们在什么时候做什么事情。这些是为观光舞台上的演员所提供的最新剧本。制作旅行指南的先驱自然是莱比锡的卡尔·贝德克尔，他的名字早就进入了我们的语言，成了他的产品的同义词。当他提供印刷版的旅行套餐时，托马斯·库克正在英国完善实际的度假产品。贝德克尔在1829年推出了科布伦茨旅游手册，首先在德国发行，然后在1846年发布了第一个外语版本（法语）；1861年，推出第一个英语版本；在第二次世界大战开始时，贝德克尔公司卖出了一百多种共两百多万份旅游手册，包括英语、法语和德语版本。使用这些语言的国家拥有正在兴起的中产阶级，他们并不那么富裕，教育水平也没那么高，但也在努力地实现属于自己的壮游。虽然受到战争影响，位于莱比锡的贝德克尔工厂被英国皇家空军炸毁，但在1950年后的十年间，指南仍然推出了五十个新版本。单在1958年，就卖出近八万本，每本售价高达五美元。按照这样的发展速度，接下来二十五年就能卖出之前整个世纪的销售量。

卡尔·贝德克尔本人就是个孜孜不倦的游客。刚开始，他拒绝描述任何自己没有亲眼看过的景色。他的旅游手册以缜密的准确性闻名，许多游客因而和A. P. 赫伯特一样深信：

> 国王和政府或许会犯错，
> 然而贝德克尔先生永不。

没人能收买贝德克尔，从早期版本手册中的话就可以看出这点："如果准确描述某酒店会让编辑面临法律风险，则将不会提及该酒店。"贝德克尔让读者免于和本地人发生不必要的接触，提醒旅客小心蚊子、臭虫和跳蚤，建议读者小心没洗过的水果和生食沙拉，列出邮票价格，还提到该给多少小费（小费给得太多在贝德克尔指南中被当作最大的罪过）。

到最后，贝德克尔甚至建议游客该怎么着装，如何行事，做一个得体、可敬、宽容的国人，以免惊扰被访问国家的本地看客，或是让他们失望。在20世纪早期，贝德克尔鼓励英语读者"运用机智和含蓄，（在公共建筑、酒店等地方）不要大声喧哗或发表轻蔑的评价，尤其不要表达政治观点"；"英国的经典度假着装，如粗花呢服、灯笼裤等，不适合在意大利城镇穿着"；"旅客应避免对着乞丐拍照，等等"。

贝德克尔最强大的发明是"星级系统"，很快，它对游客的吸引力，就像之后“明星”对电影观众的吸引力一样。在评分系统中，超凡的景点会得到两星（卢浮宫、黄石公园、温莎城堡、圣彼得大教堂、乌菲兹美术馆、金字塔、罗马竞技场），较次的景点（它们仅是值得注意）则一星，而普通观光景点则是零星。后来这种分级系统被贝德克尔的后继者（罗素·缪尔黑德大获成功的《蓝色指南》和《企鹅指南》，还有几位美国观光手册作者）复制或调整，支配着心神不宁、教养不那么完备的现代游客。赫尔曼·戈林在1942年命令纳粹德国空军毁掉“英国境内所有在贝德克尔上得星的历史建筑和地标”。这些行动有时候被称作“贝德克尔空袭”。

任何按照贝德克尔指南旅行的人都明白那种去过当地所有带星景点的满足感，又或者是花了大工夫和大笔钱，却在事后发现看过的景点连一颗星都没评上所带来的沮丧。据说善于取巧的游客在热门旅游地，如巴黎或佛罗伦萨，会专门去参观没有星级的景点，好在回国后聊天时胜过那些只看过书的好事亲戚一筹。但星级系统就像公共博物馆和中产阶级旅行这个现象本身，都是民主革命的副产品。同样，它也帮助指出“让百万人获得文化教养的简单道路”。艾弗·布朗精明地观察到，星级系统催生的往往是观星者，而不是探索者。

游客寻求的是漫画式的戏仿；国内旅行社以及国外的官方旅游局则从善如流。游客很少会喜欢原汁原味的外国文化产物（对他来说多半无法理解）；他更喜欢自己偏狭的期待。法国香颂歌手用法国口音唱英文歌似乎比单纯唱法语歌更讨喜。在日本的美国旅客寻觅的不是日本，而是带日本味道的东西。他喜欢把艺妓看作古雅的东方妓女；他想不出她们还能做什么别的。毕竟，他花这么多钱跑这么大老远可不是为了给人看笑话。能剧或歌舞伎或文乐木偶戏（以独特的戏剧风格长期为日本人带去娱乐）让他感到无聊，但他能理解宝冢女性剧团的演出，这种华丽的日本音乐剧模仿的是比利·罗斯在纽约齐格飞剧院创立的模式，它和美国原版的主要区别在于，所有演员都是女性。它的老套过时被错认作东方风味。就连日本国家旅游局的官方观光手册在紧张地提醒美国人不会找不到想看的东西时，都提到“脱衣舞……表演取得了十分艺术性的进展”。宝冢表演被细致描述，被当作是“日本特有的歌剧形式，亦即所谓的少女歌剧”。具有法国味儿的类似演出是疯狂女郎秀，偶尔也在拉斯维加斯表演。就像这样，任何宝冢类型的表演，无论来自哪个国家，都会在美国获得票房上的成功。

热情主动的外国生产商越来越努力地为美国人提供他们期望看到的东西，反过来，美国游客也越发天真，几乎到了盲信的程度。但是，游客自愿受骗，恰恰是因为他们私下里担心自己这些过度（而且昂贵）的期望可能得不到满足。他们十分坚定地认为这钱得花得值。无论美国游客去往世界的哪个地方，他已经准备好接受伪事件的法则，屈服于形象；精心打造的模仿掩盖了真品的光芒。

在每个地方，如画的本地人打造着他们自己的形象纸模。然而这种如画般的特征本身常常只是一种对彩色电影的苍白模仿，游客到当地正是为了验证这些电影里的景色。永恒之城成了票房热门《罗马假日》的取景地；巡礼的游客渴望参观《宾虚》和《斯巴达克斯》此等知名电影的“现实”取景地。西奈山之所以出名，是因为《十诫》在那里拍摄。1960 年，一个非常成功的旅行团游览了里昂·尤里斯小说《出埃及记》中所有事件的发生地；次年，以色列航空公司宣布推出一个新的十六日旅游服务，承诺参观包括奥托·普雷明格及其团队拍摄电影版时途经的所有地点。

满足巨大中产阶级市场里的游客期望所带来的问题，在南非联邦、南非铁路和港口联盟主办的一项政府研究（1936）中得到了总结：

> 观光景点的供应
>
> 随着宣传和需求的出现，观光景点的供应通常必须遵循有组织的系统性安排。如果本国观光景点在国外有了知名度，且因此创造了旅游需求，则务必保证宣传的项目应该不仅满足合理的期待，而且还能时时供应，一般而言容易获得。在任何情况下，任何动物或本地生活的任何方面，若不能够保证持续供应，则决不能作为国家旅游推广的重点。因此，若由于本土成年礼或本地舞蹈本质上具有仪式性的重要意义，不能常常供人观赏的话，将它们作为特色推广就是错误的决定。

能够保障供应、在游客到达后能够便捷参观的项目之所以具有这些适于销售的特点，恰恰是因为它们并不是该国原始的表达。它们不可能是真正的仪式或真正的节庆；这些项目本来就绝不为游客安排。就像在夏威夷为拍照的游客准备的草裙舞（托了伊士曼柯达公司的福），能够吸引四面八方游客的观光项目往往都是专门为游客定做的。

而游客要求得到越来越多的伪事件。其中最受欢迎的必须易于拍摄（光照要充足）而且不会冒犯人——适合阖家观赏。根据伪事件的镜像效应，它们容易变成无聊老套的复制品，它们模仿的对象在看过无数图片的游客眼中，已是司空见惯。于是，似乎只有当脑中的图景在遥远国度得到验证时，游客对新鲜感的渴求才能得到最好的满足。

五 永远在路上

本章到此处，我写的都是出国旅游——前往远方的旅行。我展示了前往遥远地方的美国人是怎么从旅行者变成游客的，正是让旅行变得廉价、安全且易得的进步导致了这种变化。相似的变化也出现在本土。即使在美国国内，从一地到另一地也不再符合旅行这个词从前的意义了。这不仅是因为国内各地越来越相似，这一点我们早已熟悉——无论你在美国哪个地方，看的是一样的电影，听的是一样的广播，看的是一样的电视节目，吃的是一样的包装食物，可供选择的冰淇淋口味也没有差别。我们都知道商会多么拼命地想制造一些地区性特色，也知道汽车牌照所宣传的地区性差异又多么不现实。亚拉巴马州是“美国南部的核心”，阿肯色州是“机遇之地”，伊利诺伊州是“林肯之地”，缅因州是“度假乐园”，明尼苏达州有“一万片湖泊”，北达科他州是“和平花园之州”。这些现象再明显不过。

但除了这些以外，旅行的民主化、花费降低、组织性增强、更便捷的长途交通，也都各自将体验变得更加平淡。“旅行，”瑞士小说家马克斯·弗里施观察到，“……属于中世纪。我们如今拥有许多交流方式，更别说以后和未来了，这些交流方式能将世界带进我们的家，旅行会变成仿古行为。你们笑了，先生们，但这是真的。旅行已经是返祖现象了。会有一天，再也没有交通，只有新婚夫妇才去旅行。”这一天快了。这不是因为我们再也不在世上到处游走，而是因为我们越是走来走去，不停留在相同的地方就越难。几乎所有国际旅行中发生的变化，都给国内旅行带来了相等甚至更多的影响。

国内团体游是最近才兴起的。1927 年，号称史上首次的空中伴游服务由托马斯·库克父子公司筹划。这次旅行从纽约出发，前往芝加哥观看邓普希–腾尼之战，在这场赛事上产生了著名的“长计数”❶。由于当时城市间常规往返航班还不存在，这次旅行专门订了一架飞机。最近几十年内，由于职业组织、贸易协会、工会、兄弟会与大公司雇员参加的会议成倍增多，国内航空业得到长足发展。

晚到 1928 年，美国运通的旅行部门飞往西部的航班每年只有五到六趟。而后，芝加哥分公司一位锐意进取的新经理把芝加哥运动俱乐部一百二十位会员送往阿拉斯加旅行；一趟专列将芝加哥的医生送去美国医院协会在加州举办的年会；两船满满的美西战争老兵被送往古巴；三百名电力工人前往迈阿密。于是，一系列新的西部团体游得到开发。即使在大萧条期间，对这些旅行的需求依然不减。在1933年萧条的夏天，在芝加哥世博会开幕式上，美国运通一个月内就签下了价值一百万美元的订单，当季度内服务了近二十五万前往世博会的访客。在 1934 年世博会闭幕时，美

❶ 拳击赛中，选手被击倒后，裁判一般倒数十秒，选手应在数完前站起，否则判输。“长计数”指选手倒地时间长于十秒却不被判输。

国运通在墨西哥城筹办了扶轮社[1]年度大会，包下铂尔曼酒店为前往墨西哥观光的扶轮社社员提供住宿。1936 年，美国运通扩大其“旗帜旅行”业务，在 1939 年夏天，运通向西部发出二十二趟专列，供包办旅行业务使用。

自 1928 年起，美国运通的国内旅游业务增长了一百倍。产品从一套将近一千美金的昂贵西部及加拿大洛基山脉“壮游”，到一套 19.95 美金的超值纽约三日游：“其间旅客将住在著名的中心区酒店，并游览从熊山到百特锐的大都会区，包括哈得孙河轮船游览、唐人街、格林尼治村、在扬基体育场观看棒球比赛，然后在比利·罗斯钻石俱乐部度过难忘一夜……这着实会让纽约本地人也相信奇迹”。

观光景点的增加——或者说观光陷阱诱饵的进步——近年来呈现出前所未有的速度。从上文提过的宏伟的迪士尼世界，到较小的模仿品（自由国度，边疆世界等），到堪萨斯与内布拉斯加高速公路沿途的石膏色“大篷车”与“印第安帐篷”式的加油站与“博物馆”。黄石国家公园作为观光景点的重要地位无可置疑，因为它拥有的自然现象——按时喷涌沸腾的喷泉与“颜料罐”似的彩色间歇泉——最为接近“定期”观光表演的人工性。它们是模仿伪事件的自然。

汽车本身也成了隔绝人与环境的主要工具。我们将过去开放式观光车的设计改造成新的移动“观景窗”后，隔绝也变得更有效率。我们坐在舒适的空调车里，听着熟悉的广播节目。轰鸣而

[1] 扶轮社（Rotary），成立于 1905 年，是一个非政治和非宗教组织，不分种族、肤色、信仰、宗教、性别或政治偏好，旨在借由汇集各领域领导人才，提供人道主义服务，促进世界各地的善意与和平。

过的越野车旅行者在熟悉的商标前停下，在设计毫无差别的加油站加油。他的速度本身让他一点也不想停下。从前在火车上是可以认识新朋友的；传统上，铂尔曼火车上的吸烟室为我们提供了许多笑话和民间传说素材。现在，火车作为长途旅行工具正在没落。如果我们坐飞机，路上的时间不够长，无法建立新的联系。但如果要认识新人，汽车是最不可靠的工具了。就连搭便车也越来越过时，甚至被视作违法。

全国的道路编号系统带有新时代的标准设计风格，于 1925 年由州与联邦公路联合委员会采纳，据说是为了避免各地之间不一致的“混杂信息”所导致的“混乱”。即使在新的跨大陆超级高速公路建成以前，你不需要知道自己在哪（只要知道这条路的编号就行），也不需要知道自己要去哪，就能到达目的地。现在，我们问路的时候，问的一般都不是地名，而是数字。

超级高速公路是将驾车旅行者眼中景色变得毫无差别的过程中的最高点。一位朋友最近开车带着家人从芝加哥到纽约，走的就是这样一条收费公路。他儿子听说俄亥俄州农场十分兴旺，想看一看，结果发现这很难。一旦上了超级高速公路（没有任何交通灯拦他们一下），他们与周围农场的距离似乎越来越远。该在哪里下收费公路？在哪里掉头，怎么掉头？

直到 20 世纪初，美国人对道路的需求也只不过是延伸到火车站周围三到八公里的距离。然后，1921 年《联邦高速公路法案》开始整合州属高速公路，把新建公路标准化。1944 年《联邦高速公路资助法案》建立了新的全国性州际公路系统，这些道路组成了动脉一样的网路，总长度六万多公里，计划通达四十二个州府，并服务全国一百九十九个人口超五万的城市中的一百八十二个。

人们越来越倾向集中升级最常用的道路，从各方面看，这些路也越来越相似。总长一百一十多万公里的联邦资助公路（包括一级与二级）只占美国乡间道路总长的四分之一。然而，他们贡献了近九成的乡间高速公路总流量。越来越多的乘客选择流量大的道路。一条路流量越大，它就变得与其他流量大的道路越像。经济考量与高质量工程的需要，都意味着这些道路只能穿越景色最无聊的地域。

汽车旅行的增长，包括商务出行和娱乐出行，也改变了沿途的住宿特点。从前，开车的人在路上若是想住上好房间，必须绕路到市中心。在那里，他不得不看看政府大楼、商铺、工业区、商业区和住宅区。现在，公路旅馆把一切都变得简单了。同时，城市规划者和交通工程师希望减少城区的交通拥堵，将大笔钱花在辅路和超级高速公路上，避免长途行车的人搅和进本地社区的日常生活。

汽车旅馆在 20 世纪 30 年代大萧条中如雨后春笋般涌现。最早的旅客住宿屋只是酒店的廉价替代品，和露营条件有点相似。但十年不到，汽车旅馆就大有起色，标准化了。1935 年是贸易部开始公布统计数据的第一年，当年共有一万家汽车旅馆和旅客住宿屋；二十年后，足有三万之多。新的连锁汽车旅馆和汽车旅馆联盟很快让行车人用上了相同品牌的肥皂、同一种塑封玻璃杯、同一种“消毒”马桶圈，无论在国家哪个角落都一样。长途行车者一般都希望绕开“商务路线”，这样一来，就能在高速公路边只有几百码的地方找到食物和住宿。他在一个地方所得到的服务与在另一个地方毫无二致。各处汽车旅馆有一个共同点，就是他们的经理都会努力地营造一种不至于冒犯人的“本地氛围”。

下一个发展就是豪华汽车旅馆。特等客舱大小的卧室、“极其惊艳”的吧台、甲板大小的游泳池，这一切都让它和豪华跨洋游轮几乎一模一样。“一半的乐趣来自到达目的地的过程。”游客和出差的人在“奢华的环境中放松”。身在汽车旅馆的游客也一样永远处在海洋中央，舒适地脱离了实际的景色。

在新的州际高速公路上，我们看见了对旅行经历的彻底稀释。对于公路旅馆，弗拉基米尔·纳博科夫在《洛丽塔》中做了精彩的讽刺描写，这是对一致化美国经验的最好概括。虽然（可能正是因为）没有哪一个地方比公路旅馆更没有特色，现在，人们会在公路旅馆里放松一两个星期，就像他们以前在游轮上一样。他们更喜欢到一个什么都不是的地方——到一个迷失的地域、在路上。超级高速公路上有些新观光餐厅（弗雷德·哈维就有这么一个连锁品牌，每间餐厅的设计都一样，名字起得很合适，叫“绿洲”）实际上建在公路上或是桥上，风驰电掣的开车人可以很容易到达这两种地方，无论往哪个方向走都没什么差别。在那里，人们吃饭的时候不用看着有个性的本地景色。餐桌上的一次性纸台布也不会印有当地风光，而是印着带编号的超级高速公路，以及路上的其他“绿洲”餐馆。他们在高速公路上时，最有回家的感觉，车流安抚了他们，这是他们所属的地方。

现在，州际超级高速公路的“进步”本身（每年仅联邦政府经费就花去五亿美元）让我们得以在路上开车时无须看见路以外的任何东西。公路旅行变得几乎像乘机旅行一样空虚。现在在路上，我们也用时间来计算路程，而不是用里程数。我们从来都不太清楚自己到底在哪里。在国内，就像在国外一样，旅行本身成了伪事件。很难想象未来还有什么发展能让旅行的体验更加贫瘠。

六　用形象检验现实

在还不算太久远的年代，没有什么概念比踏上旅程更简单、更容易理解了。旅行——穿越空间的移动——是变化的普遍比喻。当有人离世，他便开启了一趟从未有人归来的旅程。或者，根据老套的说法，一个人死时就是“上路了”。哲学家观察到，我们借助空间的坚实来躲避时间的神秘。比如说，柏格森曾辩称，对时间的度量必须借用空间的比喻来表达：时间是“长”是“短”；另一个纪元是“遥远”还是“临近”。

现代生活的一个微妙混淆——也许算是一种隐秘的可怖之处——就是我们已经失去了这种庇护。我们再也不像过去那样穿越空间了。我们仅仅穿越时间，通过时钟一致的滴答响声来衡量距离，我们陷入迷茫，不知道该怎么对自己解释，我们到底在做什么、我们要去哪里，甚至是我们要不要去。

从一个地方前往另一个地方越来越快捷，时间本身也退化为对空间的度量。新的超音速交通工具已经进入设计阶段，它能在两小时内让旅客跨越北美大陆，只要两个半小时就能从欧洲到达美国。我们正在接近“即时旅行”的时代。如此，在这个充满同义反复的时代，用时间来度量时间本身看来再适合不过了。

我们把自己的时代叫作“太空时代”，但对于我们来说，空间的意义比此前任何时候都要贫瘠。或许我们该把这个时代叫作“无空间时代”。这个星球失落了旅行的艺术，地上所有空间都变得同质，于是我们便在太空的同质化（或是多样性的希望）中寻求庇护。外太空旅行带给我们的景观体验总不会比新修的美国超级公路上的要少。我们被裹得严严实实，燃料、食物、睡眠和观光，这些旅游问题够我们受的了。到了月球上，我们的体验会得以拓宽吗？恐怕只有当月球上为我们准备好观光景点那天才能知道答案。

就连我们的旅行文学也表现出显而易见的变化。以前，这些文章为我们带来的是外国宫廷的生活方式，是丧葬仪式与婚礼习俗，是乞丐、手艺人、旅馆主人和商铺老板的奇异行径。大部分旅行文学都沿袭马可·波罗的路数。然而从 19 世纪开始，尤其在 20 世纪，游记越来越倾向于对个人“反应”的记录，而非新信息。从“意大利的生活”，变成了“美国人在意大利”。人们去看的是他们知道会在那里的东西。唯一值得记录的、唯一还能给人带来意外的，是他们自己的反应。

外国，就像名人一样，成了对伪事件的确认。我们的兴趣大部分来自我们的好奇，好奇自己的印象是不是和报纸上、电影上和电视上的镜像一样。罗马的特莱维喷泉真的像电影《罗马之恋》里一样吗？香港真的像《生死恋》里一样吗？香港是不是到处都是苏丝黄[1]这样的人？我们去那里不是为了用现实检验形象，而是用形象检验现实。

当然，旅行历险还是能实现的。但现在，冒险不太会是出游的人所收获的副产品。我们必须（下大力气）提前筹备、策划、安排，才能保证到达之后体验到的不是成千上万游客所享受的那种干净、愉快、放松与舒适。我们必须编造风险和威胁，去搜寻它们。理查德·哈里伯顿的作品（1925 年的《浪漫坦途》，1927 年的《光荣的冒险》，1929 年的《待征服的新世界》，1932 年的《飞毯》，1935 年的《千里鞋》）走红的时候，恰逢成千上万美国人发

---

[1] 苏丝黄，出自英国作家李察·梅臣小说《苏丝黄的世界》，1960 年好莱坞将小说搬上银幕，影片中苏丝黄身着旗袍、长发披肩的形象深入影迷内心。

觉旅行是种无聊且毫无风险的商品。为了把旅行变成一种光彩荣耀的冒险，哈里伯顿必须重现古代的壮举。他像利安德[1]一样游过达达尼尔海峡；他重走了尤利西斯、科尔特斯、巴尔博亚、亚历山大和汉尼拔的道路。就连“神秘西藏”——世上为数不多的会给旅行者带来生理挑战的地方——也失去了神秘。最近，大法官威廉·O. 道格拉斯展现出寻找旅行历险的天赋才能；可以理解他的书为什么大受欢迎。但这些作品同样也只是理查德·哈里伯顿的无聊版本。皮埃尔·斯特赖特和佩格·斯特赖特机智地开着英国路虎从巴黎前往尼泊尔的加德满都，于是诞生了作品：“在吉卜林的荒原上颠簸前行”(《生活》，1957 年 9 月 2 日刊)。

如今，编造旅行中的风险所需的金钱、天才、想象力与进取心远胜当年为避免风险所做的努力。设计冒险所需的工作量几乎与熬过危险相当。数以百万计的游客并没有这样的时间或金钱。如今，旅行历险不可避免地带有虚假、伪装、不真实的特点。只有无聊的旅行体验才是真切的。对于濒危的冒险旅行家以及其余大量由旅行者转变为游客的人而言，旅行成了伪事件。

再一次，伪事件掩盖了自发的事件。背后的原因也还是那些。团体游、观光景点、会展、展览会，这都是“专为游客准备”的，所有预先设计好的冒险都真真切切地在广告里提前说明了。这些事件都可以方便、舒适、毫无风险、毫无问题地安排好，而自发的旅行过去从不如此，也绝不会如此。我们去的越来越多的是我们期望去的地方。我们被许诺会看到自己期望看到的东西，否则

[1] 利安德是希腊神话中阿卑多斯的俊美青年，他爱上了达达尼尔海峡对岸的少女赫洛，于是每晚泅渡海峡与恋人相会，赫洛则在岸上燃起火把为利安德指引方向。后来在一个暴风雨之夜火把熄火，利安德溺水而死，第二天发现利安德尸体的赫洛亦投水自尽。

退款。不管怎么说，我们越来越多地旅游，但并不是为了看些什么，而是为了拍照。同我们的其他体验一样，旅游成了同义反复。我们越努力、越有意识地去拓展自己的体验，这种同义反复就越无处不在。无论是要寻找伟大的榜样，还是要寻找在远方的经历，我们看向的都是镜子，而不是窗外，于是我们能看见的，就只是我们自己。

第四章　从实体到影子：消解的形式

年轻女郎一："你看过《万有文集》没有？它把五到六本书精简成了一本。这样你就可以一晚上把这些书都读掉了。"

年轻女郎二："我应该不会喜欢。我感觉这就是剧透。"

从夸大我们在世上发现事物的能力，到夸大我们重塑世界的能力，只差一小步。我们期待世上的新鲜事超乎实际，伟大超乎实际，奇异超乎实际，我们想象自己是可塑宇宙的主宰；但任凭我们随意塑造的世界——或者说，按照我们的过度期待随意塑造的世界——是一个不成形的世界。

在传统故事里，米开朗基罗解释说自己在创作大卫雕像时不过是去掉了多余的大理石，他的意思是，自己脑中的独特想象栖居于这块特定的大理石中。当然，雕塑家常常会根据脑中的形象来挑选石材，但他们也常常让形象迁就大理石料的缺陷。每一位艺术家都让形式贴合实际：他在纸上写诗，在画布上用油作画，在石头上雕刻，用特定的材料建筑。

艺术之所以总被看作是神圣的，正是因为艺术家给予作品一种无法模仿的独特形式。像人一样，艺术品有灵魂、有自己的生命。过去，每一件艺术品当然都是独一无二的。画不能变成诗，戏剧不能写成小说。直到最近，被改编成戏剧的小说数量都少得令人惊讶。当然，有些传说和民俗故事在不同吟游诗人和不同世代的人手中发生了转变，因此有好几种不同的形式，但伟大的艺术作品总能保持独特，举世无双。

“真品”有一种无价且难以言喻的独特性。人们散尽家财、押上性命来追求埃尔金石雕或《蒙娜丽莎》，保存多明尼科·韦内齐亚诺的某幅画，或是保护本韦努托·切利尼制造的珍宝。[1] 即使无限相似也还远远不够。每一件艺术品都有其不变性，有确切的边界，直到最近，这都被归功于上帝造物的神力。直至19世纪中期，美国人和欧洲人都坚定信仰着物种的不变性，这个简单的想法被扩散到所有造物上，世界并非可以无限改变的。上帝的艺术制造了固定而确切的形式，如此一来，用卢克莱修的话说：“每样东西能存在和生长的地方，都有一定的安排。”[2]

一 文学形式的消解

18到19世纪的民主革命以及19到20世纪的图像革命带来许多改变。如果艺术和文学要让所有人理解，就必须让所有人都能懂（还得不冒犯任何人）。因此，作品的普及往往都要以丧失完

[1] 埃尔金石雕（Elgin Marble），古希腊时期雕塑家菲狄亚斯及其助手创作的一组大理石雕，原藏于帕特农神庙和雅典卫城的其他建筑中，现藏于大英博物馆。多明尼科·韦内齐亚诺（1410—1461），佛罗伦萨画家。本韦努托·切利尼（1500—1571），意大利文艺复兴时期的金匠、画家、雕塑家、战士和音乐家，还写过一本著名自传。

[2] 译文引自《物性论》，卢克莱修著，方春书译，商务印书馆，1981年版。

整性为代价。与自由主义一道兴起的，还有通俗语言与通俗小说。现在，人们可以通过自己的市井语言来阅读伟大作品，英语、法语、德语、西班牙语、意大利语，不一而足，再不需要去学希伯来语、希腊语和拉丁语这些古典作者使用的书面语言。大众政府带来全民识字与全民教育，同样也导致了艺术品和文学作品的大众化。

维多利亚时期是中产阶级兴起的年代，当然也是审查大行其道的年代。查尔斯·金斯莱所说的“得体含蓄的无花果叶”不仅挂到了裸体雕塑上，也落进了文学里。为了适合所有人接触，让任何性别的人在游览古代荣光的陶冶之旅中免于羞耻，艺术品被歪曲、修改、注水，并从原有的语境剥离——一切都只是为了把它们变得乏味、易消化，迎合缺乏教养的口味。教育的年代讽刺地变成了删改的年代。新的删改运动不像旧的那次（当年印刷品需要审查发证），与其说是要抹去冒犯的学说，倒不如说是要掩盖生活中令人不快的事实。这一切都对文学产生了影响。查尔斯·兰姆和玛丽·兰姆合著的《莎士比亚故事集》(1807) 是为了让年轻人熟悉这位诗人。托马斯·包德勒还成了 bowdlerize 这个词的来源，意指将冒犯人的段落删去。他在 1818 年发表了十卷本《家庭版莎士比亚》，“其中没有任何新增语句；但不适合在家庭环境中朗读出声的词句都已删去”。六年内，这套书出版了四个版本，其后又有许多新版。这成功让他大受鼓舞，随后筹备了吉本《罗马帝国衰亡史》的六卷洁本，“为家庭与年轻人而编，根据原版重印，仔细删去所有带有不虔诚或不道德倾向的段落”。

新的公共博物馆之于艺术品，相当于新的大众化之于文学作品。这些珍贵的文学作品，曾经几乎完全由家世、财富与学识方面的贵族享受，如今则向无数人展示。其中有一些自然有了廉价版，但准确程度还算可以接受。雕塑、绘画、挂毯和小艺术品失去其语境的方式是被带出修道院和宫殿放到博物馆里，与之相比，最优秀的文学作品中有相当一部分则通过缩减、修订、简化、通俗化来达到这点。

要怎么把深奥、难懂、冗长、古雅而精微的贵族社会变得对所有人都“有趣”且“陶冶情操”（18 世纪的说法则是“风趣”“有教益”）？英国和他国的宗教改革时代，现代自由主义的准备阶段，当然也是翻译的时代——那时有约翰·诺思爵士翻译的普鲁塔克（1579）、约翰·弗洛里欧的蒙田，还有最重要的，钦定英译本《圣经》（1611）。

在 19 世纪的美国，教育和大众化几乎成了同义词。任何不能让所有人理解的东西都会背上污名，被看作是过时的神权贵族而受憎恶。平等主义的美国前所未有地重视人人都能获得的知识和人人都能掌握的技术。比方说，在英国，拼写规则的发展十分缓慢；按照美国学究的标准，莎士比亚本人算是个文盲。但在美国，人人都在急迫地寻找一种文化标准，凭借合理的付出和适度的机会，所有身无残疾的市民都能掌握它。因此，对拼写的狂热迅速确立。诺亚·韦伯斯特的《美语拼写词典》（1789）和他的《美国英语词典》（1828）卖出上百万套。美国人热衷于吹捧任何人人都能弄懂的东西：新闻记者的作品（本杰明·富兰克林）或大众诙谐作家的作品（马克·吐温）。大众化被误认为普遍性。如果《圣经》真是受神谕而写的伟大作品，它肯定对所有人都有意义；做一个奇怪的反向推理，这就意味着所有人都能理解《圣经》。在 20 世纪，我们对《圣经》最大的赞誉就是“全世界最畅销的书”。而它是因为伟大而畅销，还是因为畅销而伟大，这一点我们也越来越难弄清了。

图像革命把这一切倾向都放大了。它带来新的力量，推动大众化，推动艺术品的重塑——以及解体。图像革命通过如下几种方式达成这点。

首先，印刷品的廉价化。在美国，直到1830年为止，书籍都非常结实，但造价高昂。廉价书在19世纪40年代左右出现。这都要归功于新的造纸机与滚筒印刷机，它们使大规模低成本印刷得以实现。研究这类机器的历史学家称其为“出版业的大革命”，它始于1841年《新世界报》和《乔纳森大哥》这两家纽约周刊间激烈无比的竞争。这些周刊印刷得像报纸一样以保持邮资低廉，但实际上的用途却是连载小说。这些小说有些是从英国盗版而来，有些是美国人的作品。当读者抱怨它们还没连载结束，自己就可以在其他地方买到小说全本时，互相竞争的周刊开始发行“补刊”和“增刊”。每一刊都是本独立的小说，用新闻印刷机印制，一般不装订。竞争越来越激烈，价格随之下降。1842年，布尔沃的《扎诺尼》几乎同时在两份周刊上发表（另外还有名声更好的《哈泼斯》杂志），一份的价钱低至六美分。激烈竞争没能持续。1843年4月，美国邮政局规定，邮寄增刊必须要有书号；于是，这些周刊以及劣质书籍走上了下坡路。版权法的兴起，以及后来国际版权法的逐渐落实（在1886年《伯恩公约》前，基本没有效力），盗版剽窃没落了，畅销的无版税书籍供应也随之减少。但美国出版界再也回不到从前，廉价书已经开辟出一片天地。

在南北战争前，书籍出版与销售在美国成了高利润、高组织化的行业，商品销售渠道包括零售书店、订阅中介、小贩，以及拍卖商。早期订阅销售员中最著名的就是梅森·威姆斯牧师。他是作家，同时也是个推销员，写过畅销的乔治·华盛顿传记，就是他第一次提到樱桃树的故事。威姆斯过世前，他已为费城出版商卡莱布·P. 韦恩卖出近四千套约翰·马歇尔的五卷本《华盛顿生平》，仅靠这本书他就赚了四万美金。

除了造纸和印刷技术的进步，书籍装订工业化可能是美国书籍民主化过程中最重要的一步。其中关键的变化是摆脱老一套的手工装订法，在旧工艺中，每本书和它的封皮是一道制作的。而在新的“上书壳”法中，所有印张在同一流程中缝好，然后再粘到单独制作的标准封皮上。这个新方法于 1832 年来到美国。另一项重要革新是使用布料做封皮（在此之前，常用的封皮材料是牛皮纸、小牛皮或纸包的硬纸板）。此后，发明了一系列机器，把书页压到一起，在装帧布料上压印出设计图样和文字，折纸，缝合书页；最后，则是（19 世纪 90 年代一项天才的美国发明）生产书壳的机器，以及上书壳的机器。这一切当然都降低了书籍的价格。马克·吐温的《傻子出国记》（1896）出版不久后，订阅商每个月出货量近四千本。

在莎士比亚的作品只有昂贵的皮革装订本时，除了贵族谁也负担不起，也就没有什么必要缩减、删节或是通俗化。但由于识字率上升导致了对廉价书籍的需求，书籍制造的工业化便推动了更广泛的销售。20 世纪，在美国的书籍订阅销售界（推销员上门售卖书籍，分期付款），发生了一项鲜有人注意到的重要变化。这类订阅书至少有一半是用作装饰的。1900 年前，这类推销员的主要商品是莎士比亚、狄更斯、布尔沃－利顿和萨克雷的全套著作。1900 年后，都变成了多卷本大百科（比方说，《不列颠百科全书》

《美国百科全书》《儿童百科全书》《世界百科全书》《知识宝库》《科利尔百科全书》《国际百科全书》等)，为你想了解的任何知识提供简介（包括莎士比亚、狄更斯、布尔沃－利顿和萨克雷的作品）。其中一个畅销系列是二十卷本的书籍文摘百科。丰富的照片和插图、不乏彩页是这些作品在广告中最常提起的卖点，这可能也是最常用的手段。

廉价的“豪华”版（包括书和杂志）同样大获成功。1929 年通过订阅组织起来的限量版俱乐部将书籍发行量控制在一千五百套，只向订阅会员提供使用铅字和原始图版印制的书。这种模式大获成功，其主导者乔治·梅西因此建立了遗产出版社，向更大的客户群提供服务。这促成了新现象，这些书拥有一切“限量版”书籍的排印工艺，但数量几乎无限。许多后来者生产的书都声称具有手工艺品的美感，价格低廉，供应大众市场。

印刷和造书业中较新、较廉价的技术拓宽了客户群，同时也改变了文学抵达大众的方式。图像艺术也经历了相同的变化，尤其是绘画和雕塑这样的高雅艺术。在 20 世纪中期前很长时间，美国人就可以花几美元买到《蒙娜丽莎》或者梵高《向日葵》的全彩复制品，装裱精美，如果观看距离得当，基本无法发现与原件之间的差异。这是前所未有的现象。少数内行嗤之以鼻，看不起这种对独特原件的“恶俗扭曲”。艺术世界中的老派旅人现在要变成区区游客吗？他难道要被诱惑，满足于瞟两眼随手可得的复制品吗？这些复制品，就是往最好了说，也不过相当于“骑车掠过卢浮宫”。这些新技术让真品大众化，把它的大概模样填进上千种形式：进入廉价书，印在灯罩、托盘和铅笔盒上。

在报纸上印制照片最早可以追溯到 1880 年 3 月 4 日，一张名为“贫民窟”的图片被印在了纽约《每日画报》上，通过一种名为“半色调”的新工艺实现。图像透过细格栅拍摄，以底片上的小点来呈现光影。这个技术至今仍在使用，最初由史蒂夫·霍根和弗雷德里克·尤金·艾夫斯共同开发。霍根试图说服詹姆斯·戈登·贝内特在纽约《先驱报》上使用这项技术，但没成功。他最终把这项技术推销给了纽约《论坛报》，该报在1897年首次使用动力印刷机印制半色调图片。

彩色印刷的进步催生了彩色连环漫画。现在，“黄色报刊”[1]可以有彩色版了。在1896年秋天，赫斯特发行了一期全彩增刊，刊物广告词带着特有的含蓄，称这刊是“整整八页五彩缤纷色彩斑斓的灿烂辉煌，相比之下，彩虹简直如铅管一般黯淡”。新涌现的珂罗版（1890年首次由德国传来美国）很快让人得以重现微妙的色彩，用来印刷精细的医学与艺术图书。亨利·沃森·肯特原本在纽约大都会艺术博物馆工作，于1926年加入麦克斯·雅费位于维也纳的先锋彩印公司。该公司为博物馆制造高级艺术复制品，也服务其他组织和出版商。雅费的儿子亚瑟1938年在纽约开了自己的印刷公司。自那以后，廉价彩色复制品的制造得到长足发展。这体现在书籍与杂志插图上，也体现在伟大画作的彩色印刷品上，它们遍布全国的私人家庭、酒店房间以及餐馆。

其后，铸件工艺与金属或塑料雕塑制品制作方面，也出现了相似的进步。在博物馆前台、在礼品店、在商场，如今可以买到埃及、希腊或罗马经典雕像的廉价复制品，其与真品之间的差异，

[1] 黄色报刊指19世纪末纽约报纸中流行的煽情报道，得名自漫画家理查·奥特考特的漫画专栏“黄孩子”，在该系列连环画中，身穿黄色宽大衣服的小孩四处发表评论，受到纽约市民喜爱。

只有专家才能分辨。

图像革命一个接一个地为我们提供大批量“原件”。于是我们难免认为，“原件”与那些技术上十分精确（通常也更耐用）的复制品之间的唯一区别，就是它的价格。对真品的尊重变成纯粹的势利。在民主时代，还有什么比复刻品的范围之广与质量之高更能衡量艺术品——尤其是画作——的地位呢？梵高的“向日葵”曾挑战色彩复刻技术，如今则可以用低廉成本制作差强人意、色彩鲜艳的复制品，在之后这幅画便盖过了意大利文艺复兴时期色彩更为暗淡的经典画作。在艺术界，伟大、著名与老套从未如此轻易地变成同义词。

真品不知怎的失去了独创性。复制品更为人所熟悉。实际上，只有复制品才真正受大众喜爱，它常给我们带来更多乐趣。1959年芝加哥艺术馆高更展上，参观者抱怨原作不及为人熟知的复制品出色。

真品本身获得了某种专门的、内行才懂的地位，它现在不过是个原型，就像印书用的铅字，或是批量制造其他商品的模具。我们怀疑，创作伟大艺术品的首要目的是不是为了提供原型，好用它来制造复制品。在我们看来，艺术家的真正目标，也即通过民主化与人本主义的途径实现“充实生活”的目的，越来越多地由复制品而非真品来实现。对我们而言，梵高的《向日葵》只有挂在大学教室里才有意义，而不是挂在博物馆里。

在戏剧艺术的世界，图像革命导致的对形式的混淆更为微妙，更为普遍。我们一定要记得，直到18世纪，英国小说才成为大众文学形式。英国戏剧的历史当然更为悠久，可以追溯到中世纪的神秘剧和道德剧，在莎士比亚和其他伊丽莎白时代戏剧作家手中达到顶峰。然而由于几个原因，这两种形式——小说和戏剧——在英国文学界截然分离。成功小说不常被改编为戏剧，戏剧改编为小说的情况就更少了。戏剧舞台的明显缺陷对此有一定影响。

小说中广袤的场景以及各种各样的暴力行为无法以令人信服的方式搬上舞台。你要怎么给《战争与和平》布景？然而，电影的崛起几乎完全摧毁了这些限制。新技术让我们得以在一眨眼间更换布景，将广袤的地域和狂野的动作场面搬进剧院——如今则是在银幕上。摄影机（尤其在有声电影出现之前）带来的全新可能性诱使电影人利用银幕的特殊功能来描画戏剧舞台无法切实体现的场景。史上第一个票房大热的作品（现在依然保持着纪录）是 D. W. 格里菲斯的《一个国家的诞生》(1915)，这部电影吸引了数百万观众，依靠的是豪阔的战争场面、暴风骤雨般的动作戏，以及对表情扭曲的恶人与死去士兵的面部特写。这是第一部在白宫放映的电影，看完电影后，据说威尔逊总统做出了如下评价："这就像是在用闪电书写历史。"这人造的闪电之所以如此重要，不单单是因为它创造了新的戏剧形式。另一个同样重要的简单事实少有人提及，那便是从前只能在书页上（而不能在舞台上）得到生动描述的场景，如今有了另一种表现形式：电影银幕。这显然意味着戏剧形式之间可以互相转换，这种看法十分诱人。不久，这种技术就使得所有文学与戏剧形式变得难以把握、飘忽不定。从个人体验的角度看，这也催生了新的时代。一切文学形式之间的界线从未如此模糊。

现在，小说中几乎所有场景都可以化为戏剧。场景越宏大，动作场面越暴力、范围越大，场景切换就越迅速——换句话说，在必须使用真人、真道具的剧场里，就越不适合狭窄舞台的戏剧——作为电影剧本就越吸引人。（依靠独特且精巧的文学设计而）不能改编成电影的小说十分少见。电影时常比原作更能打动广泛的观众群体，因为它天生在视觉上比文学原著更加生动。很少有戏剧能比电影更吸引公众的关注，（加入声音元素后，以 1927 年阿尔乔森的《爵士歌手》为代表）连音乐剧也落了下风。

电影形式导致的一个结果就是，观众得以（甚至常常）在表演途中进场，事后再补看开头。体验的碎片化在电视发明后愈演愈烈，因为观众可以随意换台，免费从一个节目跳到另一个节目，每个节目都只看一些片段。电视那令人分心的可能性，在下面这一事件中达到了高潮：1961 年 3 月 12 日，当时正逢杰克·帕尔与艾德·沙利文之争[1]如火如荼，德福雷斯特电视机在芝加哥《太阳时报》刊登广告宣传旗下的一体二到三屏电视：

> 大电视台磨刀霍霍——在同一时段播出节目互相竞争——你实在没办法跳着换台，每个节目都看上一点——不容错过的内容太多了。但德福雷斯特双屏 / 三屏电视能够让你将所有节目尽收眼底——随时如此——如果你比较喜欢其中一个节目，轻按遥控器即可跳转音频，或是使用超级魔力红外遥控器换台；如果你比较老派，还可以使用头戴耳机。这比你做梦还有趣——今晚就试用吧！免费试用期可达一年。

电影与电视带来越发繁多的可能性，也给小说带去了全新的

[1] 杰克·帕尔与艾德·沙利文分别是美国全国广播公司（NBC）和哥伦比亚广播公司（CBS）的综艺节目主持人，两人因相同嘉宾的出场费用差异巨大而发生公开争执。但实际上，这两期节目由同一家经纪公司定制，这次争论是为了提高收视率的炒作行为。

角色。现在它成了某种剩余遗产继承者：继承广播、电影、电视遗漏的内容。某些能力最强的文学艺术家（如詹姆斯·乔伊斯、威廉·福克纳和亨利·米勒）越来越多地探索内在世界——情色、淫秽、亵渎神明、象征主义、意识流、内省的世界——这些内容不适合放上大银幕。于是，小说家被鼓励去探索无边无际的非视觉世界，而电影人则接手了他们曾经管辖的领域——那视觉、声音与动作的幻想世界。

戏剧形式这种新的可替换性，能从“正统戏剧”一词在美国的新含义窥见端倪。在英国，“正统”一词一直用以区别戏剧的形式，将莎士比亚等剧作家的、具有公认戏剧及文学价值的作品，与轻歌舞剧、闹剧和情节剧区分开来。在美国，电影崛起后，区分“正统戏剧”的标准不再是剧作质量，而是其运用的技术。“正统戏剧”在此开始指代所有在舞台上由演员现场表演的戏剧，包括音乐剧、闹剧和情节剧，与之相对的，则是在电影、广播和电视上播放的表演。

在探索图像革命为我们的期待和体验带来更为微妙的影响前，我会先从最基本也最普遍的症状来说明文学形式的崩解。那便是节略本与文摘的崛起与普及。

二 《读者文摘》

在欧洲，早期“节略本”或“摘要”是一种高度专门化的文学体裁，用于技术性（一般是法律）材料。最著名的就是拜占庭－罗马皇帝查士丁尼的《法学汇编》（公元533年），书中选编了早前罗马法学家的著作，将罗马法传至后世。18至19世纪的英国律师也编纂了类似的习惯法汇编。具有开拓意义的美国著作是由内森·戴恩编纂的《美国法律节略汇编总集》（八卷本，1823 年）。其后，更多详尽的节略本及汇编集出版。生意兴旺的美国法律出版商（比如明尼苏达州府圣保罗的西部出版公司）就依靠把不断增多的条例与法庭判例归纳成易懂的形式，将生意做得十分红火。

过去，出版商的节略本和汇编本一般是为了某些专业的学生准备的（比如说，由于专业原因，需要了解大量文献的关键内容）。一般读者，无论是那些为了娱乐而阅读还是为了学习而阅读的，买书时为的是书本的完整品质和内容。他选定小说——库珀、狄更斯或萨克雷——是因为他喜欢作者写进的或省略的内容，以及作者讲故事的方式。至于非虚构作品——杰瑞德·斯帕克斯、乔治·班克罗夫特、弗朗西斯·帕克曼、拉尔夫·瓦尔多·爱默生、威廉·希克林·普雷斯科特——他喜欢的是作者传达的信息，他被作者扩充、压缩、论述的方式吸引。自 19 世纪后期以来，事情起了变化。这种变化的主要症状就是大众节略本的出现。

识字能力的普及以及书籍价格的下降伴随图像革命而来，可供市民接触的印刷品数量倍增。引起现代新闻业以及政治伪事件洪流的技术进步，也一样导致大批杂志与书本涌现。美国生活标准的提升使更多人能够购买书本，与此同时，造纸及印刷方面的进步也使得书本价格更为低廉。中学及高等教育的扩散令更多人愿意购买印刷品。销售手法的进步使得书本和杂志更容易获得。广告养活了越来越多的杂志。对知情、积极参与社会事务的公民阶层的民主信念让民众感到应当读得更多。

世界事务对人们的切身影响、挥之不去的萧条与战争的阴霾、科学进步的惊人速度——这一切都让公民以为自己需要知道的东西越来越多。杂志本身则利用人们知情的义务，刺激公民的良知。他必须了解最新的书，提到最近声名狼藉的杂志文章应当能够侃侃而谈，同时还“洞悉”自己所生活的世界。詹姆斯·布赖恩特·柯南特，哈佛大学的前校长，在1960年10月说，绝大部分九年级末学生的最低阅读能力目标是，“这些未来的选民应该能够阅读并理解新闻头版内容，速度达到每分钟两百字”。每一个人都应该越来越了解越来越多的事物。怎么才能做到呢？

于是今天，所有人都觉得需要“节略本”，需要世界文化、世界舆论与世界大事的文摘及总结。不仅是专家、律师或医生需要帮助，普通公民也需要。在20世纪的美国——在一个普遍识字、繁荣、热忱的民主社会——文摘成了公民的工具。

文摘具有许多不同形式。其中最早、最直接的就是《文学文摘》(1890—1938)，第一期发行于1890年3月，节略了主要杂志上值得注意的文章，总结了报纸上的新闻和评论，提供“书籍文摘”“当下文学索引”以及“时事记录”。其重点特意强调高端气息：开头部分标题为“社会学类”“工业类”“政治类”。第一卷第一号开卷文章为托马斯·H.赫胥黎[1]教授所作，题为“论人类之生而不平等”，节选自两个月前的英国评论期刊《十九世纪》。紧随其后的是法国、德国、意大利和俄国评论。编辑解释道：“评论及媒体部分的文章是对原文或原文主要观点的精炼和总结。这些文章完全不代表《文学文摘》编辑的个人观点，我社编辑一直以来致力于使自己的表述忠实于作者本人的角度。”同年，《社论述评》在英国发行，寥寥几个月内，就有了完全独立

[1] 托马斯·H.赫胥黎（1825—1895），英国生物学家，因捍卫达尔文的演化论被称为“达尔文的斗牛犬”。

编辑并出版的美国版。该刊所提出的目标更为宏大。编辑直陈自己采用了马修·阿诺德[1]对文化的定义，目标是“让所有人都能接触到期刊上最优秀作者的最杰出思想。让社群里最穷、最忙的人都能够了解到智者的想法；让人们能够带着智识上的兴趣，紧跟当代历史的潮流”。

书本杂志文摘的雄心壮志没能坚持多久。到了20世纪早期，《文学文摘》降格到报纸读物的水平。此后，这本文摘吸引读者之处主要是对时事的新闻反应的总结，以及它从较不流行的杂志上收集来的更受欢迎的话题文章。

德威特·华莱士于1922年2月成立《读者文摘》，开启了一个新的时代。华莱士是长老会传教学者的儿子，在中西部一所小型宗教学院执教，他的成就证明他是编辑行业的天才。《文摘》很快就比它摘录的任何杂志都更受欢迎，成了20世纪的现象级出版物。就拿1959年来说，美国《圣经》学会一共派发了一千七百五十万部《圣经》，而《读者文摘》则一共出了三十版（包括盲文版），共十三种语言，每月全球发行量达两千一百万。仅在美国，其月发行量远远超过一千两百万，几乎两倍于第二受欢迎的美国杂志。一项可靠调查估计，《读者文摘》每月读者中至少包括三千两百万美国人——全国每四人中就有一人是它的读者。

在20世纪的美国，没有什么能比《读者文摘》的崛起更好地证明形式的消解以及我们经验的日渐二手化。这个期刊，美国最受欢迎的杂志，并不宣传自身的“原创性”，它只是一部文摘。影

[1] 马修·阿诺德（1822—1888），英国诗人、评论家、教育家。牛津大学奥里尔学院研究员。代表诗作为《多佛海滩》，主要表现维多利亚时代的信仰危机。著作有《文化与无政府状态》（1869）、《文学和教条》（1873）等。

子比本体卖得更好。曾经原文才是人们真正想要的东西，但节略本及文摘再也不是引导读者接触原文的工具了，现在，文摘本身成了读者想要的东西。影子成了真货。

《读者文摘》的故事是一部史诗（或许该说是“伪史诗”），讲述的是伪事件的制造、美国体验的稀释与同义反复。自1939年《文摘》编辑部搬进为它特别设计的、价值一百五十万美元的乔治时代风格办公楼后，其总部就一直是纽约查巴克外部一座占地八十英亩、美景有如公园、小山丘覆满蓊郁树林的地产。公司约有一百位编辑，二千五百名文员。杂志分部遍布纽约、伦敦、巴黎、哥本哈根、哈瓦那、赫尔辛基、魁北克、马德里、米兰、奥斯陆、里约热内卢、斯德哥尔摩、斯图加特、悉尼、多伦多，还有东京。其撰稿人不断周游世界。但杂志当年起于微末，史上第一期是在格林尼治一家非法酒吧楼下的单间地下室制作的。制作者是德威特·华莱士与妻子莱拉·艾奇逊·华莱士，她曾经教过英文，当时是社工。他们自己用剪刀和胶水做杂志，亲自把成堆的邮件袋搬到邮局寄出。杂志一炮而红。

他们起步时之所以能如此小本经营，正因为无须雇用作者或编辑。华莱士仅仅是前往纽约公共图书馆，亲手从其他杂志上复制内容，并给他认为读者会感兴趣的文章制作节略改编版本。原杂志的编辑认为这些缩略版四处流通等于给自己免费做了广告。除了寥寥几家杂志外，他们欣然同意华莱士免费重印杂志文章。第一版定下格式后，之后几乎没有任何变动，文摘共六十二页（不含封面），包括三十一篇文章。早期文摘封面有这样的说明：“‘一日一文’，来自主要杂志——每一篇文章都有恒久的价值与重要性，内容精炼，书册形式耐保存。”《文摘》尽显造作的本性，没有露出商业经营的味道，而是将自己包装为“协会”。1923 年 8 月刊解释道：“《读者文摘》不是普通意义上的杂志，而是以互助的方式提供节省时间的服务。本协会旨在为您服务；您的朋友也应该享受我们的服务。”确实有这么一个“读者文摘协会”，德威特·华莱士持有该协会 52% 的股份，而莱拉·艾奇逊·华莱士则持 48%；订阅者自动成为“会员”，但没有任何持有权或控制权。

这个主意的精髓——“德威特·华莱士的基本发现”——根据该杂志官方历史的说法，《文摘》将会有镜子一般的魔力，分毫不差地反映读者本人的想法。正因如此，它叫作“读者文摘”。“杂志文章可以为了取悦读者而写，让读者在 20 世纪 20 年代快速变化的世界里掌握最核心的信息，而不是写得又长又绮丽，只合作者或编辑的胃口。”

约十年间，《文摘》都遵循华莱士原本的简单做法，在其他杂志上寻找适合为读者改编的文章和故事。然后，由于伪事件的铁律，《读者文摘》开始催生其他伪事件。华莱士本人后来把这一创举描述为“不可避免的发展，可能是《文摘》史上最重要的一步”。就像所有伟大发明一样，这个点子着实简洁，即把一篇（根据《读者文摘》指导写作的）完整长度的文章“植入”另一本杂志，然后《读者文摘》再来摘录它，编辑会写一篇两页长的摘要放在《读者文摘》上。文摘编辑不会先写这篇两页长的稿子，而是雇一位作者根据某主题准备一篇“完整长度”的文章——比方说，是缩略版文摘规定长度的五倍。这篇拟好的文章（有时甚至在写完以前）被另一本杂志采纳，放在正常内容中间一起付印。这当然就是文学伪事件的完美例证。这些发表在《星期六晚邮报》《妇女家庭杂志》《假日杂志》《退伍军人会刊》或是《扶轮月刊》上的文章，主要目的就是为了让《读者文摘》在之后缩写。

这一革新背后的动机并不清楚。或许是因为积极进取的华莱士不再满足于贩卖二手文章，只是单纯地想试着推出原创产品。该杂志的官方历史学者称这一变化很有必要。许多在20世纪20年代为《文摘》提供丰富资源的一流杂志（《北美评论报》《斯克里布纳》《世纪杂志》《社论述评》《赫斯特国际》《论坛杂志》《世界工作》《麦克卢尔》《美国人》《科利尔》《当代历史》《批评》《描写者》《图画评论》《妇女家庭良友》和老版《生活》）如今已经停刊。因此，适合《读者文摘》特殊风格和味道的素材更难找了。

新的《文摘》配方需要原文含有某种思想，很难找到足够来源。《文摘》的成功创造了一种需求，必须保证这类为制成文摘而生的文章（如果有必要，伪文章也可以）的稳定供应。不管怎么样，伪文章和原创文章间的差异，在技巧高超的文摘中看不出来——就像电影里的巴比伦墙不需要太结实，只要拍出来看上去结实就行。

不管动机如何，结果十分直截了当。这份杂志最开始用以吸引人的是它纵览全局的能力，如今它却亲自参与局面的构建。就像政治采访或观光景点一样，被植入的文章是诚恳的人做出的诚恳选择，只是为了把工作做好，让人付钱买到想要的东西，满足他们的期望。实际上，正是《文摘》编辑对真诚的决心，造成了这种扭曲。植入文章在《读者文摘》上的缩略版当然可以实实在在地说成是“从《退伍军人会刊》上摘录而来”的作品。

一段时间内，《文摘》编辑对变化保持着合理的谨慎态度。这种做法随后逐步升级。1930年4月，杂志上出现了第一篇没有指明任何出版物来源的文章《音乐与工作》，该文连作者署名也没有。为避免承认该文章为原创从而损害杂志利益，文章被标注为“《读者文摘》专供汇编”。三年后，杂志刊登了第一篇有作者署名的原创文章，题为《疯狂——现代威胁》，作者是亨利·莫顿·鲁宾逊。同年，又发表了好几篇原创文章，包括主题为火化的《燃烧的问题》一文。

大约在同时，第一篇植入文章出现在《文摘》上。这一话题十分敏感，以至于很难收集准确数据。乔治·W. 贝内特的独立研究涵盖 1939 到 1943 年共五年间的内容，涉及这段时间内《文摘》上 1908 篇文章中 1718 篇（90%）背后的真相。其中，720 篇文章是老式的文摘（节略并重印其他期刊的内容），316 篇《文摘》专稿。剩下 682 篇则是植入文章的摘要。换句话说，《文摘》中只有略高于 40% 的文章真正地摘录自其他原创期刊。近 60% 的文章要么直接写明是原创，要么是带了一层伪装的原创作品，根据由主题逆推出来的、编造的原文缩略而成。其后的抽样调查表明，这种比例一直维持了好些年。因此，人们在《读者文摘》上读到的大部分文章，根本不是“文摘”。

在图像革命的时代，人们对影子的影子的喜爱自然甚于对真货的影子的喜爱。那些供职于 20 世纪最受欢迎的杂志、惴惴不安地为读者免费提供稀释了的真实原创文学作品的编辑，甚至没胆子承认自己的行为。直到最近，《读者文摘》才公开维护自己让“假”节略文章抢去“真”节略文章风头的行为。据称，这样的做法“为作者带来不少好处，先发布这篇文章的杂志以及《文摘》本身从中获益匪浅”。除了在 20 世纪的美国，还有什么地方的编辑会因为提供的文章比看上去的更具原创性而感到羞愧？

三　摘要的摘要

《读者文摘》虽然较其他杂志远为成功，也不过是一大批文摘杂志中的一种。它催生了一系列模仿者和追随者。一大批同类杂志各自涌现，有《作者文摘》《天主教文摘》《新教文摘》《万有文集》《科学文摘》《黑人文摘》《神秘文摘》《儿童文摘》《简明：年轻人文摘》《快速文摘》《新版本》（畅销书文摘），不一而足。每个文摘一般都比它从中收集材料的原杂志更畅销。它们的存在，更别说它们惊人的成功，见证了文学形式的衰落——甚至解体。当读者只接受（像《文摘》吹嘘的那种）“关键要点”，而不是“写得又长又绮丽，只合作者或编辑的胃口”的文章时，他们所接受的就是失去形式的理念。于是，人们便相信一份印刷品存在于非文学的虚空之中。从而，一篇文章或一个故事实际上确实只需一些要点，而文字不过是包袱。这是一种显灵——印刷品上虚浮着一缕文学的魂魄，但它本身并不栖身于任何具体的文字。如今最受欢迎的阅读材料声称自己是没有形式的精要。“文学华饰”（也就是任何——无论是内容还是形式——只有作者感兴趣，而某些读者可能不感兴趣的内容）显得如此多余。看来它们只是在妨碍读者罢了。

杂志文摘和节略——只是形式崩解的诸多症候之一——是印刷品数量倍增及价格下降带来的副产品。在1885年到1905年间，根据弗兰克·卢瑟·莫特的估计，美国同期发行的杂志数量从三千三百种增加到六千种。大约七千五百种新杂志诞生。面对无人能够读完的无数杂志、面对这些彼此之间几乎没有任何差异的杂志，读者自然需要帮助。他十分乐于加入协会，获得每一本杂志的“要点”。

不仅在通俗写作中出现了形式的崩解以及对要点的追求，同样的崩解也出现在科学界。这可以帮助解释现代科学家与人文学家之间的分裂。人文学家关注的一直是某种形式（那些“文学华饰”），思想附着在这些形式上。他认为语言、叙述、词汇以及戏剧结构与思想不可分割。但科学家越来越把科学文章或科学书籍仅仅当成工具。他越来越远离鸟类学中的约翰·詹姆斯·奥杜邦[1]、生物学中的查尔斯·达尔文、心理学中的威廉·詹姆斯和西格蒙德·弗洛伊德所具有的文学技巧，不像他们那样，将科学经典写成文学作品。

这不仅仅是因为20世纪科学发展速度迅猛，还因为（自图像革命以来）涵盖这些进步的印刷品数量激增。在1940年到1960年间，每年发表的科技文章数量都翻了两番到三番。仅在1960年，全球就有六十多种语言的科技文章发表在五万到十万种学刊上。

于是，收集并摘录任何学科的信息变成了新生的大难题。为了对解决该问题有所贡献，一位供职于国际商业机器公司（IBM）的发明家H. 彼得·卢恩开发了一种带有“自动摘要”功能的电脑程序。机器自动统计分析某文章中的重要词语，它被设计来隐去所有无关紧要的词语——“如果”“以及”“但是”这类词。计算出最高频率的十个或二十个单词后，机器随即挑出高频词语最多的句子，把这些句子自动排列，生成“自动摘要”。之所以急需这种机器，是因为就连科技文章的摘要数量都太多，没有任何科学家能读完。到20世纪中期，就有三百种期刊专门总结其他期刊发表的论文。“如果我们不能找个方法给摘要做摘要，”德雷克·J. 德

[1] 约翰·詹姆斯·奥杜邦（1785—1851），美国画家、博物学家，其编著的《美国鸟类》一书收入435幅极为精致的插图。

索拉·普莱斯在他精彩的《巴比伦以来的科学》(1961)一书中评论道,“研究论文期刊很有可能迎来末日,但要摆脱那种认为论文期刊对科学很重要的执念,又会十分困难。”

IBM总裁小托马斯·J.沃森称为“信息爆炸”的现象给我们乐于借以表达思想的形式带来越来越宽广深刻的影响。顺带一提,它不可能不影响我们对文学或任何其他形式的尊重。直到最近,翻译一直都是最微妙、最困难、最受尊敬的文学艺术。许多文学大家(比如查普曼、诺思、屈莱顿,还有朗费罗)的盛名就来自翻译荷马、普鲁塔克和但丁。其他人(如菲茨杰拉德和斯科特·蒙克里夫)在文学上的名声首先就从翻译得来。传统古典教育(比如英国那种)所带来的机敏智识正是来自希腊语、拉丁语和英语间的翻译训练。

在美国,古典教育和外语教育逐渐式微,也渐渐使我们失去了这种训练。现在,为了让日渐增多的外语资料得以流入我国,新兴的数据处理行业完善了机器翻译。马克II型电脑由IBM和空军联合开发,能够把俄语文段翻译成IBM所说的“粗糙但有意义的英语”。下面是一段俄罗斯文学批评的机器翻译结果:

> 美国出现新译本不朽的小说L. N.托尔斯泰《战争与世界/和平》。确实,不是整个小说,但只有一些段落,甚至如此少/小,它们占据了整页打印纸。但这依然是个成就。即使如此文化不根植于/花费在地方。一些翻译。一些印刷。确实,在观点上某些文学怀疑者,翻译制造了足够的/许多“橡木”。但这,正如他们所说,观点分离负面。但如果谁怀疑资格翻译,那么敬仰者它或它的才能足以显示/揭露,它有储存

单词等于六十万，同时莎士比亚必须满足所有只有大概可怜的两万四千单词。激烈讨论文学专家。代表性美国统一译者，显然，出于竞争考虑，尝试抹黑新名人。尤其，指出关于此，某些特定俄语表达翻译得太字面，没有传达出它们或它们的真实含义。另一方面，工程师确认，这一缺点将会迅速事后移除，在光明 / 世界将能够出现甚至用韵文写的翻译。

科学研究日新月异，科学家甚至等不起两三个月来让文章在学刊上发表。他们等不及作品重印，然后再像社会学家和人文学家那样在圈内流传。相反，他们的手段是“预印”（就像科学版《读者文摘》，节略自己埋在其他杂志里的文章）。这种版本的文章在正式“发表”前发布。最重要的科学研究机构正在变成德雷克·约翰·德索拉·普莱斯[1]所说的那种新的“隐形大学”——最优秀的科学家定期参加非正式会议，在会上交流最新发现。在研究界的大型中心，迫不及待又充满活力的科学家不会等着异地的同行将成果付印。他们一般会用长途电话，保证自己不至于错过当天早上积极进取的合作者可能的发现。

四　发明“再版”书

书籍，就如杂志文章一般，也经历了崩解。这同样是图像革命的副产品。1901 年当年，付印图书品种数量——八千种左右——是美国在 1804 年前全部出版图书品种数量的六倍。这一增长在我

[1] 德雷克·约翰·德索拉·普莱斯（1922—1983），英国物理学家、科学史家、资讯学家，被认为是科学计量学之父。

们的年代达到高峰，其带来的压力使得必须对书籍和杂志都做节略和摘要。1961 年，美国最大的读书俱乐部所提供的实际上不是书，而只是书本的浓缩版。

“浓缩”一词最初的含义是使某物变得浓厚或沉重——直到 19 世纪早期才获得了比喻上的文学意义，并指代提炼思想的行为——在 20 世纪早期，它获得了一种几乎与之相矛盾的含义。现在，文学上的浓缩并不是为了把某作品变得更“重”，而是变“轻”，在所有意义上都变“轻”。是为了让书能更便携，更适合边跑步边读书的人，这种人据说是不愿意“苦读”原文的。《读者文摘》浓缩本俱乐部在 1950 年成立，一年内就招徕五十多万会员。四年内，会员数达到了二百五十万。1958 年，该俱乐部会员就超过了规模第二、第三大俱乐部的会员数之和。浓缩版单期销量有时甚至接近三万本。每年，近一千二百万本浓缩版《读者文摘》付印。

平装本兴起，重印的公版书数量翻番，同时还需要与报摊上的杂志竞争，这就创造了更大的改写与节略的压力。有时候，节略本只会含糊地表明本书内容经过节略，有时候甚至完全不提。在大半情况下，节略本被吹成是更高级的商品，因为它经过了节略。班塔姆版卢·华莱士《宾虚》封面上的广告词写着“终极现代节略本”。

与自以为是者的看法不同，美国文学最大的问题并不是因为图书销售量太小。相反，图书（包括平装本和精装本）的销售额高到前所未有。利润越来越薄，而为了维持竞争，又需要大批量发行才能实现经济效益（许多平装本的发行量都在十万本或以上），这使得冒险行为遭受更大的压力。阿尔伯特·凡诺斯特兰在他可敬的《失去本性的小说》(1960) 一书中指出，平装本出版商倾向于只出版几类书籍：商业小说、战争小说、悬疑小说，诸如此类。越来越多的需求由“再版”书商提出。由于真正可再版的书籍越来越少，也由于对无风险商品的渴求，越来越多“再版”初版书应运而生。许多再版书都由再版书商事先委托精装图书出版商出版，再重印为平装本，和《读者文摘》植入文章的做法一模一样。

到 1960 年，“再版”书商出版的书中，足有三分之一是首印本，有些坦诚自己是首印，有些则假装是再版。这个比例还在上升。精装书商与“再版”书商之间的关系变得很像杂志与《读者文摘》之间的关系。任何书，若其精装“原版”还未正式发行前就签订了大规模再版合同，就会让普通书商放心地以为该书将大受欢迎，鼓励他采购精装版，并大加宣传。这一情况将尽可能地在业内广泛宣传，在《出版人周刊》上或其他渠道发文章、做广告。反过来，由于有精装版，再版书商也更容易卖出商品，他会以此来向平装本的潜在客户保证，该书内容绝对经得起时间的考验。有时，精装本出版商会坚持和再版书商合作，借此分摊风险才肯出版，比如出版某作者的第一本小说。有时，再版书商在找到他认为有市场的商品时，要等到安排好的精装本抢先问世，才会出版。通过这种操作，他保证该书会得到尊重并收获严肃的评论——用行话说，他给这书“吹响了名声”。

五　万物皆可改编

电影是图像革命的产物，我先前也提过，它催生了消解文学形式的新方法。电影在历史上第一次提供了一种视觉媒介，让文学作品得以接触到规模远远超过印刷品读者的受众。“会说话的”（或许应该叫作“非阅读”）电影使得这种媒介离印刷品更远了一步。继活字印刷的发明与地方语言文学的出现，电影最深刻地影响了公众对文学的态度，尤其是对虚构写作的态度。在这个时代，人们开始谈论所谓的“非虚构”（该词最早的使用记录是在1910年）。在此之前，人们将“现实”视作规范。只有在我们这个时代，才会以如此负面的方式描述现实世界。“虚构”（也即“非现实”）显得如此真实自然，以至于现实本身要被称作“非虚构”。电影必定在很大程度上造就了如此的思维方式。

电影还带来了更为微妙的影响。文学能够被转化成这种更为生动、更为通用的媒介，导致文学形式这一概念本身大大消解。电影工业成了出版界最大的客户。重大文学事件再也不直接接触公众。小说家的产品就是他的小说：一系列具有其自身独特形式的文字。但如今，更广大的观众群体直接体验的不是小说，而是小说改编的电影。当然，只有印刷出来的文字可以提供真正“原版”的作品。电影，至多只能算是原作的形象。

虽然将小说改编成电影的创作目的不是被报道，它仍然具有伪事件的其他特点。它是合成的，可以任意重复，极佳地满足了观看者舒适、方便与懒惰的需求。它也具有伪事件最为重大的特点：对大部分人而言，它比自发的原作——即小说——更生动、更令人印象深刻。没多久，美国人就会把任何由小说改编而来的电影当成“原作”。而该作品的文学版本的卖点则只会变成二手的文字版叙述。电影更胜一筹的生动性——在大银幕上五光十色、声情并茂——不可避免地导致了这个结果。你可以买到平装版电影“原作”《飘》或《战争与和平》，书中还附有“真实”人物图像（克拉克·盖博饰白瑞德，费雯·丽饰郝思嘉）。有时，在电影公映后出版的印刷品会改用电影里的故事线来显得更加“本真”——常常与其文学原型大为不同。在沃尔特·迪士尼制作了《海角乐园》（从中几乎辨认不出鲁道夫·怀斯的经典原作）后，出现了意在教育年轻人的“经典版”漫画，不过漫画严格遵循的是迪士尼大幅改编后的“原版”电影剧情。

将电影当作更原版的形式这一趋势不可避免，这必然会导致占据大众认知的所有戏剧形式都趋于简单化。虽然电影使用的技术设备更为复杂，但它在戏剧程度上却远比小说简单。电影之所以加入新角色或新剧情，一般是为了让故事符合公认的单一式样：提供人们十分熟悉的浪漫桥段，让善恶之分更加鲜明，或是保证故事结局皆大欢喜。

巴德·舒尔伯格是超凡电影《码头风云》的剧本作者——该电影在院线大获成功——他并不满意自己在电影中表达的内容。该电影根据舒尔伯格的脚本拍摄，然后他又就同一主题写了本小说。他看过电影后（由伊利亚·卡赞执导，马龙·白兰度出演），认为它作为电影做到了极致，但仍决定把同一个故事写成小说。他在《周六评论》（1955 年 9 月 3 日刊）上发表了一篇雄辩的文章，阐述他这么做的原因。“不能卖给电影商，那还为什么要写？”这句话清晰地指出了电影和小说间的差异，人们常常会忘却这种差异的存在。虽然舒尔伯格认为电影拍得很好——将所有荣誉收入囊中，从奥斯卡金像奖到威尼斯国际电影节奖项无一遗漏——他依然认为他想表达的内容超出了最好的电影所能做到的极致。

舒尔伯格辩称，讲故事的方式有两种，它们不能互相取代。

> 剧本受到形式的限制。只有导演有机会通过洞见展开人物和故事背景，因此，电影最好的创作方式就成了导演－作家合作。就拿我的《码头风云》来说，其长度（在大量修改后）是一百一十五页手稿纸。小说长度是剧本的五倍。电影是高潮的艺术。我认为它含有五到六条故事线，每一条都向高潮推进，并推动行为。而小说则是高、中、低潮的艺术……电影集中描绘一个角色时，效果最好。它讲述《告密者》的效果可称超凡脱俗，而处理《战争与和平》的繁杂故事时，则有些手足无措。电影空不出时间给我所说的那种必要的走题。“走题”可以体现复杂、矛盾的角色。“走题”帮助描述社会背景。电影必须从一个重大情节前进到第二个重大情节，不断层层推高。这是一种激动人心的艺术形式。但这种激动人心的特质也需要付出代价。它不能像人生那样漫游、不能像生活那样时常停驻，畅想偶然与意外。

因此，指责电影导演头脑简单常常是不公正的。他们所用以创作的形式，像所有艺术形式一样，有自己的短板。就连最优秀的电影也会将事物简化。票房大热的作品，就连《一个国家的诞生》或《飘》这样的全景式作品，都只有简单的时间线以及简单（因此也十分误导人）的主旨思想。大导演如 D. W. 格里菲斯都难以处理《党同伐异》中复杂交缠的剧情（从而导致了票房失败）。这一难度极高的创举挑战了复杂精巧的结构，做了一场实验，没有后继者可以成功地重复它的脚步，而范例《一个国家的诞生》则不断被重制。

我们对自己能够施加给世界的影响具有过分的期待，这从我们以为能够把小说的精华转变成电影便可窥见一斑。这使我们忘了小说里有些东西是不能影视化的（好小说更甚）。仅仅因为电影可以在视觉上非常热闹，远远超过剧院舞台或小说的限度，我们就常常太轻易地认为没什么东西——至少没什么重要的东西——不可以改编成电影。九十分钟的时间限制（即使时长翻一番甚至两番）只能涵盖人类经验中十分有限的一部分。就如舒尔伯格坚持认为的那样，即使音效、色彩、广角镜头、宽银幕立体电影和3D技术有了如此的进步，还是有极其广阔、丰富而微妙的世界超出了电影制作者和电影观众的视野。历史演变与社会交往里的微妙信息、不同视角以及种种矛盾，是摄影机所不能捕捉的。真正的束缚并不来自海斯办公室[1]或本地审查，而是电影这种形式本身。当然，电影可以“大声表达”，效果十分生动、可怖，就像《码头风云》一样。但小说，用舒尔伯格的话说，可以“向内呢喃，探寻心灵和思想的内部戏剧”。《码头风云》一片结束于对马龙·白兰度戏剧性的特写，这种表达本身已经十分优秀，但小说可以结束于“不确定处，呈现更深刻的真实……电影必须有行动，而书本则有时间沉思、漫步……电视令人目不暇接的精彩画面不断涌现，电影屏幕越来越宽，机械进步成果丰富、令人生畏，但在这一切洪流之中，书籍依然是文明教化必不可少的手段，能够穿透人类渴望中的未知”。

我们的现实感面临的威胁，并不在于电影要改编自小说，小

[1] 1930年至1960年，美国电影行业需遵循《电影制作守则》，时任美国电影制片人与发行人协会主席为威尔·海斯，故该守则又被称为“海斯法典”。守则详细说明了什么样的电影可以接受，什么样的电影不可接受。1968年，《电影制作守则》被电影分级制度取代。

说要改编自电影。相反，我们可能会混淆，因为电影和小说都不能完全地成为彼此，传统小说形式继续拓宽着我们的体验，而广角镜头和电影银幕则恰恰要把我们在同一领域中的体验限制缩窄。危险并不在于两种故事可以互相转换，而在于我们相信两种形式可以互相转换。当我们让自己相信（我们十分渴求电影制作者及其媒体经纪人的安抚）电影可以让我们抓住事物的要点时，我们失去了现实感。

然而电影制作者本人受电影形式需求的推动（就如同《文摘》编辑受他们表达形式的推动），不可避免地把小说本身仅仅当作包装纸以及一系列“文学华饰”。必须舍弃这些才能露出精华，找到故事线。于是，形象种类的增加——从印刷品到照片到电影到广播到电视，到漫画书，再回到轮回的开始——使我们的文学－戏剧体验落入飘忽不定的状态。在这片无定形的混乱中，没有任何形式成立，只有其他形式鬼魅般的影子。

六　为改编而生

电影自然是叙述性文学的视觉代替形式，是图像革命的产物。直到 1910 年，电影才得到普及。1917 年，《出版人周刊》就在撰稿讨论“电影小说”了。在 20 世纪 20 年代，工作室给小说家付成千上万美元，购买电影改编权。1931 年，切尼的《图书行业经济调查》声称，高价电影改编权已导致数例严重的职业病，这种病叫“‘小说家式眼球震颤’，病因是一眼盯着打字机，一眼盯着好莱坞。这导致了‘某类’书籍的井喷式产出”。随后几年间，电影业不断变化的经济形势使得这种职业病前所未有地普遍。二战后，电影制作经费高居不下，以至于大部分制作者不再保留工作室，转而选择租赁设施。此后，贷款拍电影变得简单了。1945 年到 1960 年间，一百多家新成立的独立制片公司购买了小说改编权。

1946 年，米高梅举办了一场小说家比赛，奖金高达十二万五千美元。二十世纪福克斯付给格雷斯·梅塔琉斯二十六万五千美金，让她为《冷暖人间》（1956）写续集，这部票房大卖的电影改编自畅销八百万册的小说。电影续集的标题会是《重返故里》。

高昂的改编费本身具有宣传价值（“他们肯花这么多钱，一定非常不错！”），就连这笔商业交易本身也成了精心筹划的伪事件（就像电影明星和体育名人定下签约事宜），签合同时要留下照片，作家、制片人等角色还要接受采访。这是一种高级的证明，其权威实际上来自制片人在这次交易中花出去的大笔钱财——制片人也是提供证明的人。

在针对图书行业的《出版人周刊》里，“电影改编”在 1944 年成了常设栏目。1952 年 11 月 15 日，专栏作者保罗·S. 南森发现专栏名字太过局限。“电影权益，”他解释道，“毕竟只是一种附属权益；实际上出版商、编辑、书商和其他相关方没有任何理由区别对待不同的改编，比如卖给《妇女家庭杂志》或《万有文集》做摘录，或卖给百老汇改编，又或者卖给电影。”他补充道，好莱坞给的预付款被平装本再版出版商抢去风头；电视在过去寥寥六年里，成了“规模更大、更如饥似渴的附属权市场，压电影一头”。内森抛弃了比较宽泛的专栏名“钱财书事”，改称“权益与许可”。这个专栏现在依然是该杂志读者最多的栏目之一。

如果某书的电影改编权卖出高价，书商就更容易对其感兴趣，更倾向采购并宣传该书，这已经成了出版界的公理，它保证了这本书将会带来利润。在这里给出《出版人周刊》某一期上的几个例子（1960 年 12 月 12 日刊）。

> 百老汇前所未有的预制拍摄合约——可称突破极限——哥伦比亚影业与韦恩·斯内德签订协议，改编由普特南出版社发行的新小说《来自阿什塔比拉的国王》。
>
> 哥伦比亚影业将承担该剧的所有资金支出，交由罗伯特·佛莱雅及劳伦斯·卡尔监制，莫顿·达·科斯塔执导。哥伦比亚影业还以高额预付款买下电影改编权，另附一条价格调整条款，具体金额根据院线上映期而定，封顶五十万美金。
>
> 根据协议内容来看，达·科斯塔尤其能大赚一笔。除了导演戏剧外，他还被承诺，一旦电影摄制启动，他也将执导电影。除此之外，作为斯内德在戏剧改编中的合作者，他也能从戏剧改编收益中分得一笔；另外还有一笔进账来自他的独立班子贝尔格雷夫制片公司，该公司将和哥伦比亚影业携手制作电影版。
>
> 这些是协议中的亮点，除此之外，还有一些细节让这份协议与众不同。威廉·莫里斯经纪公司的大牌阿贝·拉斯特福主持了谈判，而柯提斯·布朗有限公司的克莱尔·S. 德格纳则作为斯内德的代表，与他合作。
>
> 据悉，其他电影公司也认为《来自阿什塔比拉的国王》作为该作者所写的《八月月光茶室》的续集必然带来丰厚利润，也想将改编权收入囊中，但无奈要求苛刻，只好退缩。

一本书甚至不需要写完，就可以激发人们对书籍电影改编权的兴趣。这本不存在的书所谓的作者，甚至都不需要是个作家。

本周有种种奇事，其中一件便是伯纳德·盖斯联合公司披露准备出版明星小萨米·戴维斯的传记。这一消息激起十分热烈的关注，以至于以十分极端的形式表现出来。一听到消息，一家大电影公司便派了一位信使找该书经纪人斯科特·梅瑞迪斯，开出丰厚价码要买下电影改编权。当时，这一出价没有被接受。首先，这笔交易的条件之一就是戴维斯要在该电影中出演角色，而现在要做这种承诺还为时过早——尤其考虑到这本书至少要到一月份才动笔。

戴维斯的朋友博特·博伊尔是多家报刊的专栏作家，他将帮助戴维斯在纸上描述他的人生。

先前，梅瑞迪斯经纪公司确实卖出了一本尚未写就的书的电影改编权。该书是埃文·亨特的《母与女》（今年春末将由西蒙与舒斯特公司出版），现在已经完成，德语版权刚刚卖给了金德勒出版社。该公司驻美国代表麦斯米兰·贝克尔以破纪录的一万七千美元预付款签下这笔交易。同样，柯基出版社也刚刚以一万五千美元预付款签下英国的平装版权。

在这个影子的影子的世界里，文学著作权的概念本身瓦解并消失了。威廉·惠勒改编的《宾虚》于1959年在百老汇开演，预订座位价格高企，节目单印刷精美，还有这部现象级电影的所有周边。详尽的节目单巨细无遗地列举了从制片人萨姆·津巴利斯特到服装色彩顾问琼·布里奇和发型师加布里埃尔·博尔泽利的所有人。但在册子上，原著作者的名字卢·华莱士压根提都没提。

由于卢·华莱士早已过世，版权也到期已久，没有人对此做出抗议。不过，有时候会有尚在世的作者抗议自己的作品被不明不白地“改编”。这导致了一系列诉讼，但作者很少打赢官司。其中最令人印象深刻、最讽刺的一案发生在1931年，西奥多·德莱塞向法庭申请禁令，要求禁止纽约某影院播映派拉蒙公司根据其作品拍摄的《美国悲剧》。据德莱塞说，他的作品细腻地探索了整个社会如何对某个年轻男人的死负有责任，而该电影（基于小说及小说所改编的戏剧）把它简化成了“八卦报纸上的谋杀故事”。德莱塞输掉了官司。

根据凡诺斯特兰的观察，在电影世界中，把小说精炼为电影的过程化为一系列标准操作。用好莱坞术语说，这些步骤包括创作“剧本小样”（基于大纲的叙述），展开“分镜脚本”（把剧本小样变成电影场景），然后再创作“拍摄剧本”。最后再经过“交叉剪辑”（把不同场景的拍摄素材交叉播放），“剪接花招”或“跳场”（突然跳到另一个场景，揭露新信息，加剧悬念），通过yak（有趣的意外）和“催泪弹”（悲伤的意外）来丰富内容。将小说、戏剧或电影改编成电视节目时，过程也十分相似。戏剧性概念现在可以融入如此多种多样的媒体，不可避免地使得文学形式与其内容相分离。

与20世纪电影对小说的改编相比，约翰·德莱顿的莎翁“改编”或托马斯·包德勒的“家庭”版莎翁看上去就像逐字誊抄。文学艺术这个概念本身——“具有艺术特色的文字”——从大众的观念中消失了。于是，每种表现形式都在互相争夺作为“原版”的荣耀。在这种竞争中，根据伪事件的法则，在观众意识中胜出的版本，就是与作者本人那原始且自发的产物最为大相径庭的一个。

七　造星

图像革命还引起了另一种消解戏剧文学传统形式的现象，这就是“明星系统”。如果没有摄影和电影，如果没有这种种重制故事、面孔与形象的新方法，这绝无可能。

“明星”是娱乐界的名人。就像其他名人一样，他们最为与众不同的特色就是名气。在他们身上，就像在其他名人身上一样，名气和恶名完全混杂在一起。他们的品质单纯由他们在民众意识中的名声担保，至于名气是怎么来的几乎完全不重要。他们成名的途径可以是彰显德行（玛丽·毕克馥），也可以是伤风败俗（梅·韦斯特）。作为名人的一种，明星同样是在伪事件的世界中产生的。他们同样会催生许多其他伪事件。于是，明星成为我们最优秀的名人，就毫不出人意料了。1940 年，近三百名记者被派往好莱坞，除华盛顿特区和纽约外，那里是美国最大的新闻诞生地（据估计，每天产生的新闻足有十多万字）。

尽管明星系统并非自电影诞生之日便存在，但它在电影商业化后十年左右诞生，并且沾了伪事件的光。1908 年初，《电影世界》刊登了一则广告，展示美丽的电影女演员弗罗伦斯·劳伦斯，照片下印着“顽童”一词以及以下文段：

揭露谎言

“顽童”的敌人至今所散播的谣言中，最黑暗、最愚蠢的一个，在上周被塞到了圣路易斯民众的眼前。该谣言称劳伦斯小姐（“顽童”女郎，曾称“比沃格拉夫”女郎）死于车祸。这谎言如此怯懦，以至于黑暗。如此容易证伪，以至于愚蠢。劳伦斯小姐甚至没有卷入车祸，健康状况极佳，将会继续在“顽童”电影中出演，她职业生涯中最好的一部作品将很快上映。我们在此公布下一部电影作品：

“破碎之浴”

（3 月 14 日上映，胶片长 290 米）

这是一部澎湃的情节剧，讲述年轻男人、他的爱人与秘密社团的故事。从第一刻起，就有动作场面以及……

该广告声称是为了回应圣路易斯某报纸对弗罗伦斯·劳伦斯死于车祸的不实报道，这位女演员的粉丝亲昵地称她为“比沃格拉夫女郎”（她为比沃格拉夫电影公司饰演电影）。在该广告中，卡尔·拉姆勒暗示，自己的竞争者影界托拉斯编造了这样一条新闻，以免公众得知劳伦斯小姐离开了比沃格拉夫公司转而为拉姆勒公司效力，且未来将在电影中贡献她的名气、容颜与身段。其实，是拉姆勒自己植入了这条新闻，用以宣传。这整场闹剧，包括拉姆勒的广告“回应”，都只是他的典型宣传手法，用以宣布最受欢迎的电影明星劳伦斯小姐如今归他所有。

天才拉姆勒抹黑竞争者并宣传自家产品的手段可不止这一种。确实，偶尔被讽为“影界托拉斯”的通用电影公司这一庞然大物，也就是劳伦斯小姐的前东家，拒绝公布演员姓名。这既是因为通用电影正试图将电影制作标准化（不让电影被一个个明星把持），也是因为他们预见到，如果演员出名，变得家喻户晓，就会要求提高工资。某些早期电影公司十分严格地遵守这一规定。但人们的态度就同在使用硬币点唱机时一样，坚持要给自己最喜爱的演员赋予独特个性，给她们起“比沃格拉夫女郎”“金色卷发小姑娘”之类的花名。拉姆勒这样的独立电影制作者看到了竞争优势，意识到大众不乐意让这些演员继续寂寂无名，于是大力推广自己的影星。无巧不成书，他们设法从大公司引诱来了想要更多名气、赚更多钱的男女演员，让他们加入自己的工作室。格拉汀·法拉（接着是玛丽·加登）和制片人塞缪尔·戈尔德温签了协议，每周酬劳一万美金。电影明星变成镀金偶像。他们的片酬很快成了电影制作成本中最大的一项支出。

理查德·格里菲斯与亚瑟·迈耶在他们杰出的插图本电影史中指出，明星系统可以说是由大众所创造的：影迷无法满足于无名的偶像。他们要求这些偶像得有名字，还要用昂贵的宣传手段把他们神化。一言以蔽之，他们得变成名人，具有前文所描述的种种特点。影迷并不要求明星具有强悍的品质，而是需要一个可以清晰划定、可以宣传的性格：他的形象应当具有外形上的特点或个人小习惯，可以作为全国性广告的卖点。此类特点包括约翰·邦尼那快活的大块头，玛丽·毕克馥的金色卷发与迷人微笑，道格拉斯·范朋克一丝不苟的胡子与充满活力的跳跃，莫里斯·科斯特洛的雅致，查理·卓别林的罗圈腿和手杖，以及克拉拉·金博·杨那宛如牛犊般的眼眸。演技以及脸部和身形对称的重要性比不上能被包装出多少卖点。

许多制片人——除了拉姆勒，还有创立了名演员公司（1912）的阿道夫·朱克以及塞西尔·B. 德米尔——为明星系统的建立做出了自己的贡献。新时代的主旨是在朱克引入莎拉·伯恩哈特这副世界闻名的好嗓子在默剧中出演伊丽莎白女王时定下的。卖饮料的女孩意外被发掘，平步青云成为大明星的影星传奇很快就和从木屋到入主白宫的传说一起，成了民主化的美国民间故事的主旨。这个传说之所以反映现实，正因为挖掘明星的过程中确实充满了机遇和离奇的故事。前狱卒、存放衣帽的女服务员——谁都可以，只要有"明星特质"（即是说，拥有独具特色的普通性格，但很少有表演天分）——或许能够得到"机会"，然后一步登天。这使电影成了民主的艺术，在一个梦与幻想几乎毫无差别的时代，好莱坞则变成了美国梦工厂。

到 1920 年左右，明星系统已经十分完善。它掌控了银幕与后来出现的一切。玛丽·毕克馥——"美国甜心"——是最早的明星之一。后继者大有人在：约翰·巴里摩尔、米妮·马登·菲斯克、詹姆斯·K. 哈克特、威廉·S. 哈特、波拉·尼格丽、多萝西·吉什、克拉拉·鲍、葛丽泰·嘉宝、鲁道夫·瓦伦蒂诺，等等，等等，等等。这一伟大发明有时会被描述为从"明星电影"（电影中有著名影星）到"电影明星"（明星仅仅出镜就能成就一部电影）的改变。制作人很快发现明星系统大有利益。即使没有新故事，只要能让同一个明星轮流在各种新媒体上露面，日子也能过得不错。影星为制片人赚的钱越多，制片人就愿意投资越多钱来"制造"明星。当然，制片人得给出好待遇，下血本，才能保护自己的投资、跟上竞争。造新星支出高昂，使得制片人尽其所能剥削手中票房能力有保障的明星，好在他的吸引力消失之前多赚些钱。除了像玛琳·黛德丽这样惊人的例外，人造明星生涯通常十分短暂。正因如此，有些明星据说更偏爱演配角，以图让自己的职业生涯不要太过昙花一现。

高昂片酬成了新闻，这些消息本身能让明星变成名人。片酬反过来又加强了明星系统。制片人负担不起抛弃它的代价。

明星系统对文学和戏剧形式的极大影响十分简单，明星支配这些形式，使它们变得无关紧要。当然明星首先得是个演员——有能力扮演被分配的角色。本来，是戏剧为产品赋予了形式。但这种系统一旦建立，戏剧和演员的关系就逆转了。真明星的标志实际上就在于，无论他演什么，作品本身仅仅是个“载体”。演员受到的评价和他演绎戏剧的能力脱钩了。相反，戏剧批评的标准是它有多好地展现了这名演员。但演员本人只是个空壳。他不是真正的英雄；一般而言，他不过是个名人罢了——一个人类的伪事件，“最大的”那个。利用明星仅仅意味着展示他为人所熟悉的面貌、身形和姿势，并且永远都尽量让他只演熟悉的角色。重点不怎么在于他能做到什么，而在于他知名度多广，他有多少“人气”，是人气让他成为明星，并且维持明星的地位。这又是真正的伪事件所特有的自我实现的预言。演员每次主演电影，这本身就让他愈加成为一位明星，当然也愈加成为一个名人。

每一个明星都会很快定型。这意味着他的每一次亮相都大同小异。于是，从定义而言，明星无法提供任何标新立异的东西。、除非某种媒介能强化他为人们所渴求的那种形象，否则他是绝不能接受的。电影史学家认为，明星系统崛起的迹象在1914年，那时费博·马里不愿为了饰演阿提拉而戴胡子以及阿尔贝托·卡波齐因角色要求戴胡子而拒绝饰演圣保罗。明星时常因为角色不符合他们的形象或会遮挡他们那张为百万人所熟知的面孔而拒绝出演。在此之前，戏剧剧本只是偶尔为某演员而写。如今，为了迎合票房大热的明星的特点而修改电影脚本、加入新角色，乃至写作一整部剧本，已经成了寻常事。

随着明星崛起，他便与自己的角色合而为一了。弗朗西斯·X.布什曼和贝弗利·贝恩是第一对“银幕情侣”（《罗密欧与朱丽叶》，1916），一直对自己的婚姻保密，以免破坏了银幕恋情的吸引力。道格拉斯·范朋克和玛丽·毕克馥的婚姻（1920 年成婚；1935 年离婚）背后所遵循的逻辑，用某作家的话说，来自“与其说是存在于银幕上，倒不如说是通过银幕而存在”的世界。“人们说，”尚·嘉宾曾评论，“生活中的我和电影中的我是一样的，他们正是喜欢我这一点。”查尔斯·波伊尔曾收过一封信，地址栏写着：美国，好莱坞，梅耶林，请转交。[1]1936 年，加里·库珀的圣安东尼奥粉丝俱乐部对他展开邮件轰炸，要求他竞选美国总统：他们说，在《迪兹先生进城》一片中，他展露了自己的政治才华。

当然，所有人都知道明星不是天生的，而是造出来的。埃德加·莫兰很好地描述了这个常见的流程：

> 星探被地铁里一张颇具潜力的面孔打动。上前搭话，测试拍照，测试录音。若测试一切顺利，这年轻美人便前往好莱坞。合同立刻签订，她由按摩师、美容师、牙医、甚至外科医生重新造型。她学习走路，改掉口音，学习唱歌、跳舞、站立、坐着一动不动，“控制自己”。她接受文学和思想教育。外国明星来到好莱坞就跌落为崭露头角的新人，她的美貌被改变、重构、用蜜丝佛陀重新包装，她学习变得美国化。然后是更多的测试：其中一项是三十秒的全彩大特写。再一次

[1] 《梅耶林》是 1936 年上映的历史题材电影，根据梅耶林惨案改编。1889 年 1 月 30 日清晨，奥匈帝国皇太子鲁道夫及其情妇玛莉亚·韦切拉在梅耶林猎宫自杀。查尔斯·波伊尔在影片中饰演皇太子一角。

> 去芜存菁。她受到关注，被认可，得到小角色。她的车、她的佣人、她的狗、她的金鱼、她的鸟儿，都是别人给她选的。她的个性变得复杂，得到填充。她等着信来。什么也没有。失败。但有一天粉丝信件部门通知执行制作人，她一天会收到三百封粉丝来信。工作室决定推她，编造一个童话，她是里面的女主角。她给专栏作家提供写作素材；她的私生活被电影放映机的强光照亮了。最后，她终于成了大电影的主角。顶峰——她粉丝撕扯她衣服的那一天：她成了明星。

显然，明星是个伪事件。他催生了其他伪事件，以此坐实自己伪事件的身份。粉丝会就是个好例子。这些粉丝会虽不是由媒体经纪推动成立，却受到了媒体经纪和明星本人的鼓励。每当明星来到一个城市，本地粉丝会就成了保镖，让粉丝跟着到处走，吸引注意力，要求签名，鼓励路人也这么做。明星有时候也会拍一系列个人照——穿着“日常”服装摆拍——照片上有一点贴合季节的元素，比如手捧百合花或兔子或冬青果或火鸡，拍好后发给粉丝会。比方说纳尔逊·埃迪就曾经给每个城市粉丝会的会长送过一盒圣诞巧克力礼盒。宾·克罗斯比的北卡罗来纳州拉姆苏尔粉丝会（该城市 40% 人口都是会员）就曾经说服市政府将某条路命名为克罗斯比大街。1960 年，瑞奇·尼尔森一个人就有九千个粉丝会。当年年初，奥齐·尼尔森家庭全国粉丝会干事每周就收到近万封信件，以及一百二十到一百五十个为家庭中某个成员组织“官方”粉丝会的请求（大部分都是瑞奇粉丝会）。狄安娜·窦萍俱乐部的标准比较高，只有满足以下条件的粉丝才能成为会员：（1）至少把狄安娜的全部电影看过两次以上，（2）能展示自己收藏的狄安娜相关重要文件，以及（3）订阅《狄安娜期刊》。粉丝会会费一般是每年五十美分。

粉丝杂志既是粉丝会的产物，也催生了更多粉丝会。大部分报摊有四分之一的杂志属于粉丝－浪漫类，这是行业刊物《报刊经售人》在1960年4月发表的调查结果。这些刊物的月总销量可达三千三百万，每年将近四亿份。另外，还有一些“特刊”，它们并不是期刊，但每一刊一般都是关于一位娱乐圈名人的。迪克·克拉克曾经在他的《美国舞台》节目上展示这样的特刊，卖出十八万本。埃尔维斯·普雷斯利特刊卖出了近一百万本。

明星系统产生的一种伪事件式副产品被《时代》准确地称为“非书”。这些印刷物有封面封底，编纂者一般并不是这些书本所称的传主本人。伯纳德·盖斯联合公司（通过兰登书屋发行作品）就是这样一个能量充沛的新生“非出版商”，专攻娱乐圈伪产品。《乌斯蒂诺夫的外交官》这个例子很典型。在里面，皮特·乌斯蒂诺夫利用他的胡子，模仿起联合国代表；在这本书的前言里，柯克·道格拉斯在导言中提醒读者，乌斯蒂诺夫和他一起参演了电影《斯巴达克斯》。另一个例子是《莎莎·嘉宝：格尔罗德为我写的我的故事》（世界出版社），书中以讨好式的深奥态度总结道：“在我们这个世界，谁知道什么才是真的，什么又只是摄人心魄的假象？”

明星是让－雅克·卢梭《爱弥儿》最终极的美国式验证。他的存在本身就证明了任何男人或女人都可以被打磨得完美无缺。噢，美妙的人类可塑性，在这个社会，任何人都能成为名人！在这里，任何名人（拳击手舒格·雷·罗宾逊、歌手埃尔维斯·普雷斯利、律师约瑟夫·L. 韦尔奇）都能成为明星！明星一旦成为名人，或是名人一旦成为明星，他们就可以在任何一种题材中“表演”——

战争片、歌舞大片、谋杀悬疑片、黑帮片——只要给足酬劳，并让他保持自己的“真实”个性。明星－名人是个毫无差异的演艺人员。

八　畅销书

明星系统已经延伸到了电影以外。所到之处，它使得传统的成就形式模糊不清。它关注的是个性而非作品。它为了自身的利益格外重视知名度。它是一种普遍化的流程，将英雄改造成名人。它引导各种组织使用伪事件来“打造”人物。在美国，它的掌控甚至波及小说写作圈本身。相反，例如在英国（在这里，贵族依然存在，较低的生活水平也迟滞了图像革命的效果），好的小说家可以保证文学质量很高的作品得以出版，即使销量可能只有几千——刚刚够赚回成本，再加一点稀薄的利润。但哈维·斯瓦多指出，美国出版业则变成了几位明星的天下——欧内斯特·海明威、诺曼·梅勒、J. D. 塞林格——他们之所以能成为这样的名作家，部分也是因为可以被当成“有个性的人”来宣传。

大众文学批评和每周荐书栏目的专栏作者谈及名作家时，并不本着塞缪尔·约翰逊博士那样的精神，而更像卢埃拉·帕森斯[1]。他们自发谈论这些名作家的私生活、他的作品，以及他扮演的角色。或许就像斯瓦多所说的那样，J. D. 塞林格是美国写作圈的葛丽泰·嘉宝，而欧内斯特·海明威则是道格拉斯·范朋克。还有一批好作家，还没有达到明星的地位，他们的个性还没有公开地同

[1] 卢埃拉·帕森斯（1881—1972），美国电影专栏作家和编剧，被称为“好莱坞八卦女王”。

他们的作品相混淆——这些作者的文学作品与他们本人都默默无闻。我们所看到的是“对寥寥几位作者的极大关注（背后的原因通常与文学无关）”。于是，出版社不再像文学的接生婆，而更像是“一群数量受到专横限制的明星的宣传员”。明星系统之所以如此昌盛，根据诺曼·梅勒的解释，是因为美国受众“根本不愿意面对一本书，除非它已经大获成功”。梅勒可能还会补充道，因为明星系统是为此发展而来的，它于是反过来鼓吹起自己的逻辑。美国对成功的偏执爱好（以及对失败的不容忍）本身就反映了一个由明星所主导的世界。

畅销书主义是书籍世界的明星系统。“畅销书”是书中的明星。它之所以出名，主要是因为它的名气（有时候仅仅是因为它的名气）。这是一种相对较新的现象。在20世纪以前没有任何人会想到，有一天《圣经》会因它是全世界最畅销的书而受到称赞。相反，在前民主时期，在发明活字印刷前，被人敬畏对待的文字并不普及，只限于小圈子内流传。神圣文本之所以神圣，多半是因为它既稀少又难以获取，仅存的几份处于神职祭司的保护之下。至今，犹太会堂经柜中的律法书（摩西五经，犹太教的神圣文本）仍是辛辛苦苦手工抄写在羊皮纸上的。这本圣典、这本广受崇敬的书，当初被人慢慢地、充满敬意地抄下，作为遗物代代相传，受到悉心保护以免于俗人窥探，只在神圣的祈祷场合——比如安息日与宗教节日里，才展现在平民眼前。这几乎在所有方面都与我们的特色写作、新闻报纸、广为流传的杂志与畅销书背道而驰。流行书籍、畅销书，是现代语境下地位最高的书本，它们广为人知。每个人的客厅桌上都放着它们，通勤者带它们上火车，秘书冲着打字员朗读它们，百货公司把它们陈列在橱窗里，它们在书店到处都是，现在甚至走进了药房和报刊亭。

“畅销书”这个说法，当然也是图像革命的又一件副产品。这是个美国特有的词（现在还没有被任何一本一流的英语词典收录），20 世纪初首次出现。1895 年，哈利 · 索顿 · 派克主编的保守文学评论月刊《读书人》在初刊中发布了一个榜单，列出零售书商所报道的十九个城市中需求量最大的六本新书。1897 年，该杂志发布了第一个全国“畅销”调查结果。Seller 一词在英语中原本的意思是卖东西的人；要到 1900 年左右，该词才用来指代销量好的书本（后来可以指代任何物品）。这种概念的微妙转义本身就很有趣，因为 bestseller 或 seller 这种表达暗示这本书以某种方式卖出自己：销量会催生更多销量。这和一种想法有关，即一本书若已经大卖，以后也会继续大卖。畅销书是一种只因销量很好，以后不知怎的销量也会继续很好的书。

这种说法很快就牢牢地固定下来，进入了美国人的日常用语。1902 年，bestseller 这个词不再指任何销量好的产品，而是专指销量尤其突出的图书。大概在 1903 年，《读书人》把每月排名的数量固定在六本，称作“六大畅销书”。在此之前，确实存在零星的畅销书单，但《读书人》把它变成了一种机制。1911 年，出版界接受了这一概念，《出版人周刊》发布了第一份业内公认的畅销书单，名为“1910 年度畅销书”，之后又使用《读书人》的榜单来回顾 1895—1912 年的畅销书。自此，《出版人周刊》《纽约时报》以及许多本地报纸、文学评论和新闻杂志都发布了自己的畅销书单，把它当作大众会感兴趣的新闻。近年来，出版界最大的、最广泛传播的新闻并不是谁在写什么东西，而是哪些书最畅销。报纸、杂志与电视问答节目都拿它来考我们。作为图书行业的名人，畅销书像所有伪事件一样，具有崇高地位与迷人魅力。

畅销书主义从此掌控了整个图书行业。业内领袖常常攻击这种现象，在1931出版的《图书行业经济调查》一书中，O.H. 切尼把畅销书主义称作“对行业难以忍受的诅咒”。但他解释道，这种现象过去确实（现在也）存在坚实的经济基础：把一本书变成畅销书的最好方法就是把它叫作畅销书。而后，许多潜在的购书者就“想成为这几千人——乃至几十万人——中的一员，加入这本书的读者圈。一旦人人都认为所有人都读过这本书——或应该读这本书——畅销书常常被人谈论——人人谈论就意味着收银机叮叮作响，有钱进账”。买书人走进书店时，常常问起畅销书；即使他不问，也容易受鼓动买下畅销书，因为它畅销。如果能在发行前说服书商某书会是畅销书，他们就会倾向于大量预购这本书，以免断货；书出版后，如果他们确信这本书确实畅销，便会更愿意再下订单。根据切尼的说法，这一模式十分精准，因此畅销书主义以奇怪的方式掌控了图书行业。

这种情况最有趣的特色在于，一本书要想得到畅销书的名号，几乎不需要任何坚实的证据支撑。Bestsellers 这个词——把“最畅销”这样的最高级修饰词用于一批书而不是一本书上——当然在逻辑上是矛盾的。但书店里放满了“畅销书”，就像名人的媒体世界里充满了“最大的”“最好的”“最优秀的”。任何书本要获得畅销书的名号，需要的不是统计学上的证据，而是某种混合物，夹杂着一点点事实以及希望、盘算、沮丧、吹嘘以及纯粹的胡扯。行业惯例（自从切尼在1931年总结后，几乎没变过）如下：

书商被要求统计销售情况，于是试图回忆哪本卖得最好，

> 或者找个友好的旅客问问。又或者看到了某堆书的高度一直在下降——接下来又看到某堆他希望能够消失的书——然后他有点意识到这本书进太多了。这本书就上了他的畅销书单。

出版商的数据也没好多少，因为出版商不会对比销售情况，也很少公布这类数据。因此，任何断言某书畅销的说法都必然没有事实支撑——即使出版商公布给读者的记录上写的是实际销售量也一样（而且他们也不会这么干）。于是，畅销书单必然是伪造的结果，即使内容并不假，背后暗含的信息也必然是假的。于是，出版业欺骗的不仅仅是书商，还有读者，甚至还包括自己。宣传图书的艺术，就像政府机构和某些其他组织的艺术一样，越来越变成一种技术：在不说谎的情况下，讲出吸引人的非事实。

侵染图书行业的不仅仅是畅销书主义的伦理和美学后果，商业上的副作用也十分严重。1961 年 5 月，《出版人周刊》报道，纽约大都会区的书店为了维持公平交易价格，卖的畅销书越来越少。这是因为任何一本书一旦出现在名气较大的畅销书单上，就会依照惯例被梅西百货和金贝尔百货用来招揽顾客，并且不惜代价，按成本甚至更低价格卖出。这种情况下，普通书店没有本钱和他们竞争；按照标价出售招不来顾客，他们便不再订购这些书。一位书商指出，这样一来，畅销书单实际上应该叫作"滞销书单"——"这个要命榜单上的书，除了拿它们当招揽顾客的赠品的大卖场外，没有任何书商愿意订购。如果没有畅销书单，所有书商都能以可盈利价格卖出更多的书"。但公众要畅销书，要畅销书单，就像他们要名人，要一切伪事件。这一切都是合成的，但人们似乎不怎么在意。无论如何，畅销依然是一本书最广受宣传、最容易宣传的点——是一本书最大的“新闻”。

“热门”书籍（或畅销书）越来越强的人气——就如我们越来越倾向于选择车流量大的道路——反过来加固了这种镜像效果，使得我们越来越难从文学体验中学到东西。詹姆斯 · D. 哈特在他的研究《大众书籍》一书中敏锐地观察到，短期内最畅销的书通常是以最高效率表达我们已知事物的书。这是某种文学上的观光景点，向我们承诺我们早已了解其内容的冒险。玛丽亚 · 康明斯的《点灯人》或 T. S. 亚瑟的《酒吧里的十个夜晚》（都是当时的畅销书）之所以比梭罗的《瓦尔登湖》更能告诉我们 1854 年大部分美国人的想法，格特鲁德 · 阿瑟顿的《黑牛》之所以比华莱士 · 史蒂夫的《风琴》更能告诉我们 1923 年的大众看法，是因为康明斯和亚瑟以及阿瑟顿倒映了读者的体验，而没有任何扩充。“时间冲刷后留下来的伟大书籍，”哈特说，“偶尔是在当时受欢迎的作品；但大部分的长寿作品只在最一般的意义上反映该时代的需求。一般来说，热门作品取悦读者，因为塑造它的力量同样也塑造阅读之外的事件，因此作品的倾向与信念、语言与主题，都重复了当下，一旦这个当下变为过去，作品就消逝了。这种书后世一般是读不了的。”

就这样，明星系统波及了一个又一个美国生活的面向。图书行业所鼓吹的东西，用凡诺斯特兰一针见血的话说，“不是一种艺术形式，而是人造物品”。读书不再是看世界的方式，更多地成了关注自我的途径。畅销书可能承诺要把我们带到“神秘的东方”，但这也不过是“有趣的一站”，我们发现自己再度回到了又一家干干净净带空调的希尔顿酒店。

娱乐业贩卖的不是才能，而是名字。对名人的追求、出名的压力，到处都使得创作者盖过作品本身的光彩。在某些情况下，如果将要出名的对象够吸引人，那连作品都不需要。比方说，尽管几乎没有任何电影作品，嘉宝姐妹还是在五十年代成了“电影明星”。她们中的一人竟成了畅销“书”的“作者”，这多么贴切！

科学界也一样，保证基金来源和政府支持的压力越来越大，研究任务越来越难以为人理解，以及设计新闻的普遍压力，让我们把关注集中在大人物身上。这导致人们越来越强调各种各样的奖项——奥斯卡奖、诺贝尔奖、国家图书奖、书评人协会奖、普利策奖，还有种种名气较小也更虚假的奖项。大学曾是不朽智慧的庇护所，现在也在追求大名头，扩张公共关系与媒体关系部门，让大学本身也变得著名，因它的名气而出名。国家层面的政治（配上全套元素，包括化妆、彩排和弧光灯）采用了明星系统，并一年又一年地越发落入这个系统的控制。

然而任何人——或几乎任何人——都可以被改造成明星。一开始，注定要成为明星的人不在于其内在有多少价值，而在于他有多少“可塑性”。他能多好地承载公众想在他身上看到的东西？于是，明星必须要让自己的个性掌控自己的作品；人们用个性来评判他，而不是成就。在道德形式和艺术形式都崩溃塌陷的世界里，自我造就的人将它们统统取代。然而，他的形象同样也只是一片虚妄。

九　“你看过我拍的蒙娜丽莎了吗？”

在绘画与雕塑界，可以找到相似的崩溃——源自我们对世界可塑性的过度期待。在照片上，苏美尔滚筒印章显得和埃及巨像一般大。安德烈·马尔罗在《寂静之声》中指出摄影容易摧毁我们对大小的感知。当我们可以拍摄任何事物，并印制出任何尺寸的照片时，我们就失去了对每件事物独特性的感觉。

现代艺术家的许多问题，就如马尔罗指出的那样，实际上来自复制技术的进步。换句话说，罪魁祸首是图像革命。当我们能如此轻易地用机械准确复制自然的色彩时，大自然对艺术家所提出的长久挑战就不复存在了。“现代”艺术家挑衅地坚称，只有现在（在他们终于摆脱了表现的需要时）他们的作品才真正变得有趣、有表现力。但他们这一辩护被一个简单的事实削弱了。他们如今在非具象艺术领域有了既得利益（就像这么多世纪以来，他们在具象领域占有既得利益一样）。曾经，艺术家是唯一能够描画人像和风景的人。现在，艺术家是唯一能够制造“非具象艺术”的工具。我们只要在古根海姆博物馆走一遭，或是在芝加哥艺术学院为本地艺术家举办年度展览时前往参观，就能感受到形式的崩塌——美国艺术家现在正在这样的迷失中漂浮。

同时，我也观察到，人们对原件的感受力也下降了，因为制造全彩复制品比以前更容易、更便宜——对艺术品和对大自然都一样。大都会艺术博物馆出售印刷模糊的画作复制品，只有邮票大小，据说可以“提升”我们对艺术品的鉴赏力，因为现在可以将画作握在指尖，在家就能观赏。曾经，好的复制品（比如乔托门下某人临摹的他的画作）本身就有其原初性和庄严的独创性。现在，机械复制品可以分毫不差地复刻原作，于是原作和复制品的独特性都消解了。原作和复制品一起进入了混沌状态，处于小说家的打字机和电影人的摄影机之间。

在图像时代，还有一种普遍的倾向。我们已经看到伪事件是怎么从制造的过程中派生出利益，公民是怎么越来越关注电视辩论的表演胜过辩论的主题，粉丝又是如何享受观看名人制造过程的。对于艺术品而言，事情也一样。复刻的准确程度掩盖了产品的质量。最精密的彩色印刷技术、广角摄影的精细技巧，为我们带来琐碎事物的图像，使之比现实中的更大、更真实。我们忘了自己眼前的东西是多么平常，只注意到复制品有多么精美。

人类实现了梦想，用摄影的魔法制造了大峡谷的清晰照片。结果，他并没有因此更欣赏自然或美。取而代之的是他对相机——和对自己——的崇敬。令他刮目相看的不是眼前的景色，也不是可以制造或找到的形式。应该说，让他刮目相看的是他借以看到景色的极端方法，而这种方法不断变得更加巧妙。他摆弄着手里的相机，不再那么关注眼前到底有什么景色。相机在成百万的业余摄影师手里，呈现出一种奇异的特点，它所制造的图像并没有脱离创作者的生命（T. S. 艾略特认为，二者相分离才是艺术品的真正特点）。相反，摄影成了自恋的形式。“你看过我拍的蒙娜丽莎了吗？”

摄影让任何能操作机械的外行人都能制造某种“原创作品”——即在真实世界中的某个不可重复的瞬间从某个独特视角观察事物——让我们混淆了什么是原创作品以及什么是某次体验的副本。那个瞬间不在了，但照片不知怎的还存活着。根据人们几乎已经忘记的公理，一个形象一旦变成（现在则是消解）艺术，它就比原型更加栩栩如生。不管我们愿不愿意，我们所生活的这个世界，每个人都是自己的艺术家。有了相机，每个人不知何故都觉得他所制造的是“他的”形象，即便那里几乎没有一丝他的痕迹。

十　高保真“原声”

在音乐界，图像革命同样也导致了消解。摄影师享受地摆弄着他的测光表、滤光镜和闪光灯，最后什么也没拍：他的机器就是他的活动。同样，hi-fi 发烧友组装起他的精密器件——低音音箱、高音音箱、前置放大器、立体扬声器——只是为了组建系统本身。我们说他是 hi-fi 发烧友而不是音乐发烧友，非常恰当。在被录下来的音乐剧《帽子掉下的一刻》中，迈克尔·弗兰德斯和唐纳德·斯旺说道：

> 手中音质控制器轻轻一按
> 我让卡鲁索的声音听起来像赫奇
> 我关心的从来不是音乐——
> 是高保真的质量！

发烧友用录音展示自己的机器，里面能听到驶近的汽车，有喷嚏声、咳嗽声、街上的噪音和动物叫声。他用来买唱片的钱比起买机器的钱，不过是九牛一毛。这当然再明显不过。

然而，图像革命的效果不仅仅是把人们的注意力从音乐本身引向播放音乐的器材。播放音乐的手段以截然不同的方式消解了特定音乐作品的形式。

直到最近，每一次表演都是独特的。技巧高超的音乐家必须聚到一起，必须一道练习。在留声机于 1877 年发明前，只有音乐家现场演奏时，人们才能听到音乐。甚至连准确重现任何一次表演都是不可能的。长期而言，留声机的效果是革命性的，不仅影响了能够享受音乐的人的数量，还改变了每一个人的音乐体验。托马斯·爱迪生首先在1888年完善了留声机蜡筒。半个世纪内，美国人买唱片就像买书或杂志一样随便了。近期，美国词典中“畅销”一词不仅可以专用于书，还可以指代唱片。仅在二战结束那一年，就卖出了总共2.25亿张唱片。如此大的需求部分源自放音技术的进步。直到1924年，商业唱片还都是通过“声学”方式制造的：声音的震动直接刻在碟片上，没有任何电子放大器干预。唱片表面凹凸不平，声音失真。在发明广播、电子麦克风和高保真电子转录后，中产阶级家庭完全买得起的家庭hi-fi系统发出的声音，和乐器的真实音效已几无差别了。

这给我们的音乐体验带来的明显影响就是，我们同样混淆了“原版”和“复制品”之间的关系、混淆了乐谱和表演之间的关系。当然，小说和改编电影之间的关系显然不同于印刷乐谱和用乐谱制作的录音之间的关系。但在美国人的体验中，确实产生了与之相类的新迷惑。一首曲子的录音比起演奏用的乐谱和零星举办的现场表演，变得相对更容易获取，而且在大多数人心中也更生动。于是，人们把某些唱片当作真正的“原件”，比如利奥波德·斯托克夫斯基的唱片。他们可以在家里一遍又一遍地重复播放这些唱片，并且以此作为标准来评判贝多芬或勃拉姆斯的其他演奏作品。斯托克夫斯基唱片的形象盖过了贝多芬的典范。这种情况不可避免地在新一代只听音乐而不懂音乐的外行人间扩散开来。虽然管弦乐队的现场交响表演依然十分少见，但只要一按开关，录制的音频就能在我们的客厅播放。录音技术本身成了一种艺术。据说，斯托克夫斯基的唱片对同时代听众之所以有如此影响力，部分是因为他愿意和工程师紧密合作，制造出从机械角度来说质量优良的录音。

有些行业内的信徒，如保罗·S.卡彭特，曾经哀叹他们口中新音乐的“第一消费者”的衰落（指用作曲家的乐谱自己演奏音乐的人），同时“二手消费者”人数（也就是听众）因为留声机、广播和电视的缘故极大增加。现在，印刷乐谱的费用通常比刻录唱片昂贵。唱片销售市场当然比乐谱（不包括流行歌曲乐谱）市场要大好几倍。唱片市场的大小还在不断增加。然而，把乐谱（通过眼睛观看）称作“一手”，污蔑实际表演的录音（通过耳朵聆听），明显有误导性。问题比这要复杂得多。相反，我们之所以糊涂了，是因为自图像革命以来，“原版”概念本身，或音乐“表演”的概念本身，已经改变。

留声机唱片至少在一个意义上改变了音乐表演，类似于电影对戏剧表演的影响：它使得后者可以准确方便地无限重复。但为了制造这种产品，演员或音乐家的表演可能会被割裂。电影演员在片场可能要把一个场景演几十次，好让导演或剪辑师选出最好的“一段”，然后再把这类片段拼接在一起。参与到这种片段式重复表演中的演员很难保留整体感。“表演”（现在只剩下比喻上的意义）再也不是一种独特、自发的体验，甚至对演员而言都不是这样了。同样，演奏家的处境也是如此，因为录音也可以编辑。电影演员和录音室的演奏家于是再也不能亲身实地表演，也不能回应观众给他的刺激。录像录音的表演本身成了一种伪事件，具有所有其他伪事件的特点和掩盖原初体验的能力。在录播的电视节目中插入笑声和掌声只不过是这种新型伪事件安排中最粗浅的例子，这种风气同时影响着演员和观众。我们还能自信地谈论“原版”吗？音乐，就像戏剧和几乎所有其他体验一样，如今是在一片混沌中触及我们——漂浮在其形式和表演间的某个地方。

只在特别的正式场合才能听到音乐的那个时代，已经离我们很远了。在音乐会上听现场表演时，我们希望音乐本身为我们制造气氛。音乐本身就是事件。在音乐厅里，人们听到的完全是作曲家和演奏家在那一刻所能表达的一切。在家里，人们听的音乐是自己、家人或朋友演奏的乐器或唱的歌。现在，我们当然偶尔也会举办家庭音乐会，也会在音乐厅和礼堂偶尔举办某一些演奏家的特殊表演。我们很多人都会演奏乐器。然而现在，这不再是我们接触音乐的最普遍的方式了。比这远为普遍的，是我们开车时车载广播传出的声音，或是做饭、洗碗或在地下室工作时播放的 AM-FM 广播，或是伴着我们打牌、读书或聊天时播放唱片的 hi-fi 设备。上层中产阶级家居中，一个常见要素就是 hi-fi 收音电唱机，每间房都有个音箱。我们做事时，音乐总在抚慰我们、萦绕在周围。现在，适宜任何场合的音乐无须我们的倾听，只需像呼吸一样接收就好。

简单来说，音乐不再是单独作曲、各自拥有专属形式的东西了。相反，它成了同质化的无尽川流。它总是居于别的什么东西下面。当演员变成“娱乐业者”，戏剧就只是娱乐而已。音乐也一样，是“娱乐”。我们都想要“氛围音乐”。某个新唱片系列也确确实实用了这样的标题：“放松音乐”“情侣音乐”“用餐音乐”“阅读音乐”，等等等等。将音乐灌入办公室、工厂和公共场所的需求催生了繁荣的新产业。音乐的定位如今处于工程和室内装潢之间：和空调、隔音天花板、间接照明与人体工学椅相当。

穆扎克公司发展壮大是在1940—1960年间，可以作为这类变化的极佳例证。20世纪30年代初期出现了一种组合服务，购买穆扎克服务的场所可以通过电话线播放音乐。到20世纪50年代中期，“功能性”背景音乐出现在许多地方，包括扬基体育场、芬威公园、瘦姑娘减肥沙龙、洛杉矶和圣安吉洛（德克萨斯州）的墓园、堪萨斯城某木偶工厂、芝加哥某香肠工厂、宠物医院、美联储金库、辛辛那提某橄榄填料厂、丹佛某铀工厂，还有俄亥俄州汉密尔顿市伊顿汽车旅馆的游泳池水下。

1957年，穆扎克音乐库中收录了四万九千首曲子（同时间被使用的音乐在七千五百首），每段音乐都记录在十六英寸唱片上。在纽约的庞大穆扎克大楼里，这些音乐选段被组合起来，灌录成三盘每盘八小时的磁带，一套二十四小时。这些磁带套装被送到国内不同地区的七个穆扎克中心办公室，每个中心办公室下辖二十个特许经销商，服务各自地区的订阅客户。磁带从一个中心转到另一个中心，一旦各地区都使用过，它们就会被送回纽约，抹除重录。该公司运营规模很大，音频库价值一千万美金，每年播放的磁带长度将近三亿公里。穆扎克成了世界上最大的电话线路用户。据保守估计，每天以各种方式收听穆扎克音乐的美国人总数约达五千万。

无数穆扎克听众听到的并不是传统意义上的乐曲。“我们不卖音乐。”唐纳德·奥尼尔解释说，他在穆扎克纽约总部从事设计和包装磁带长达二十年。“我们卖的是编排。我们坚信，考虑时间、环境和活动才能产生最佳效果。就拿餐馆来说，早餐时编排的音乐应该新奇，铜管乐器要少。午餐呢，就需要很多民谣，丰富的弦乐。到了晚上，需要有档次的音乐，就像音乐会那样。晚餐后，就用热烈的曲调让节奏快起来。”一旦独立音乐作品溶进了各种编曲流中，就能买到适用于任何需要的组合。

最让人满意的产品不是一系列独立、完整的音乐戏剧。这太容易让听者分心，无法专注于正事。在这些场景中，重点从不在音乐上，真正的目的其实是让已然意识模糊的接收者沉浸在麻醉或振奋的声音流中。比方说在工厂或办公室，根据奥尼尔先生的解释，音乐流必须要“和工人的疲劳周期相反。早上雇员到公司时，一般来说精神不错。因此，音乐也应该相对比较平静。等到十点半，他有些疲惫，有些紧张，我们就要拿些东西冲击他一下，让他打起精神。中午，他等着吃午餐，旋律就需要轻松一点。下午过半，又该累了，我们就要用节奏很强的东西刺激他，一般用比上午更强的鼓点。这就是我们所说的编排……我们要时时刻刻小心，不能打扰到人。这些音乐毕竟不是让人认真听的，能入耳就行”。

这对销售或生产的影响看来相当不错。长岛某超市业主在使用穆扎克产品后，称大部分顾客“说这让时间过得更快了。有趣的是，我们却发现他们逗留的时间变长了，这都是在买了音乐服务之后的事”。二战期间，穆扎克在战时生产委员会的批准下开发了工业用音乐项目。战后，虽然竞争日益激烈，穆扎克依然稳步扩张。在某些地方，比如办公室，穆扎克交替播放十五分钟音乐和十五分钟无声，避免持续不断的声音流可能引起的烦躁。这些周期自然是根据功能或时间上的需求而定的，无须照顾任何个人的偏好。

穆扎克一直在寻找新方法以消解旧的音乐单位。“重点在于，”奥尼尔先生解释道，“我们不能墨守成规。不久前，我们在找一种音乐，喜欢流行乐的人听起来像古典乐，而喜欢古典乐的人听起来像流行乐。我们决定从电影里录制这种主题音乐——比如《莉迪亚》《布莱斯之魂》。反响非常好。”

穆扎克以及其他通过电讯设备传送音乐编曲流的系统应用越来越广，再加上酒吧、饭店、火车站、火车、机场、飞机和商铺里的自动点唱机以及到处都是的 hi-fi 系统，要避开音乐伪事件的洪流越来越难。这些声音并不表达它们看上去在表达的东西，而只是载体，承载着个人的情绪和商业形象。1949 年，纽约中央车站管理层安装了一套小型广播器材和八十二个喇叭，播放着罐头音乐以及广告，每天经过这个车站的五十多万通勤者都被淹没在这些声音的洪流中。通勤者大为光火，上告到纽约公共服务委员会。一位精神病学家为中央车站管理层辩护，宣称没有任何正常人会因这种噪音而受到永久性伤害。《纽约客》编辑哈罗德·罗斯为通勤者辩护，声称他以为一边耳膜被捅破了；一位女通勤者则称要长出“耳朵盖”来保护自己。在这些抗议后，中央车站的广播暂时停止。或许 20 世纪中期某些发明家会开发一种安装在公共场所的设施，投币就可以买到（或者被往耳朵里灌进）几分钟的寂静。那时我们就可以安下心来，至少在这个科技分支上，技术进步已经到头了。

十一　畅销的就是畅销的

图像革命使得所有体验都变得易于流动。我们不太清楚空调和穆扎克音乐之间的边界在哪里，它们彼此交织。书、杂志与戏剧作品间形式的分野模糊了。“《麦考尔》杂志书页间记录的，”

《纽约时报》全幅广告上这样写着，“是我们时代最激动人心的书目。”“最近读了什么好书吗？”杂志问道，然后自问自答，列出二十一本书，这些书在出版前即登上《麦考尔》杂志，然后都上了畅销榜。在其中，四分之三都是他人代笔捉刀的名人作品——更准确的叫法应该是“非书”。

作品可改编的形式越多，所有形式就越模糊、越像幽灵。精装书是不是还装在蛋壳里没孵化的平装书？还是说，平装书是还没长出外壳的精装书？“你知道《战争与和平》吗？”“知道。”“你喜欢吗？”“是啊，挺喜欢的。”“你说的是哪个，电影还是书？”是未经节略的原版（这里“未经”二字非常重要）——还是“权威现代节略本”？没人能完全弄清楚。是1931年还是1961年版的《西马伦》？“原版”指的可能是电影，可能是小说，可能是漫画书（《豪迈王子》和许多其他电影由漫画改编），可能是杂志文章，可能是乐谱，可能是录音，可能是广播节目，也可能是电视节目。

不久前，我接触了国内最好的出版商，想要出一本书。我在大纲中描绘的这本书，在我看来，很有出版的必要。该出版商在考虑我的请求时，最精彩的一段发生在该公司董事会会议室里，与会的有好几个副总，还有好几个部门主管。轮流发言时，不同部门的主管在争执这本书能否拆成几部作品来推广。能不能包装成“行政礼品”？能不能做成小册子，一章章分开出售？能不能拆成小段印在地图背面？能不能作为邮购公司的专属商品来推广？没有人问，它到底能不能这样撕成小块变成有卖相的早餐餐点。我们几乎没有讨论这本书的必要性，这方面的考虑看来无关紧要。

形式的增多以及科技的进步不可避免地使所有经历都成了商品。当娱乐被包装成电影，电影公司老板完全不需要懂得任何戏剧方面的知识，他唯一需要知道的是什么东西有销路。平装本崛起，使零售商不再需要了解书籍。大部分书都和新闻、杂志、生发油和罐头食品一起卖。唱片销售方式的进步使得顾客无法在买碟之前试听。他最好还是买畅销唱片或是到处打广告的品牌。然而，唱片营销人员本人也不怎么懂音乐，就像旅行社一样，少有旅行社了解旅游的目的地（也不需要懂，他直接把团体游卖给你就是了），唱片商也不需要了解他所卖的音乐。要把生意做下去，只需了解哪些包装好的音乐产品好卖。他看到的只有包装。唱片包装越来越像平装本的包装，华丽庸俗的全彩照片印刷在覆膜纸上。

当同一种主题可以用这么多种不同方法表达，每一种表达都能覆盖上百万观众、读者或听众时，就会产生极大的压力，要重复已经被证实会成功的东西。大部分现代出版物——书籍、电影、电视节目或音乐——都符合某测评师口中的完美模板，亦即他从沃尔特·斯科特的某个模仿者作品中所总结出的特点。这个模仿者的作品曾经有段时间比沃尔特·斯科特的作品销路还好。“过去十年间，他不断重复自己的重复，附和自己的回声。他的第一部小说正中靶心，在那之后，他就不断地朝同一个地方开枪。”成功的文学、戏剧和音乐商人是那些发现了公众需求公式的人，他们对这个公式做恰到好处的改动，卖出一个个新商品，同时又不至于有失去这个市场的风险。在这个伪事件的新世界里，充满了许多形式，艺术的标准可以完美地总结如下：“畅销的就是畅销的畅销的。”有谁不想写（至少读一读）畅销书呢？

无论转向何处，我们看到的都是镜子。镜中，我们看见的是自己（不过我们喜欢假装看到了别人）。最成功的杂志文摘，提供的内容并不真的存在于其他杂志上，而是我们已经看过的东西（或我们以为自己看过了，或乐意以为自己看过了的）。一定会大卖的电影或书——《宾虚》《斯巴达克斯》，弗兰克·耶比、托马斯·B. 科斯坦、玛丽·罗伯兹·莱茵哈特或米奇·斯皮兰的小说——常常是照着配方攒出来的最佳组合，这配方久经考验，我们为自己创造了它。电影与书相互映照，它们为我们呈上幻想的、不真实的形象，而我们正希望相信自己就如这形象一般。音乐成了情绪的镜子。体验成了和室内装潢差不多的东西。

第五章　从理想到形象：寻求自我实现的预言

"买《公报》，就买下了信仰！"

——费城公报广告

此前的世代从未像我们这般，禁不住去相信我们可以编造出自己的体验——我们的新闻、我们的名人、我们的冒险，以及我们的艺术形式——我们最后终于认定，我们可以制造用于衡量一切的规尺，可以实现自己的理想。我们的过度期待在此达到顶点。这可以从美国人说话方式的普遍转换中看出来：从谈论"理想"转向谈论"形象"。

《圣经》告诉我们"上帝依照自己的形象造人"。不久前，怀疑论者还会将这个隐喻倒过来，刺激我们思考。"如果上帝依照自己的形象造我们，"伏尔泰说道，"我们自然也给了他同样的荣耀。"陀思妥耶夫斯基更深刻地指出，人类依照自己形象所制造的是魔鬼。但美国国父所信仰的神明，无论具有怎样的特点，都是个立宪制的君王。他通过律令来统治，并且不能随心所欲地改变律令。他尚且还不是董事会的主席，不用依照公民持股人为了自身利益而批准的政策指令来行事。

“自然法则与自然之上帝的法则”统御的是一个井然有序的宇宙。对神和人而言，世界都不完全可塑。然而在近期，就像“冒险”成了我们自己计划好（或付钱让别人帮我们筹划）的意外，我们也把“价值”一词变得空洞了。我们远离了该词的传统含义，也即老词典里的定义：“价值……伦理。其本身即值得尊敬；有内在意义之物。”而现代美国的新定义则是：“价值……复数，在社会学中指行为、习俗、制度等，被一个民族、种族等群体以特定方式对待——通常是赞同。”我们的新社会科学家没完没了地谈论“价值”。他们所说的价值，是某个社会为自己制定的特定标准。他们以此向我们保证，我们不需要担心理想的消解，因为所有理想都已过时。最“文明”的人民，清楚自己遵循的是他们自己制定的价值。

但在历史上的大部分时候，我们都相信我们这个民族受理想的引领。这些理想来自传统、来自理性，或来自上帝。1859 年 4 月 18 日，在列克星敦和康科德战役的周年纪念日前夕，卡尔·舒尔茨说：“理想就像星辰。你若想用手摸，是摸不到的。但就如大海中的水手，你把它们当作指引，追随他们就能到达目的地。”

在 19 世纪的美国，最极端的现代主义思潮认为人类由环境造就。在 20 世纪的美国，我们依然相信我们由环境所造就，但与此同时，我们也相信环境可以完全由我们来塑造。这种诱人的矛盾，根植于我们对伪事件的喜爱中。我们喜爱这些编造的新闻、合成的英雄、预先造好的观光项目、同质化且可以互相改编的艺术与文学形式（没有“原版”，只有我们依照影子所制造的影子）。我们相信我们可以用新奇的内容填满自己的体验。几乎所有所见所闻所做的事情，都让我们相信自己手中掌握这样的权力。我所描述的美国生活是一种观赏性运动，我们自导自演着这场独角戏。

但什么时候是个头呢？塑造自己环境、随意填充自己体验的人，要是不能制造自己的上帝，那多让人咋舌！上帝本人成了伪事件，具备伪事件所有熟悉的特点。他不是自发的，不是自我造就的。他被筹划，被植入——主要是为了达到既定效果，让他受报道，被相信。他要像电视节目一样，视我们的方便而被观看。他的力量可以用报道的广泛程度来衡量。我们为他的声望操心。我们创造了他，想让他成为一个自我实现的预言。他是世上最畅销图书的名作者。我们把上帝变成了最大的名人，以承载我们自己的空虚。他是最伟大中的最伟大。我们满心关注的，不是作为自然存在的上帝，而是一个对敬畏上帝的社会有些用处的编造物。上帝本身不再是力量，而成了一个形象。

一　企业形象

如今，有关形象的讨论无处不在，所到之处从属于理想的语言都被取代。如果正确的“形象”能让某人当选总统，可以卖出车子、宗教、香烟或西装，那为什么它不能把美国本身——或美国的生活方式——变成可以卖到全球的商品呢？在讨论我们自己、我们的社群、我们的公司、我们的民族、我们的领袖时，我们所用的语言是形象的语言。它在部长的书房内，在教授的研讨会上，在广告公司的办公室里，在街头巷尾。

1960 年 11 月 19 号，当科学顾问委员会的杰出科学家和教育家向艾森豪威尔总统报告时，他们批评大学将研究和教学人为地割裂开来。他们坚称，关键在于“这个环境作为整体，应该是学习、探索和教学的环境——一切都融为一体。然而大学常常都无法理解并支持他们的这种天然形象”。

这种拐弯抹角兜圈子的说话方式普及开来。我们甚至没有意识到这一变化。先前，批评人会直截了当地批评说大学没有追求这种或那种理想。但如今，大学像其他机构一样——实际上，像所有人一样——评价标准在于是否符合某种精心打造的“形象”。

形象的某些特质在我们对“企业形象”一词的使用上可见一斑。这自然是我们时代的形象中最煞费苦心、最耗资靡巨的一类。美国管理协会近期的一次会议（1960 年 10 月 27 日，纽约市）中有一系列关于有效广告的讲座，会上哈南父子公司的执行合伙人麦克·哈南先生讨论了树立企业形象时的一些问题。他警告，建立“正面企业形象”会导致危险，对公司可能弊大于利。他解释道，从本质而言，没有任何正面形象适用于某公司的所有受众。这个形象越清晰、越准确，就越有可能仅仅迎合公司的一小部分受众，而同时疏远其余所有人。他提到某个公司的形象看上去完全追求效率但全然没有人情味。“没有人情味的形象让现在的员工士气低落，劝退了潜在的员工和人事主管，甚至有可能让一些敏锐的投资人敬而远之。”他随即提供了一个解决方式，以避免这些“正面的危险”。他所推崇的是一种“中性企业形象”。他说，这并不意味着这个形象空泛、模糊或未经规划。“相反，它是开放的。它能吸引企业受众中各式各样的人物……中性的公司形象是一种邀请，请公众搁置他们的批评性判断。虽然它很中庸，却能吸引除了极端边缘分子以外的所有人。但因为它不偏不倚，它不会招来任何人的反感。”

这个有趣的建议预设了公司形象所具有的一些令人十分熟悉的特点。它们可以作为线索，描绘出我们时代以形象为主的思维方式。伪事件在真实世界的样子，就好比形象在价值世界中的样子。形象是伪理想。我们会发现，它是合成的、可信的、被动的、逼真的、简化的、暧昧的。

（1）*形象是合成的*。它是计划出来的东西：之所以被创造，是为了达成某个目的，留下某种特定的印象。

较老、较明显的例子是商标和品牌名。20 世纪，这两种东西都变得越来越重要。（意在成为判断某类产品标准的）商标是一组受法律保护的字母、图像或设计，框定了某种产品。就像其他伪事件一样，商标与充斥着我们体验的其他形象造价十分昂贵，因此，传播、强化并利用商标总会牵动某人的利益。不像其他标准，商标可以为私人所有。为了让商标具有法律效力，持有者必须不断地主张其所有权。

经过煞费苦心的设计，拗口的“国际商业机器公司”才在公众眼中变成了 IBM。这可能是历史上最昂贵、价值最高的缩写。在艾略特 · 诺伊斯富有创意的指导下，经过保罗 · 兰德、查尔斯 · 伊姆斯和乔治 · 尼尔森组成的设计小组的努力，这个公司改进了它的商标，以传递“简洁而令人印象深刻”的形象。如今，很少有商标是顺带制作的简单副产品。它不仅仅是制作者或老板的名字，缩写或签名，或是由行会规定的印记。如今，商标通常由专业人士操刀。

但充斥我们体验的形象不仅仅是几个字母、简化的图画或朗朗上口的口号。它们不仅仅是IBM，参差放在圆圈里的USS（美国钢铁公司），或优雅的花体“可口可乐”。它们不仅仅是“他主人的声音”（一条狗满头雾水地听着高级留声机喇叭里的声音）❶，“是时候睡觉 / 换胎了”（打着哈欠的小婴儿，穿着连体睡衣，手里拿着蜡烛）❷，“直布罗陀巨岩”（保诚保险公司），本杰明·富兰克林大奖章（星期六晚邮报），线条明快、飞快奔跑的灰狗（灰狗巴士）。他们也并不仅仅是容易记住的口号：“（刊载）一切适宜付印的新闻”（纽约时报），“为了骆驼我能走一英里”（骆驼牌香烟），“使密尔沃基市扬名的啤酒”（舒立兹啤酒），“不雨则已，一雨倾盆”（莫顿盐业），“冠军的早餐”（通用磨坊公司），“57种口味”（亨氏公司），“（本品）来自心情愉快的奶牛”（三花淡奶），“依然毫无划痕！”（宝纳米公司清洁产品），“别大写特写——像电报一样简洁！”（广告大师埃尔默·米勒），“美肤永如女学生”（棕榄日化），“点点衷情鲜花述”（国际鲜花速递），“除自己以外，我最爱的就是BVD”（BVD内衣），“云斯顿烟，好烟该有的味道”，如此种种，不一而足。

在20世纪，形象的种种用法每过十年就变得越发重要，但我们的时代有种特产，那就是一种更为抽象的形象。这种意义上的形象不仅仅是商标、设计、标语或任何容易记住的口号。它是一种精心打造的个性侧写，可以是某人的、某组织的、某公司的、某产品的，或某种服务的。它是对价值的拙劣模仿，三维立体，

❶ “他主人的声音”（His Master’s Voice），或译“他的大师之声”，是一家英国唱片公司的名称，其商标形象是一只听着留声机的狗。

❷ “是时候睡觉 / 换胎了”（Time to Re-tire）是菲斯克轮胎公司的广告语，在其广告中出现了右手抱轮胎左手持蜡烛、打着哈欠的幼童。广告语中，retire一词有睡觉的意思，拆开后可以解作换（re-）轮胎（tire）。

是人为捏造出来的东西。这种形象的数量越来越多，图像革命带来的新技术打造并强化了它们。

在使用“形象”一词的新含义时，我们便直白地承认了眼中所见和现实存在并不一致，同时，我们也表明自己对眼中所见之物更感兴趣。于是，形象便意味着可见的、公开的“个性”，与内在的、私人的“品格”不同。“公开”一词和“形象”非常相配，就像“公共利益”“公众舆论”一样。我们轻易地承认，遮天蔽日的形象掩盖了现实。通过使用这个词语，我们暗示形象可以被影响和改变：形象总能在某程度上被成功捏造、调整、修复、重构和提升，这和自然存在的原型很不一样（但并不完全独立于原型），形象是这个原型的公共面貌。

例子还有很多，如果系统性地把它们收集起来，可以组成一本百科全书，其中生动多彩的碎片组成了我们的生活环境。从几个例子中，我们可以看见这种形象思维到底有多么普遍。像“总统将尽力打造公众形象”（卡拉马祖《公报》，1961 年 2 月 20 日）这样的标题在日报上随处可见。“戈德华特试图打造受大众欢迎的保守形象”一文刊登在《纽约时报》（1961 年 1 月 16 日）头版，文中附有戈德华特参议员的照片。“你会寻找言外之意吗？”S. D. 沃伦纸业公司的广告词这样写道，“你的顾客肯定会。Hi-fi 发烧友研究你的产品目录时，他看到的可不只是文案和图片。他无意识地在字里行间寻找公司的特点。他想看的是高质量图像，只有优质打印机才能为你带来这样的服务。”《哈佛大学入学》手册（1960 年）是一份由哈佛文理学院大学录取政策专门委员会制作的书面报告，它使用的也是这样的语言。该手册有一个专门栏目介绍哈佛大学的“公众形象”，赞赏哈佛大学“仔细调查研究了其公众形象”。该委员会呼吁开展“更系统化的公众形象研究。这一任务超出了本委员会所能付出的时间和资源限制。本委员会相信，该调查应由哈佛大学主导，它值得投入彻底且精细的研究”。在所有场合，我们得到的暗示都是，如果某形象有破坏性或不可接受，那么就可以也应当去修复它。

（2）*形象是可信的*。如果人们不相信它，形象也就派不上用场。必须要让人们在心里认为，某形象就代表着它所对应的那个组织或个人。然而，一个形象若要生动活泼、普遍流行、掩盖原型的风采，它就不得冒犯常理与常识。因此，如果哈佛大学声称录取学生时完全不考虑任何人的家族前史、校友关系或经济联系，就犯了大错；这话没人会相信。最有效的形象通常是专门为了让人相信而炮制的。要让某物可信，最佳方法就是有所保留，比如说“问问用过的人”（帕卡德汽车广告词）。在20世纪美国高等教育界的伟大公关天才口中，芝加哥大学“不是特别好的学校……只是现在最好的罢了”。象牙香皂“纯度99.44%”。审慎的广告人或公关大师利用了“极致”和“最”这种词语的泛滥，让他自己的夸张言辞显得像对事实的保守描述。

（3）*形象是被动的*。由于形象已经与现实等价，形象的制造者（也即企业）被人期待完全符合其形象——而不是朝着这个目标努力。形象的消费者（也即企业形象的观众：潜在客户或顾客）也被期待在某程度上符合这个形象。这所有的关系本质上都是被动的。在形象上真正付出努力的，不是这个作为整体的企业，而是制造形象的专家和主管，他们是形象的主要监护者。“投射”形象本身就是在兜售他们已经声名远播的优势。于是，主体和客体同时想融入其中。双方都会以为，如此有说服力、如此受欢迎的形象肯定来源于生活。形象一旦出现，一般就会变成相对更为重要的现实，而该企业的实际作为不过是这种形象的外在标记，而非反过来。一开始，形象模仿这个公司；最后，公司模仿这个形象。形象（和实际行为不同）可以是完美的。它可以是一个精确的式样，让所有人满意。

当美国集装箱公司决定（根据某记者的说法）“让公司在他人眼中品位绝佳、足智多谋且重视设计”时，这个决定本可以扎在高管心里或是只让内部理事会知晓就好。这个理想可以一直存在，可能也一直是私下里追求的目标。传统而言，这种内在决心被视为最真实、最有效的手段。但现在，这已经不够了。

形象这种理想，只有在公开之后才会成真。一间公司决定要重新打造形象时，与其说是要改变其理念，倒不如说是想改头换面。这种整容服务可以花钱购买，催生出新的职业，即整容外科医生和化妆品专家。集装箱公司重新设计了一切，从支票到送货车。它出钱办了一场大型广告活动，展现“西方贤者的伟大思想”，广告中点缀着现代艺术家重绘的艺术作品。用行话说，集装箱公司并不是在“追求理想”，它是在“构建形象”。形象一旦构建完成，目标就是让公司、产品——如果效果理想，也让顾客——都严丝合缝地符合这个画面。

由于形象本质上是被动的，也就不需要和该公司本身的活动有什么联系。用老话说，构建形象所建立的是名气，而不是品格。比方说，当芝加哥丹尼尔·J. 埃德尔曼联合公司接下宾士域公司的“企业形象”业务时，其任务目标用商业记者的话说，是“打造宾士域公司不断进取的形象——不再只是个有一百一十五年历史的保龄球装备公司，而是越来越多元化”。埃德尔曼惊人的成功几乎受到全公关圈的尊敬，他的成功来自一系列巧妙选择的故事——全是伪事件——每一个故事都很好地迎合了某报纸或某杂志的兴趣。《财富》收到一份稿件，内容是对该公司总裁的个人介绍，文中，他被塑造成由运动员转型的商业天才，还有一份稿件说的是一家小公司突然崛起为大企业的故事；美联社专栏作家收到的稿件说的是保龄球怎么成了十亿美元的大生意；《纽约时报》收到的稿件要冷静得多，是一篇传记式作品；在《华尔街日报》植入的文章则是关于学校设施的繁荣发展（与美国学校管理协会大会有关）；对于《生活》杂志，埃德尔曼安排了一场十分上相的把戏，用宾士域校园设施在短短一个周末把一间教室完全改头换面。每一个安排都只是形象这幅画作上的一笔。与此同时，该公司本身自然什么也不用做，只要照常营业，别闹出丑闻或放出任何可能会破坏形象的公共信息即可。

有时，形象塑造所关注的是首席执行官，而不是公司。本杰明·索嫩伯格把查尔斯·拉克曼（利华兄弟公司总裁）打造为超级销售奇才；这其中出力的是索嫩伯格，不是拉克曼，更别说这个公司了。拉克曼几乎没什么要做的，只要别破坏形象就行。塑造本杰明·费尔利斯（美国钢铁公司时任总裁）的形象也差不多。或许最重要的是他做的那些演讲，其中最关键的一次演讲发生在1950年，抨击了那些“国会里的骗子，妄图改变美国的商业经济”。这篇演讲稿由菲尔普斯·H. 亚当斯撰写，他来自纽约《太阳报》华盛顿分社。由于亚当斯成功地打造了费尔利斯的形象，他晋升为公关方向的副总。通过（在《生活》和其他杂志报刊上发表特稿）塑造贝灵巧公司总裁查尔斯·珀西想象力丰富、精力充沛的形象，公司的形象也随之树立。

当新泽西美孚石油公司接手纽约电视节目“本周最佳戏剧”时（十三周的赞助权要价六十万美金；作为形象塑造支出，后来被认为是一笔超值交易），它把自己打造成了一个服务公众的企业。制造戏剧当然和生产石油没有任何关系。在这个时代，消费者只能十分粗略地了解一家复杂的大企业的实际业务，该企业的公共形象也就取代了更具体详细的实际行为。如今，大部分企业就像科学家一样，业务范围超出了人们的理解极限。系统化广告——举例而言，它让我们不再把杜邦公司看作“死亡商人”，而是“通过化学制造更好的产品与更好的生活”——是一种把公司打造为名人的行为。我们对这种行为远远谈不上厌恶，通常还会十分感激。这个具体的、可以掌握的形象，取代了我们脑中模糊不定的概念。

作为消费者，我们也可以被相同的方式说服去购买商品。当爱德华·戈特利博联合公司着手推销白兰地时（并成功地把销量提升到原来的三倍），他们就是通过打造形象做到的。他们把白兰地免费送给美食晚餐的食客、美食编辑、电视烹饪节目以及白宫，当白宫使用这款酒时，就会留下照片，得到报道。传播顾问公司接下美国女帽及妇女头饰业协会的委托后，将优雅的帽子免费送给时尚模特、时尚编辑、影星、电视演员和上流社会名人。玛丽莲·梦露和梅米·艾森豪威尔戴着帽子接受全国杂志的拍摄。帽子销量随即大涨，人们跟上潮流的渴望所带来的盈利效果可见一斑。

人们哀叹美国生活中跟风迎合之气越加盛行，但很少发现所谓“迎合”所要“迎”的是某种形象。自从图像革命以来，形象数量不断增多，内容越发多彩，提供了许许多多可供人们遵照的模板。在英国，“迎合”（conform）一词已有一定历史，它原先是个及物动词，意为“根据某种模板来构造”；不及物动词用法（“他顺从了”）主要指某人遵从了英国圣公会的惯例。在20世纪美国，该词获得了新的含义。如今，我们说“他遵从”或“迎合”时，一般不会说出具体的宾语。这是因为现在常常有一个隐含的对象。我们的意思是，他正尝试迎合一个形象。“迎合”是我们时代最典型的词语之一。到处都在使用这个词，我怀疑这是形象崛起（及其被动性）所导致的无意识的、不可避免的副产品。形象本身就诱使人们去迎合。

迎合的被动性意味着融入形象的被动性。形象无处不在，导致了迎合的无处不在。在形象时代来临前，一个普通人给人的印象常常是在追求理想、追求得体和受尊重，或是仅仅想避免让自己显得可疑。自从图像革命以来，我们脑中的印象就变成了“迎合者”——试图迎合身边各种形象的人。在这个伪事件的世界里，捏造的形象代替了外在的标准。

我们非常习惯使用形象来促使人们采取行动。曾经，若你想让女人买帽子，你会直接把这句话说出来，若你想让男人买白兰地，你会描述自己的白兰地有哪些优点。现在，这种劝导变得比较间接。在许多地方，推销员都没落了，这其中有部分是因为图像革命为形象赋予了催眠般的吸引力，取代了言辞的说服力。如果把产品好好包装一下就能直接吸引消费者，还要推销员干什么呢？产品成了体现形象的道具，商家自信地认为我们会主动迎合这些形象。

(4) 形象是逼真而具体的。斥诸感官的形象常常最有效。“无瑕美肌让你爱不释手。”荷兰传统清洁剂广告上举着棍子的女孩(“赶走尘土”)。止咳药广告上的大胡子史密斯兄弟。箭领男人[1]。“杰出男士”。形象是有限的。它必须比任何具体的目标列表更容易让人掌握。产品、个人或这个组织有许多贴合目标的优点是不够的。必须要从中选择一个或几个加以生动刻画。

(5) 形象是简化的。为了排除任何多余或负面的部分，形象必须比它所代表的对象要简单。“这个强有力、朝气蓬勃的符号由四部分组成，它们环绕在一起，合围出正方形的空间。”大通曼哈顿银行解释道，“这代表我们银行的特点与多样性。”当人们看见IBM这个缩写时，背后的机制就触发了。一瞬间，整个公司的形象深深刻印在人们的脑海里。有效的形象要能够成为某种事物的代名词。然而一旦它进入语言，成为代名词后，它就失去了形象的力量。而后它就不再是伪事件，而成了一个单词。我们于是忘记，它被某些人特意制造出来以达成某种目标。制造形象的人希望每个人都谈论它。但当每个人都用这个形象来表达自己的意思时，它就失去了伪事件的特性，派不上它原本的用途了。“阿司匹林”“油印机”“赛璐玢（玻璃纸）”和“油布”就变成了这样，柯达、特艺七彩、邦迪和舒洁也差点沦落到了这种下场。最有效的形象是简单且极有辨识度的，容易记住，但不能太好用，免得最后变成整个门类的代用词。

[1] 1905　1931年间皮博迪衬衫广告上的男人，美国现代广告画上的经典神秘形象。

(6) 形象是暧昧的。它处于想象和知觉之间、期望与现实之间。它也在另一种意义上是暧昧的，因为它绝不冒犯任何人。它必须要符合不可预料的未来目标，以及口味上不可预料的变化。可能有很多变化来得太快，来不及改变形象以包容它们。形象必须能够兼顾不同人的期望。对这个特点呈现得十分清晰的，莫过于费城服装制造商平卡斯兄弟麦斯威尔最近的项目。他们给自家新男装打广告，用的不是清晰照片，而是街上的模糊人影。“广告方纽约兹罗威公司，”《印刷墨水》(1961 年 1 月 20 日刊) 解释道，“策划了一个广告，抛弃了个人形象的时尚模特。他们依靠故意模糊化的人像照片，试图通过模糊但十分有魅力的身影，让顾客在其中看到自己的影子。”早在 1961 年，大众汽车就推出了一系列题为“实验性 X-93 型大众汽车”的广告，并附上模糊的汽车整页照。照片上的轮廓特意模糊化，让所有顾客都能从中看见自己想看见的样子。广告和绘画一样，非具象手法可能将越来越流行，为观看者留下充足的余地，满足他那无法预测但常常过度的期待。

******

严格说来，我们无法揭露形象背后的真相。形象就像所有伪事件一样，我们越是想揭露它的真相，它就变得越有趣。正因如此，当下最有效的广告中，有一些详尽描述了制造广告形象的过程：如何安排测试、如何设计商标、如何为公司化妆。这些舞台机械、这些捏造和投射形象的过程，让我们目不暇接。我们都喜欢看技巧高超的魔术；我们更喜欢看幕后揭秘，了解台上的女士到底是怎么被锯成两半的。每天充斥我们体验的形象比起魔法更有一种优势：即使在了解幕后真相之后，我们还是享受被欺骗的愉悦。矛盾的是，我们对形象塑造的技巧知道得越多，越了解塑造某个形象需要多少算计、巧思和努力，我们就越满意于最后产生的形象。如此复杂精巧的步骤证明，我们之所以被说服，并非毫无缘由（也不愚蠢）。

某次，在我飞往华盛顿时，我发现飞机座位上的旅行套装里有一份《远航者：首都空中乘客杂志》（1960年五六月刊）。其中的主打文章“触动记忆之物”讲述了首都航空（杂志发行方）花费了多少力气来打造新的企业形象。“公司的新形象几乎在两年前就开始筹划了。”编辑注解提到，“公司当时彻底地评估了自己的公众形象。”这个项目考察了好几个公司，最后在1959年7月，利平科特与马古利斯股份有限公司中选。我就这样被带到幕后，他们期望我对首都航空留下好印象，不仅因为服务质量好，同时还因为他们花费这么多力气，以高超的技巧设计了一个形象来取悦我：

> 商标像是公司的简略符号。它是触动记忆之物。商标设计得好，就可以在一瞬间利用有意识和无意识的力量，高效且准确地反映公司形象。这个公司形象可能在销售上价值上百万元，甚至上亿……商标应该能够适应所有媒体……缩小到铜板一样大时，视觉效果要好……放大印在广告牌上时，视觉效果也要好……黑白、彩色、在电视上、在信纸抬头、在火车车厢内、在包装上、在橱窗里，都要有良好的视觉效果。
>
> 在这个意义上，首都航空最近采用的新标志就是个很好

> 的例子。这个标志必须在竞争激烈、来往繁忙的机场脱颖而出……
>
> 标志必须在视觉上吸引人。但同时，体现公司想要打造的形象也非常重要。比如说，IBM 的标志就决不能用在可口可乐上；好利获得公司的标志用在埃索石油上也是大错特错。然而，这些商标每一个都是杰出的作品。
>
> 在争夺消费者注意力的战斗中——一个家庭每天会收到 1581 个这样的信息——商标所能传达的简略信息依然能够起到作用。

看到企业花了多少努力试图以科学方法吸引自己后，消费者就安了心，知道企业依然与时俱进。公司非常在意消费者，花样翻新地吸引注意力。因此，在某种意义上，消费者根本没受蒙蔽。史上第一次，诱惑者在揭开自己的手段后，还因此增强了手段的诱惑力。

在美国统计协会 1961 年 3 月 15 日于芝加哥召开的会议上，费尔班克斯 · 惠特尼公司总裁大卫 · 卡尔先生发表了题为“筹划公司形象的案例分析”的演讲，十分骄傲地描述了 1958 年费尔班克斯 · 惠特尼公司接收债务缠身、声名狼藉的宾夕法尼亚得克萨斯公司的过程。收购来的子公司很快得到充足的经济支持，然后，卡尔先生解释道，“公司的形象塑造计划全速推行”。公司改了名字，还安排了一系列昂贵的报纸广告。新公司在以色列以禄港建立的海水淡化工厂便是这个公关项目的高潮，“典型地体现了研究和开发在树立公司形象时的重要性……以色列从《圣经》记录的时代开始，就和‘让沙漠开满鲜花’这个概念联系在一起，而费尔班克斯·莫尔斯在制造水泵和其他水处理器械上有上百年的历史，这两者在海水淡化上是天然的合作伙伴”。卡尔先生总结道：“美国业界越来越清晰地意识到，企业形象管理成了与财务、运营和工程一样重要的管理职责。”但他还警告道，“塑造形象必须符合事实，不能随意幻想。这才能够让公众接受。”

无论是事实还是幻想，形象成了最重要的东西。制造它的目的就是要让它盖过事实。美国生活成了形象的陈列柜，成了僵硬的伪事件的舞台。

二　形象的语言

现代形象和形象思维取代了基于理想的思维方式，两相比较，更能清楚地看到形象的古怪和形象思维所导致的后果。英语单词image来自拉丁语*imago*与*imitari*，意思是“模仿”。根据常见的美国词典的定义，形象指的是任何对象，尤其是一个人的外在形式进行人为的模仿。

现在，形象取代了理想。但理想相比之下更难定义。我想，现在的我们可能会说，理想是个老套的词语、过时的概念。“理想”和“观念”有一些关系。我们的词典把它定义为一个概念，描述的是某种事物最卓越或最完美的形式——某种只存在于思想中的东西。

“理想思维”和“形象思维”之间的差别，就是我们在图像革命前后思维方式的差别。理想和形象相反，不是人造的。当我们思考理想时，我们想的是一种成型的东西。它由传统、历史或上帝创造。它是完美的，但没有经过简化。它不暧昧（或在完全不同的意义上暧昧)。它所启示的信息并不消极。理想是我们积极追寻的东西，而不是我们去适应的东西。可信度与理想毫无关系。宽容、公正、平等、仁慈，从来没有任何人或社会能够达到这些词的境界，但这丝毫无损于它们作为理想的地位。理想之所以被人需要，正因为它们在形式上的完满让人难以相信。

形象是为我们所有的东西。它必须满足我们的要求。形象是手段。如果企业形象或某人的形象没有用，那就舍弃掉，另一个形象可能更合适。形象量身定做，完全符合我们的要求。而理想对我们有所影响，它并不为我们服务；我们服务于它。如果我们无法追求理想，我们会认为这是自己的问题，而不是理想的问题。

在 19 世纪，强大的历史潮流同时推动了形象的崛起和理想的衰落。图像革命使得形象变得数量更多、更为多彩。通过使用新机器，制造出面孔、身材、声音、风景和事件的复制品，并使用新的机器散布这些复制品。利用报纸、杂志、廉价书籍、电话、电报、留声机、电影、广播和电视。美国的大规模生产和制造系统源于一个半世纪以前，它的基础就是可替换零件这个革命性的想法。史上第一次，每一把毛瑟枪、每一座钟或每一把锁都遵循同一种设计。模具和钻模、卡尺和机械工具，以及成千上万种改进，使得每个部件都与同种部件没有任何差别。支持并激发这一切的，是不断发展的广告、不断扩张的市场，以及争夺市场份额的竞争——在这个社会中，有余力购买这些产品的人也比历史上任何时期要多。

于是，人们努力地制造表面上的差异，因此催生了广告的繁荣。竞品之间越来越毫无差异，相异之处越来越不明显。现代广告之所以首先在啤酒、肥皂和香烟市场兴旺发达，这是其中一种解释。这些不同品牌的商品之间无法简单根据外形或功能区分开来。于是，要分清每一个品牌的商品，就必须把它们分别与某个独特形象联系起来，更准确地说，“被纳入”某个形象中。像阿尔伯特 · D. 拉斯克这样的广告大师就精于此道。与此同时，品牌数也与日俱增。品牌基金会（成立于 1943 年）会员在 1959 年已几近上千——这些企业专注于制造或推广全国范围的广告产品。基金会主持了“普及活动”，宣传商标及品牌广告的益处和功效。各种品牌成了家喻户晓的词语。他们是美国的财富、美国的民主与美国的科技进步在图像革命时代留下的纪念碑。

下一步很显然就是从“品牌名”进展到“名牌”，这才刚起步，这个词还没来得及进入词典。“品牌”一词作为商标同义词的用法早在 1827 年就进入了英语语言。在美国用法中，“品牌名”这个词组让人注意到的是某个商标为私人所有，只有某个公司被授权以此命名它的产品。但“名牌”这个相对来说较新的表达关注的是“名气”，而不是产品本身。在一个名人与畅销品的时代，用这个方式让产品脱颖而出，再自然不过了。

生活节奏快，人们跨越美国国土的速度也越来越快，早在 20 世纪来临前就已如此，这让能够快速给人留下印象、吸引力强的形象更具优势。他们为速度带去了新的解释。围绕注意力的竞争令吸引关注越发重要。诞生于美国的“广告牌”（billboard）一词在 1851 年被首次使用，那时正当图像革命早期。20 年代到 30 年代汽车的崛起和高速公路的进步，以及随之普及的广告牌成了新的推动力，催促人们制造能够在一瞬间抓住眼球、留下深刻印象的形象。报纸杂志数量的增加和规模的增长也同样起到推波助澜的作用。如何创造令人难以忘怀的形象，即使人们只是在翻动书页时瞥到了它一眼？一切因素都指向一个终点，即创造并完善无法躲避、无法忘却的形象，把观者生拉硬拽地引向适于销售的产品。

为了传播并接收这些形象，各种各样的工具随之涌现。高速印刷机、摄影、大规模发行的杂志、电影、广播、电视。在所有人的意识中，形象的重要性前所未有地增加。人类制造不可磨灭的形象的能力超过了《圣经》时代最邪恶的想象。形象的数量不断翻番、内容不断丰富的同时，理想也消解了。

理想变得“老土”（corny）了。“老土”这个词现在常常用来指代直截了当的理想宣言，在1935年前后开始被人使用。这个词衍自“苞谷味”（corn-fed），特指美国南部乡村音乐或过时的音乐。起初，它指的是1925年之前的风格，但后来用来描述任何陈腐、平庸或故作伤感的表达［50年代逐渐被“古板”（square）一词替代］，常常被用来描述图像革命前那个时代最为人熟悉的那种天真朴实的追求。强大的新思潮让我们朝这个方向走得更远，不仅仅是某种理想，就连理想这个概念本身，也变得老土了。

一整套新的词汇开始主宰人们对目标和动机的思考。“合理化”一词在20世纪的新用法就可充作例子。它有了个新含义，指捏造一个表面上合理或“理性”的解释，用以充作某种行动或信念的借口。很快，它就成了一个放之四海而皆准的标签，描述所有人在为自己的行为辩护时对真实动机避而不谈的习惯。把某种东西斥为一种“合理化”，就成了哲学上的盘尼西林——外行人应对他无法理解或不愿认真对待的论点时使用的万灵药。在卡尔·马克思的影响下，美国和其他国家的人把哲学看作掩盖经济利益的烟幕弹。我们被告知，理想不过是节节败退的资产阶级口中的教条。西格蒙德·弗洛伊德随后提供了一套更为精妙的工具，用以解释为何人们不真正相信自己嘴上说的道理。这一切都导致了对理想的不信任，而后是理想的衰落。知识分子比其他人更甚，为讲述或思索理想而感到惭愧。比起评判一个人是否符合形象，使用完美的抽象标准评判事物看起来很幼稚。

我们扭转了思考形象和理想之间关系的传统方式。我们不再认为形象只是理想的体现，转而认为理想只是形象的投射或普遍化。有人告诉我们，我们的理想父亲不过是我们亲生父亲形象的投射——体现出他所拥有的特点和他所缺失的部分。我们于是对理想这个概念本身失去了信心，它不过是抽象的结果。对于所有人都可以追求的完美标准，我们失去了信任。

理想曾经为研究历史、著述历史与社会研究赋予了形式。美国历史学家曾经十分着迷于理想。弗朗西斯·帕克曼生动描述了法英在北美森林争夺殖民帝国时天主教与新教理想之间的冲突。乔治·班克罗夫特认为，为了独立与宪法的斗争是追求理想的斗争，追寻的是独立、民主与新的国家。其他社会学者关注其他理想：平等、和平与公正。但在20世纪，新社会科学收集统计数据，用基准、模式、中位数与平均数来解读，在美国，这一趋势或许比在其他国家更强。到处都兴起了收集事实的风潮，数学也被巧妙地应用在社会数据上，催生出新的归纳模式。这催生了更为深刻的、基于“事实”的对理想的不信任。

社会科学家不再关注曾让老一派人文历史学家着迷的独特事件。相反，他们自己建构起形象。这很快主导了受过教育的美国人看待自己的方式。美国人试图让自己符合前沿的经济阶级和地位的社会科学形象。社会科学家依照模态形式建构这些形象。在统计学中，“模式”指的是最频繁重现的一种或一类现象。历史学家发明出“边境居民”（特纳）、“动产主”（比尔德）、丧失地位的进步改革者（霍夫施塔特）等概念。社会学家于是得以描述乡村居民、郊区家庭主妇（登上了《时代》封面的英雄形象）、科学家、小生意人（住在米德尔顿）或初级经理人。人文历史学家追求的是个体化的肖像。新的社会科学历史学家制造的则是群体的滑稽漫画。通过各种普及手段，这些滑稽漫画成了个体被期望融入（也常常试图融入）的形象。

过分简化的社会学概念——“地位”“他人导向型”等——之所以吸引人，是因为在构建形象上有大用。这些具有广泛吸引力的“模式”体现在占主导地位的规范和平均结果中，让我们不知不觉地试图迎合它们。我们试着发掘身为初级经理人或初级经理人妻子到底是怎样的体验，好实实在在地达到我们该有的样子，换句话说，达到我们早已经是的样子。在最糟糕的情况下，天真地强调理想只是诱使人们不切实际地追求抽象的完美标准；而对模式和形象的强调如今则诱使我们追求自己的影子。

每个时代都有自己特有的迂回累赘的表达，它们不经意间体现出对主导信念的顺从。贵族时代充斥着关于等级的词语：老爷、太太、主子、阁下、小子，不一而足。在宗教时代，语言中则点缀着“赞美神！”“上帝保佑！”这样的话。

我们的时代也以同样的方式透露出对形象的顺从。所有人都希望能有讨喜的“个性”——而我们的所谓个性则是能够吸引注意力的自身形象、我们行为的形象。在我们口中，每一位总统候选人所追求的并不是改善选民对他的看法，而是要改善公共形象。肯尼迪政府的内政部长斯图尔特·L. 尤德尔在 1961 年初上任时提出了复杂且有点自相矛盾的目标，让人一头雾水——（a）他持有强烈的民主党立场，（b）他下决心要让政府鼓励作家和艺术家。华盛顿的记者并不是这样表达的。相反，他说的是这位部长“制造了两种自相矛盾的名声”，该报道的标题是：“尤德尔打造双重形象”。根据报道，在1961年夏季的美国医疗协会年度会议上，医生在讨论中表示，他们忧心于该协会的公众形象；他们敦促“简化组织结构，改善形象”。《纽约时报》驻伦敦记者向我们解释，当杰弗里·弗朗西斯·费舍尔博士从坎特伯雷大主教之位退休时，他“作为英国教会的首要‘形象’长达十六年”。美国新教教会，据某牧师的说法，“表现得很糟糕”：新教的形象并不符合它该有的样子。

1960年总统选战期间，费城《询问报》的编辑决定撤销诺曼·文森特·皮尔博士的专栏，原因是“他处理这次总统选战中‘所谓宗教问题’的方式”。他们在报纸头版宣称，在此之前，他们都把皮尔博士的每周文章看作是“非宗派性的，对所有信仰的男人与女人都有强烈的启发性。我们非常遗憾皮尔博士损害了他的公众形象”（1960年9月13日刊）。当美国研究协会的学者筹划系列论文，研究美国人的自我看法时，他们把自己描述为“研究各种各样的美国形象的学者”。一位杰出历史学家在看完这本厚重的论文集后，指出“美国人试图紧紧抓住他们国土上某种共通的形象”。我们说大学对自己的“形象”定位有问题；或公众眼中它们的“形象”并不得体。我们还读到，广告业自身正在推动一个项目（由费城《每日新闻报》出版人戈登·切尔夫发起），针对的是普罗大众，希望以此“提升广告的形象”。

广告和公关所经历的异乎寻常的发展，以及所有人对伪事件与形象贩子愈加强烈的依赖——与高高在上者的陈词滥调相反——若是说反映了愈发增长的浅薄，并不准确。相反，在这些事物所描述的世界里，形象由于比原型更有趣，因而代替了原型。影子成了真实。广告业者、工业设计师以及包装工程师并不是在瞒骗公众。他们只是形象的侍从，我们所有人都是。他们阐发形象，不仅仅是因为形象大有销路，也因为形象正是人们想买的东西。

对于不熟悉我们生活方式的人来说，我们的语言可能会显得非常烦冗古怪。在这个世界里，人们不谈论事物本身，却谈论它们的形象！然而，正是通过这些烦冗的语言，我们无意间表达了心底最深处的无言信念。我们相信世界是可塑的。我们相信多姿多彩的表现形式比单调无趣的现实更好。我们的语言显得很不直接。在我们的时代，所有人都在用一个可怕的陈腐说法，“从……角度看”。但这并不是没有道理的。因为在我们的时代，老一套的直接说法在我们的体验中变得不准确而且虚假了。当形象比原型更丰富多彩时，我们自然就会更喜欢谈论更精彩的版本。比我们对总统候选人的看法更重要的，是我们对他“公共形象”的看法。我们投票给他，是因为他的公众形象符合我们对白宫主人的期望。比一台真正的别克汽车更重要的，是我们眼中别克汽车的形象。别人卖给我们的是别克的形象，我们买下和享受的，是别克的形象和我们融入这个形象时的感觉。因此，形象的语言其实并不烦冗。只有这种简单的方式，才能描述到底是什么主宰了我们的体验。

三 广而告之

体现形象思维之崛起以及它对理想的替代的重大迹象，自然是广告的发展。没有什么比广告更广泛地遭到误解。我们不敢承认欺骗我们的可能就是我们自己，便紧张地找一个替罪羊，把欺骗我们的罪过怪在它头上。“麦迪逊大道”“公关”“组织人”，诸如此类的词都成了替罪羊。我们拒绝相信广告业者最多只是我们的共谋，帮我们制造欺骗自己的幻象。在道德的义愤中，我们渴望找到那个制造了我们的过度期待而又不能满足它的罪人，轻视了广告业兴起带来的影响。我们以为广告带来了更多的虚假，但其实它重塑了我们对真相的把握。

从它在现代美国出现之日起，广告就是典型的伪事件。它是“制造新闻”的原型。当广告不再只是不断天真地重复描述待售的服务或产品时，当它受到策划，被人为赋予新闻的味道时，美国广告业便迈进了现代。当广告不再是自然而然的宣告，成了“制造的新闻”时，现代广告便出现了。詹姆斯·戈登·贝内特在 1835 年 5 月 7 日创立纽约《先驱报》，每日发行，一份一美分。这位现代美国新闻的先驱摒弃了老一套的“长期广告”，开创了新时代。在此之前，商业通告是一成不变的；有时，一个版本可以持续用一年。这种固定广告实际上是报纸广告栏目要求的结果。这种广告显然无法给读者带来任何有新闻价值的东西。为了让广告像《先驱报》上其他内容一样有新闻价值，贝内特在 1847 年宣布他不会接任何持续两周以上的广告；然后在 1848 年，他推行了新政策，不接受任何超过一天的广告。这要求广告商每天调整广告内容。贝内特的儿子继承了他的职位，成为《先驱报》编辑，也表现出同样的热情和才能，不断设计新法子给报纸本身打广告；比方说，他把斯坦利派去非洲，去寻找利文斯通的下落（1871年）。[1]

广告的新闻价值逐渐提升，这有赖于三个方面，美国生活标准的提高、人们期待的提高以及文案越来越精彩的巧思。读者喜欢被讨好的感觉，他们知道大量金钱、时间、努力和技艺被投入广告，专为他们制造伪事件，他们十分享受这一切。《晚报》自命不凡地把自己定位为“无广告”日报，成立于1940年，寿命很短。这份报纸之所以失败，部分是因为读者怀念广告新闻，他们对此习以为常。市场研究基金会1940—1950年间读者兴趣统计研究指出，人们对广告越来越感兴趣。研究发现，读者对广告似乎有着与普通新闻和编辑特稿不相上下的兴致。后来，最成功的（也即最吸引人的）新闻报刊就是广告最多的新闻报刊，这成了美国报业的常态。《读者文摘》一向是个例外。但1954年11月，通货膨胀与日渐高涨的费用令华莱士决定在杂志中加入广告，以避免提价。《文摘》承诺只会刊登“一般而言读者非常感兴趣”的广告。三年的经验支持了《文摘》官方历史学家的结论：“美国人喜欢广告。他们希望在杂志里看到广告。他们把广告当新闻看。他们注意广告的存在，希望从中找到刺激和新意……当《读者文摘》在1955年开始刊登广告时，它因此成了更完整的杂志，具有了更大的价值。”这话不仅仅是在说没什么比成功更成功，它同时还指出了一个先前并不放之四海而皆准的道理：公众乐于见到越发充足的广告“新闻”。

---

[1] 1871年3月，《先驱报》独家记者亨利·莫顿·斯坦利抵达非洲寻找英国探险家兼传教士戴维·利文斯通，此时利文斯通已与外界失去联络达六年之久。11月10日，斯坦利在坦干依喀湖畔与利文斯通相会。

成功的美国广告业者知道要如何制造新闻。一位臭名昭著的先锋就是P. T. 巴纳姆（1810—1891），直到现在，广告学课本还把他奉为第一位大规模运用各种现代宣传手法的实践者。他是制造伪事件的天才，不过他所制造的事件有许多都太粗糙，以至于无法在今天打动我们。他甚至用自己对待广告的态度来制造新闻。“我完全理解广告艺术。”巴纳姆在传记中吹嘘道，“不仅仅是指那些印刷了油墨的纸头，这种广告我用起来一向毫无顾忌，而且确实也依靠它们大获成功。除此以外，我还能把任何能利用的情况都利用上，从中获益。”1835年，他向公众展示乔伊斯·希斯，并在广告中声称这个黑人老太婆活了一百六十一岁，曾经是乔治·华盛顿的护士。那之后的一段时间内，他每周都能从她身上赚一千五百美金。他的下一步行动显示出他制造伪事件的高超技巧。他抨击这整个把戏只是个骗局，而这让他更加名声大噪。“其实，乔伊斯·希斯不是人类。”他在登报文章中写道，“……只是以奇妙方式制作的机器人，材料是鲸鱼骨、印度橡胶和巧妙组合在一起的弹簧，即使是最轻巧的触碰，都能让这个装置随之移动，完全符合操纵者的心意。操纵这个装置的是个口技演员。”希斯死后的尸检显示她的年龄在八十岁上下。而后巴纳姆又炒了一波热度，把她的尸体埋葬在自己的家族墓地里；他写了一系列文章揭露这场骗局，并再度表明了自己的诚意。

1841年，巴纳姆买下斯卡德美国博物馆，馆里藏有一系列个人收藏的稀罕玩意儿，需付费参观。这座博物馆一度颇有名气、相当赚钱，但那时已处在亏损中。当巴纳姆告诉朋友他打算买下这座博物馆时（出价一万五千美金），这位朋友震惊地问道：“你准备拿什么付这笔钱？”“厚脸皮。”[1]巴纳姆回嘴道，“反正金银我是没有的。”他增加了展品，种类也增多了，每种展品的展示期都很短，根据他自己所列举的项目，展品包括“有教养的狗，勤劳的跳蚤，机器人，杂耍艺人，口技演员，活雕像，舞台装置，吉普赛人，白化病人，胖子，巨人，侏儒，走钢索的人，活的扬基人，童话剧，器乐演出，各种各样的歌舞演出，西洋景，全景画，尼亚加拉河、都柏林、巴黎和耶路撒冷的模型；汉宁顿的西洋景创作，包括创世记、大洪水、仙女洞、海上风暴；国内第一场英语木偶戏，意大利傀儡戏，机械人像，精彩的吹玻璃表演，缝纫机，还有其他机械艺术奇巧；渐变图像，在舞台上表演战争和宗教仪式的美国印第安人——这些展览和表演以及许许多多其他项目，都大获成功”。巴纳姆美国博物馆很快成了纽约最火热的观光景点之一。

为了宣传这家博物馆，巴纳姆发明了著名的“砖男”——这个完美但有些粗糙的例子显示出“伪事件”和广告之间的关系。巴纳姆雇用了一个矮胖而健壮的男人，每天付他一块五，给他五块砖头。他让这个男人把四块砖头分别放在美国博物馆周围的四个指定位置上。男人要把第五块砖拿在手里，并且快速地在这四块砖之间来回奔跑，不断用手里的砖块和地上放的那块交换；他就这样不断地绕圈子。然而，每小时的最后十五分钟，砖男就会走进美国博物馆，花十五分钟肃穆地看完每个展厅，然后再继续工作。每一次，都会有十来个、甚至更多人跟着他走进展厅，想知道他为什么要这么做。他们的门票钱加起来付这男人的工资还

[1] 原文为brass，意为黄铜，同时还有厚脸皮的意思。

有剩。警察之后（知道内情后）批评了这个做法，说围观群众堵塞了交通，要求巴纳姆把砖男叫回去。“这件微不足道的小事，”巴纳姆回忆道，“引起了相当的讨论和乐趣；它给我打了广告；而且它还实实在在地实现了我的目的，让博物馆附近热闹起来。”

巴纳姆的一大成功事迹是他那条美人鱼。博物馆外的画像上是一个迷人的、半女人半鱼的生物，大概有八尺长。带图传单描述了她在太平洋岛屿上被抓的过程。这个标本据说由格里菲斯博士代表伦敦自然历史学院买下。巴纳姆让这位“格里菲斯博士”（实际上是巴纳姆的助手，名叫莱曼）把它带到音乐厅，在纽约科学家面前展示。实际上，展品只是做过防腐处理的猴子脑袋接到了一条干鱼上。“公众似乎满意了。”巴纳姆回忆道，“但有些人总是会死板地理解一切，甚至对美人鱼也不愿意放宽一点诗意的空间，偶尔会有些游客在看过墙上彩色玻璃画里那个半人半鱼的美丽生物之后……会对这个几岁小孩都可以轻易夹在手臂下带走的、发黑的干猴子干鱼标本感到惊讶。”巴纳姆另一个成功的展览品是拇指汤姆将军，这个五岁的侏儒在1842年感恩节第一次展出时，身高不足六十厘米，体重十四斤半。他第一年内就吸引了超过十万名参观者；还有“瑞典夜莺”珍妮·林德，真名叫奥托·歌德斯密特太太。据宣传，她每场演出的报酬是一千美金，据说她把所有酬金都捐给了慈善组织。1871年，巴纳姆在布鲁克林举办了第一场“世上最佳表演”。在那里，以及在巡演途中，他展示了无数奇人怪物，其中还有一头庞大而温柔的非洲象，名为“珍宝”，在广告中被称作“世界仅存的乳齿象”[1]。

---

[1] 乳齿象是一种形似猛犸象的古生物，约在一万年前灭绝，

与大多数人的认知相反，巴纳姆的伟大发现不在于欺骗公众有多么容易，而是公众有多么享受被骗。如果他们能看到骗术的内幕，就更高兴了。他们见有人用这么巧妙的法子来骗他们，很是得意。巴纳姆声称他那些“哗众取宠的玩意儿”都是正当的，只要偶尔“混入我所提供的伟大的真实就好。‘骗子’还有‘骗子王’这些名头一开始是我往自己头上套的。我把这些称号变成了‘商品’的一部分”。巴纳姆在传记《奋斗与胜利》（1854年出版，同年，梭罗的《瓦尔登湖》出版）中以令人敌意尽消的坦诚和精准的细节描述了他的所有行为。这本书很快成了畅销书。

巴纳姆可能是第一个伪事件大师，精通捏造事件的方法，让它们得到广泛而生动的报道。当他的马戏团在冬季遭到火灾，他宣称保险只能补偿经济损失中的很小一部分，从而让关于此事的新闻成倍增长。报纸对他的说法表示怀疑，他却对此毫不在意，有关保险的争端本身就为他提供了大量的额外宣传。非洲象“珍宝”在火车事故中丧生后，巴纳姆称它之所以丧生，是因为牺牲自己去救一只小象宝宝；他随即引进“爱丽丝”，称她是珍宝留下的遗孀，让它站在“亡夫”的填充标本旁边。巴纳姆是图像革命时代开端的双重象征：他制造了大量伪事件，并因此成为名人。

广告才能和制造新闻的才能由此联系在一起。阿尔伯特·D.拉斯克是20世纪的广告大师，他曾说，所有好广告的特征就是与新闻相似。

然而，广告有一个特性是其他单纯的“制造的新闻”这类伪事件不具备的。虽然任何伪事件——比如说采访——都是为了被报道而生的事件，但广告不仅仅告诉人们发生了某件事，还指出这是件好事。广告一般会制造一个形象，以说服人们某产品值得购买。它将伪事件和伪理想结合在一起。伪事件必须具备很强的新闻价值，而伪理想必须有强烈的吸引力。

广告的吸引力中很大一部分来自它为满足我们的过度期待而付出的努力，我们所有人对此都十分欣赏。广告的深层问题不太在于我们的“骗子”不择手段，更多地在于我们享受被欺骗；不太在于引诱他人的欲望，更多地在于被人引诱的渴求。图像革命提供了新的体验类型，简单地依照旧有的常识来判断真伪再也行不通了。

四　要可信度，不要真相

我们急切而真诚地攻击广告，我们畏惧广告，我们无法把广告纳入我们那过时的、熟悉的体验分类系统——这一切都让我们无法意识到，广告那无处不在的重要地位其实是我们对于知识与现实那不断变动的把握的试金石。我们对广告的态度可与 18 世纪英国及美国对待精神错乱和精神障碍的态度相比。由于无法理解疯癫，理智而体面的伦敦人在疯子身上看到了败坏和邪恶，给他们铐上锁链，把他们关在精神病院里，用鞭子惩罚他们。疯子不再被当作半是巫师、半是罪犯的对象看待，要晚到 19 世纪末至 20 世纪初，到那时，内科医生、精神科医生和精神分析师才帮助人们意识到“疯子”承受着精神疾病的折磨。公众理解要向前迈出一大步，必须等人们意识到“疯狂”和“变态”——歇斯底里、偏执狂、精神分裂等等——只是我们每个“正常人”身上都会有的倾向的极端案例。对“疯狂”的这种理解逐渐帮助我们加深对自己的认知。

广告也一样。我们一头雾水，满腹狐疑，诋毁麦迪逊大道上的“巫医”。就是他们，我们说，就是他们想把我们扯进他们混乱想象的碎片之中。他们向我们撒谎；他们违背我们的意愿而说服我们。我们指责他们，于是无法看清他们的活动向我们揭示的关于我们的真实。自图像革命以来，形象的不断增殖对我们的想象、对我们心中关于逼真的概念、对日常经验中冒充真实的东西，都产生了革命性的影响。

这一切可以概括为如下转变：大众经验不再强调“真相”，转而强调“可信度”。我们所有人——不只是麦迪逊大道上的巫医，而是所有美国公民－消费者——日渐不再关心事情的真假，转而关注相信某事物是否便利。如今，真相的掌控者不再是事实的掌控者，而是从事自我实现的预言这门艺术的人。重要的不再是真相，而是逼真度。在这个新世界里，几乎所有东西都可以是真的，受到社会褒奖的艺术就是让事情看起来真实的艺术。这不是发现的艺术，而是发明的艺术。找到事实很简单；让人们“相信”事实则更难一些。人们最努力去做的并不是实现梦想，而是实现幻觉。上帝让我们的梦想成为现实，技巧高超的广告人呈上我们的幻觉，然后让它们显得真实。

美国的实用主义传统——从本杰明·富兰克林（他认为宗教是否真实并不重要，重要的是信仰是否带来好的结果）到威廉·詹姆士（他探索了“信念意志”的结果，并探寻人们所信仰或想要信仰的东西如何掩盖了“现实”世界中可能存在的事物）——这一传统体现出对事物表象的强烈兴趣。

美国人越发在意可信度，一种解释是图像革命所带来的简单悖论。这场革命使世上的形象数量倍增、内容鲜活，但我们所体验的这个世界，其可见的轮廓在总体上却没有因此变得更加锐利或清晰。事实恰恰相反。为了让世界不那么难以捉摸，为了紧紧把握住它，我们有意制造出世界的摹本，但却被它带到了一个模糊不清的新世界——何其讽刺！我们把自己的形象变得清晰锐利，却因此而模糊了所有体验。新的形象混淆了传统的区别。

旧有的区别中最清晰确凿的是“真”“假”之分，但现在它不像过去那样有用了。善意的批评家（包括许多广告业人士）称问题在于虚假广告，但他们所炮轰的目标早已过时。很少有广告商谎话连篇。有实力的广告公司内部有着最为诚挚的伦理。若广告是谎言，它就不会如此轻易地通过报纸杂志、广播电视传播。人们也不会如此热切地相信它们。广告的“邪恶影响”如果只是由谎言造成的，那便能轻而易举地解决。更深层的问题远在别处，从某个方面来看，可以说与之完全相反。广告使我们的日常生活陷入迷雾，问题不在于它特有的谎言，而在于其特有的真实。在20世纪的美国，图像革命的整个装置使得日常的真相带上了全新的晦涩、缤纷与暧昧。

1913年广告界人士在早期行业大会上通过决议，即所谓的“巴尔的摩真实宣言”，承诺“广告追求真实”。其后，这句话成了美国广告联盟及其地方附属协会的标语。当年，广告业人士赶赴这场历史性会议时，迎接他们的“真实”一词，就亮在当时巴尔的摩最大的一块电子广告牌上。整体而言，广告行业从此便危险地按照字面意思固执地遵循着这一信条。广告行业建立在“真实”的基础之上，但它之所以存活，却是靠着给“真实”赋予新含义的力量。

最成功的广告声明呈现出几种与众不同的魅力。这些魅力既是我们过度期待的原因，同时也是它的结果：是形象制造过程中的产品及副产品。它们最初出现在广告上，但现在已遍及所有体验。如今，自然模仿艺术，黄石公园的间歇泉给我们奉上观光节目，同样，我们的体验如今越来越向广告靠拢。伪事件，或看上去像伪事件的东西，鲜少落得下风。

（1）非真非假的魅力。大部分广告陈述存在于这个新的模糊地带。因为现代体验最近才发展出的暧昧特征，无法用认识论的老套语法对广告加以剖析。全新制造工艺的复杂性、可被设计成生动形象的新模糊性、形象与本体间新生的不确定关系（这张是真实的照片吗？）——这一切都把“这是真的吗”这个简单问题变得像马车一样落后于时代。在这里，一度单纯的“原型”概念同样模糊了，可望不可即，近似于无意义。

于是，广告商的艺术大体上成了说服人的艺术，他的说法既不真，也不假。他没有违背有关诚实的传统道德。相反，他就像新闻人一样，回避了这一点。并不只有广告成了捏造和幻觉的混合物，实际上，整个世界都变成了这个样子，广告中的暧昧与幻觉只是问题的症状。和其他伪事件相比，广告并不更加虚假，也不更加真实。仅需几个寻常例子就能说明这点。

最为人所熟悉的一个例子就是“更好的啤酒”这句广告，它没有明确所指的比较对象。只要不是世上最糟糕的，所有啤酒都能这样说。

克劳德·C. 霍普金斯是美国广告业的先驱之一，接下喜立滋啤酒的广告委托时，他为做准备工作而尽己所能地了解了酿酒过程中的所有知识。在考察喜立滋啤酒厂时，霍普金斯发现酒瓶在灌注前会先用新鲜蒸汽净化，这激发了他的想象力。他策划了一整套广告计划，其核心是喜立滋啤酒十分纯净，因为酒瓶都经过蒸汽消毒。喜立滋品牌很快从全国销售排名第五跃升到接近第一。他所说的当然绝对正确。消费者对啤酒制作工艺了解不多，不知道每个有些档次的牌子都是这样灌装的。喜立滋使用新鲜蒸汽，它的竞争者也一样，但前者比后者更深入人心。霍普金斯打造了他所要的伪事件，搞了个新闻。这一事实对于任何一个本身有些名气的啤酒品牌而言也是“真”的，但这苍白的真相却在伪事件举国皆知的崇高地位面前黯然失色。竞争者不敢吹嘘同样的特点，担心让自己看起来像是在模仿喜立滋。喜立滋于是继续作为用消毒啤酒瓶灌装的“唯一”品牌大卖。这广告所说的是确凿无疑的“事实”，然而，在被当作伪事件吹嘘后，它只能算是准真相。凭借这一点，它盖过了单纯的事实本身。

好彩香烟之所以销量大好，只因为抢先用了“烘焙而成”[1]这一口号。烟草当然烘烤过！每一个美国牌子的香烟都一样。很快，好彩香烟的销量达到每年近六十亿支。

包装食品、药品与化妆品不断扩张的市场中充斥着这种准信息。牙膏“经过氨化”，生发油含有“羊毛脂”——有个牌子甚至含有“胆固醇，羊毛脂的核心成分”。当然，这些产品确实含有其宣传的成分。广告商实在太诚实了，甚至愿意给产品添加某种化学成分以实现完全诚实的宣传。

在被塑造成伪事件的过程中，广告语被赋予了独有的、似是而非的真实——同时还带有遮天蔽日的生动。这些广告场景所需

[1] It's Toasted 中的 toast 除作烘烤之意外，还有祝酒、干杯之意。

要的，与其说是可以验证的事实，不如说是可信的说法。要可信，就必须要“真实”；但若无“谎言”，其诱惑力也就无法存在。而作为伪事件，它们当然都有着相当好的名声。

（2）自我实现的预言的魅力。图像革命赋予了广告业者——还有造新闻的人、造星的人、旅游中介、电影导演、DIY 摄影师，以及我们所有人，通过数千种全新的方式——前所未有的力量，能够让事情成“真”。上文提到，我们如今有着这么多困惑，很大程度上是因为广告商坚持只提供“真实”说法。他们尽可能地拐弯抹角，利用最巧妙的策略，只为获得有说服力的可信度；在日常生活中，我们往往把这种可信度当作真实。成功的广告人精通这种新艺术：通过说某物是真的从而让它成真。他信奉的是将自我实现的预言作为方法。

一个基本的例证就是担保代言广告，这种广告在 20 世纪得到长足发展。就连在法律惯例中，也将用以促进销售的广告语称作“吹捧”，并享有广泛的自由。一项夸张宣传，即使其措辞并不准确真实，法律也不必然支持对其提起诉讼。现代广告的巧妙智慧很大程度上源自他们对传统界限的拒斥；取而代之的是，他们强行制造出一些事实，好让另一桩没什么可信度的事显得像真的。

某人称赞某个产品或使用某个产品，这是非常直截了当的声明，但却成了最有趣的伪事件之一。它从最简单的事实宣告，变成了制造暧昧的标准手法。曾经，还有什么声明能比某人，比方说联邦调查局局长 J. 埃德加 · 胡佛先生，用了某某商品更直接呢？现在，这种声明背后的商业价值，加上著名广告公司对诚实的坚持，给一个简单陈述句加上了如此多微妙的言外之意。我们可以在威廉·M. 弗里曼的《大人物》(1957) 一书中读到对此的陈述，这本手册中的实用建议教人如何弄到可信的担保声明，以及如何把它们用在广告中。代言成了一项有利可图的专门生意。贩卖响亮名字的商人则把它变成了一门大买卖。

朱尔斯·阿尔贝蒂是代言股份有限公司的总裁，该公司专注于给广告商和代言人牵线。据他说，这门生意变得十分兴旺。在 1945 到 1957 年间，他观察到：

> 共有约八千位名人在所有媒体形式上代言产品，其中包括电视，代言的产品约有四千五百种。产品包括服装、家用电器、化妆品、饮料、食物、香烟、珠宝、汽车等。撮合代言委托的中介公司约有一千四百家。十二年间，代言广告的媒体空间与时间成本价值远超七亿美元。其中，约有百分之一的花费是付给名人的酬金。

鲜有人只靠出卖名字或肖像做代言而出名的。但即使是这种情况(在名人的世界里并不矛盾，因为名人是因他的名气而出名的人)，偶尔也确实会出现：比方说戴着眼罩的哈撒威衬衣男士；怡泉汤力水代言人，满脸胡子的怀特海指挥官；露华浓指甲油及唇膏的迷人“冰火”模特；还有莱茵黄金小姐。代言这门生意买卖的一般是已经以某种方式出了名的名人（比如说电影明星、著名运动员和选美皇后)。

策划代言所需要的技巧几乎相当于策划有新闻价值的采访，或策划任何成功的伪事件。如弗里曼所说，在某种程度上，关键在于“选角恰当”——把正确的产品配给正确的名人。“当然，名人不一定要用过这款产品。”弗里曼解释道，“对于家家都有的产品，比如空气净化器，就应该请明星的家政人员来代言。如此制作的广告应该说，‘这个产品是好莱坞明星夫妇家里用的那款。’一般说来，明星自己是不知道家里用了哪款产品的，如果作担保的是明星所雇的人，那就更有可信度。”

爱德华·卡罗尔指出，“错误选角”的危险相当大。他是宾州艾伦镇赫斯兄弟百货公司的销售经理，该百货因其先进的销售方法闻名。他提出，不加区分地用漂亮女孩推销所有商品是错的。“睡眼惺忪、诱惑迷人的模特不应该在广告里举着锅盆。马乔里·梅因这种模特适合卖锅盆，而看上去像玛丽莲·梦露的服装模特则适合卖泳衣。任何诚恳的广告商都不会在广告上给平底锅标价一块九毛五，等顾客来了店里，商品却卖两块九毛五……那就是赤裸裸的误导。让美丽诱人的玛丽莲·梦露类的模特在广告里拿着拖布，站在典型的家庭厨房里拍照，也是同样道理。让玛琳·黛德丽这样的模特在厨房里忙活、让艾娃·嘉纳这样的模特举着吸尘器，也是一样的效果。后一种广告应该让斯普林·白灵顿这样的模特来演。”恰当与否的判断通常非常微妙。卡罗尔先生对玛丽莲·梦露本人的建议是，虽然她可以完美代言泳装、无肩带露背晚礼服、女士便服、钻石以及皮草，但不应该“出演”内衣裤广告。如果代言了这种广告，就会牺牲可信度，因为，如他所说，梦露小姐公开说过不穿内衣裤。

经验和诀窍对搞定代言很有帮助。有些名人是没法搭上的，或只会代言某些特定产品。比如说，驯狮者克莱德·比蒂不会给任何与酒精有关的产品做代言；在电视剧里饰演外籍军团加兰特上尉的巴斯特·克拉比不会代言任何他觉得不好或不健康的产品；吉恩·奥特里，罗伊·罗杰斯和另几位名人的主要受众是青少年，他们就不愿意代言香烟或任何不适合年轻人的产品。

代言经纪人手里有一张最受欢迎代言人的名单，将名人的领域以及适合某名人的产品分门别类。几乎所有名人的名气都可以联系到某产品、服务或组织。在美国“上流社会”的衰落史中，克里夫兰·艾摩利指出，新时代的开启正是第一位真正的上流社会成员签下代言合同的时刻。住在上流社区塔西科多帕克的詹姆斯·布朗·波特太太代言了哈里特·哈伯特·爱雅的雪花膏。很快，1923 年，威廉·埃斯蒂和 J. 沃尔特·汤普森两家经纪公司就频繁使用上流社会成员的名头：奥利弗·哈里曼太太及巴尔的摩的黎塞留公爵夫人代言哈德曼钢琴；奥利弗·哈里曼太太和奥古斯都·贝尔蒙特太太以及令人敬畏的华盛顿的朗沃斯太太代言旁氏雪花膏。艾摩利称，到 1960 年，或许是因为上流社会的某些人（比如说温莎公爵夫妇）因商业化而耗尽他们的名声，或许是因为越来越少的名人真正有上流社会的出身，“最受欢迎”列表上再也找不到真正的上流社会人了。

还有一种更微妙的代言，甚至不用声称任何人用过或称赞过某个被宣传的产品。这就是所谓的“暗示”代言。在这种用法中，大人物不会直接说他用某个产品。相反，他的名头同这个产品联系在一起，从而让产品带上了他的光环。西马手表公司推出了一系列广告，在 J. 埃德加·胡佛的巨大肖像下写道，他获赠一支“西马荣誉奖手表”。

在编造代言时，策划和选角是重中之重。最不成问题的问题就是让广告内容成真。在许多情况下（比如说暗示代言），制造伪事件和完成目标只需公众把名人的名头或照片和产品联系在一起。名人的标志（通常是其名字）比服务更有价值。在代言中，使用某人的名头一般来说已经足够。有一则传说故事，如果内容不是真的，至少作为寓言也有其真实的意味，这个故事称在南北战争末尾，某保险公司请罗伯特·E.李将军担任总裁，年薪五万美元。李将军对这笔高薪十分不解，回应说他不认为自己的服务值这么多钱。"我们不需要您的服务。"他得到答复，"只需要您的名字。"据说，李拒绝道："我的名字绝不出售。"当然，是有些非常古板的名人很难请来做代言，有些甚至拒绝说他们在用某个产品，除非他们确实在生活中常常使用它。比方说，道格拉斯·麦克阿瑟将军在 1957 年前只代言过西马表；埃莉诺·罗斯福夫人只代言过西马表以及真利时助听器。

有时，代言人会因为代言某个产品而成为用户；商家给他大量产品作为报酬。

根据伪事件的法则，筹划事件的幕后过程不可避免地变得比事件本身更有趣。所有人都知道名人会因代言而得到一大笔报酬。聪明的广告人还能通过描述获取代言的过程，让人们对此更感兴趣——即使代言是用钱买来的也一样。为托马肯低价男鞋做广告的公司发表了一系列设计独特的广告，吸引了不同寻常的兴趣，因为在广告中，代言人称他们要解释自己是如何得到代言酬劳的。每一个单独的广告都是代言人的单人照片，他们穿着托马肯男鞋，图上印着他们的签名，旁边写着广告内容。比如说退役的美国海军上将 J. J. 克拉克（外号"黑猩猩"）的代言广告中就印着以下内容：

我对托马肯的偏见

一般来说，我都坚持鞋子一定得买贵的——要二十五到三十美金一双。当有人请我参与托马肯男鞋评审时，实话说，我很怀疑。要教我这样一个在海上讨生活的水手学会新把戏，从来都不容易。

但托马肯承诺会给我最喜欢的慈善组织海军救济会捐一笔款，这是个很强的诱惑。同时，我在海军的经验也让我知道，学习永远不嫌晚。所以我对这次测试还是抱着开放态度。

在今天的美国——流行和名气本身成了产品的宝贵品质——消费者得到一个颇诱人的机会，有权让广告中的预言成真。在全国范围内宣传的产品是消费世界的名人。它因出名而出名，这就是其最诱人之处。就像我们会因知道是自己成就了名人而更喜欢这位电影明星或电视名人，我们也会这样对待消费品。我们知道，购买一个产品会让它更受欢迎；于是，我们提升了它的价值。我们每个人都有权力帮它成为该领域的冠军。正因如此，它在我们面前、在几乎所有人面前，都变得更诱人了。每个人都有权力让雪佛兰真正成为最受欢迎的低价车。

增加女性啤酒消费最高效（对男性也有效）的一次广告就是林伯曼啤酒厂在芝加哥博达大桥广告公司和著名摄影师保罗·埃塞的帮助下对莱茵黄金啤酒的宣传攻势。他们的设想十分简单，就是让消费者自己给莱茵黄金小姐投票。这位魅力出众的当选模特随即将宣称莱茵黄金是她最爱的啤酒，并诱惑那些将她选出来诱惑自己的投票者选购这款啤酒。莱茵黄金小姐的第一场全国选举在1941年举行，冠军为露·翁比。（金克丝·法肯伯格虽然是第一任莱茵黄金小姐，但她是被指派的，不是民主程序选举的结果。）到了1957年，莱茵黄金小姐选举总票数就达到两千万，这使它成为美国第二大选举，仅次于总统选举。而消费者可以投不止一票的做法使这场选举有了一种更为诱人的逼真感。

如果消费者本人参与伪事件的制作过程，他们似乎就更容易被说服，更有兴趣为伪事件买账。没有人花费太多心思考虑如何捏造其中最关键的事实——如何说服本年度最受欢迎的模特把莱茵黄金选作她最中意的啤酒。参赛者签的合约上完全没有提到啤酒。一位愤世嫉俗的广告人注意到，由于啤酒容易让人发胖，瘦得能赢这场选举的模特一般不太可能是资深啤酒爱好者。但如果莱茵黄金小姐说“莱茵黄金干啤，我的选择”，这算是说谎吗？任何赢得这场比赛的模特在得到高达五万的奖金和奖牌后，如果说自己完全不喜欢莱茵黄金，足可以称得上是铁石心肠了。要保证发言诚实，还有什么比这更好的方法吗？

在品牌掌控一切的世界里，消费者有权力让某品牌的产品成为普遍选择，这权力能够让该品牌成为该类产品的同义词。这可能会导致法律上的风险，使品牌失去对这个名字的权利，但生产商依然十分渴望这样的地位。这是个语言符号，反映消费者有权力让某产品变得像它在广告中所说的那样成功。通过在日常生活中使用这个产品和这个词语，消费者确实把“柯达”变成了相机的同义词，把“舒洁”变成了纸巾的同义词。在扩张的经济体中，商品本身的功能常常是某品牌在广告中声称所具有的特点（比如说李斯特林漱口水或黛雅肥皂或盼牌除臭剂），消费者相信其功能并自己开发出“需求”，实际上赋予了产品新的现实。

(3) 使人云里雾里的魅力。在节奏极快、对进步有强烈自觉的美国，消费者期望被进步弄得头晕目眩。如果他完全理解广告术语，他会大失所望。我们期待甚至希望能被最新的产品介绍弄得一头雾水，这能让我们每个人都感到安心，因为确实又有了新进步：而且其速度超出了我们的理解能力。

谁会想生活在经济死水一潭、科技极度落后的世界里，在那里消费者完全能理解产品的制作过程和它们的独特优势？模糊的广告语言本身就证明了制造商真的在为我们的利益而努力——研发新工艺、探索发现、不断完善、添加神秘的新成分、阐释复杂且微妙的新特性。除非让消费者感到似懂非懂，否则他是不会完全满意的。

广告当然是最受欢迎的阅读、聆听及观看材料。正是它把我们带到新世界，在这里，现实世界的死板不复存在。当我们在广告世界中漫步，我们所看见、所读到、所听到的东西让人云里雾里，这促使我们希望，自己的过度期待兴许可以成真。

对于那些想要最新款但又不懂汽车的消费者来说，“V 型”引擎、“液压传动”、“宽轮距”和“一体成型车身”这样的词特别有吸引力。这些都是审慎的真实说法。它们之所以吸引人，是因为我们不太懂它们的意思。

当新设计物品的功能慢慢减弱，当汽车不再仅仅是交通工具，而是我们带在身边、用来追求奢侈的物品，或某种给我们带来“无忧无虑的感觉”或“无法描述的奢华”的东西；当圆珠笔不再是用来记账或写支票的工具，而是能在黄油上或在水下写字的东西；当肥皂不仅用来清洗，而且要给我们“全天候保护”——那么，我们就再也无法因任何事物的“功能”而“受骗”了。

在某张全彩广告上，印着一位诱人女性的肖像，这女性可能就是读者自己，广告这样告诉女读者：

> ULTIMA 丝薄盈彩
>
> 令人惊奇的全新色彩美容术
>
> 露华浓精彩呈献，为毕生追求达到潜力极致的动人女性而生。此生第一次，你既可以如陶瓷般白皙，如金丝般古铜……或享有任何精致肤色……而又没有任何妆感。矛盾成真的关键？我们的丝薄散粉、滋养底妆与唇膏具有无限的可选色号与近乎无形的质地。请让露华浓柜台顾问为您选择最适合的散粉色号。只在最高级的商场有售。
>
> 露华浓 ULTIMA 彩妆系列
>
> 纽约＊伦敦＊巴黎

在这个世界里，功能如此模糊、如此细微、如此衰弱，我们从广告中读到听到种种我们从未想过、本来也从不会知道的功能、恐惧、需求和危险。广告弱化一切、让一切都变得更有趣、更稀奇、更成问题。

(4) 做作的诱惑。我们还享受被人献殷勤的感觉。就像小女生爱看情郎竭尽心力地讨好她，我们也爱看广告人为我们上蹿下跳地耍杂技。不完全因为我们喜欢杂技，甚至不在于他们的杂技耍得有多好，而因为我们得意于竟有人会愿意为了我们花费如此心力。当我们看到邓巴家具在草坪上摆出客厅的模样时；当我们看见“来自佩铂雷尔的一家人在棉花岛——阳光下的梦幻之岛”

以完全超乎想象的方式躺在三个竖直排列的吊床上时；当我们看见被链子和巨蛋锁在一起的男人打猎、打鱼、打牌（“想更好地打理你的私房钱[1]吗？请咨询大通曼哈顿银行雇员”）时，我们都很满意。这并不完全因为我们了解情况并明白背后的意义，或是因为这些场景非常荒唐；而是因为我们看到有人专门为了我们策划如此复杂的伪事件，于是不由自主地感到得意。

精明的广告伪事件策划者利用了我们的困惑。甚至连我们的猜忌和怀疑本身也成了新的伪事件主题。1960 年，克莱若公司策划了一场广告活动。这个女用染发剂生产公司的广告呈现了一位一头秀发的迷人模特。照片上印着一个问题：“她到底……有没有？”下面紧跟着一句：“如此自然的秀发色彩，只有她的美发师知道发色到底是不是染的！”后面的广告没有回答这个令人着急的问题。随后，富有创意的公关总监爆料，说收到来信询问此事，公司回应如下：

> 本司在此回应您信中的问题“她到底有没有？”
>
> 回答是“是的，一直如此”。
>
> 我想，我们克莱若的员工一直都知道总有一个地方会有聪明人，提出您问的这个机智问题。因此，从我们推出全国广告的第一天开始，我们就一直遵循着一项铁律，所有在我们的广告里出境的模特都必须用克莱若小姐产品……不用我们的产品，是不会如此光彩照人的，也就无法反映我司染发产品的真正效果。

---

[1] 私房钱，原文为 nestegg，字面意思为巢中的蛋。

自然，他们所没有回答的问题就是使用克莱若和拥有一头秀发之间是否真正存在任何联系。这个回应给出的事实是，一个头发天生好看得足以让她成为产品模特的女孩，不会因为用了一次克莱若产品就毁掉她的头发。在这里，真正的兴趣所在显然不是产品的质量，而是广告本身——伪事件背后的奥妙和神秘。

******

当“真实”被“可信”取代，成为我们检验某种说法可靠性的标准时，广告人的才华就不再用来发掘事实，而是用来发明能够显得真实的说法。让说法显得像是真的，这比较容易。借助图像革命的工具，几乎所有东西都能像真的一样——尤其在我们愿意如此相信的前提下。广告人和新闻人很像，前者在某程度上是后者的原型。他以艺术的方式设计营销语，就像新闻工作者巧妙地叙述故事。记者用电报发送的故事常常是煽动的产物，制造故事的方法和广告人士制造广告中“事实”的方法一样。双方都追求新闻价值和可信感。根据代言公司的说法，广告商为了定下一个代言人，可能要找足足五个名人才能得到一个肯定的答复，这就像勤勉的华盛顿记者要接触七个参议员才能找到一句适合这篇新闻的话。双方都十分努力地催生伪事件。双方都受制于谨慎和伦理：要保证可信，必须把准事实限定在一定范围内。然而，在市场营销的许多领域内（比如药品、化妆品、汽车或家用电器），只有让人云里雾里的说法才最有吸引力。这同时让问题简单化也复杂化了。

广告的受众总是在和他们自己玩游戏。在某个瞬间，他们享受这个令人愉悦的幻象，以为自己过度的期待得到了满足。然后，他们又享受看透一切的感觉，以为自己看破了这种幻象：童话公主根本不是童话公主，只是金克丝·法肯伯格打扮成的角色而已。广告人的"创造性"有极大的发挥余地。他的想象力就如诗人的想象力一般，能够为我们拓展这个世界。广告人的创造性想象和广告读者手中打破幻象的信息与老练态度互相冲撞拉扯，成功的广告人从来都领先一步。他可以让我们"自愿暂时放下怀疑，这（用柯勒律治的话来说）造就了诗意的信念"。他总是在为世界制造新的传说，这个世界遵守它独特的传说法则，这些新的传说取代了失去魅力的旧传说。公民－消费者享受这种满足感，他们既是被诱惑者，又是诱惑者，同时还是学习巫术的超脱学徒。

要治好我们不断增长的夸张期待十分艰难，因为现代关心的不是现实，而是可信度。我们和广告人一样，都遵循这个标准。于是，对于所有人而言，一个陈述是否可信远远比它是否真实来得重要。莱茵黄金啤酒得到的一系列推荐信就能证明这点。这些推荐信当然是撰稿人的手笔，根据代言名人的个性量身定做。"虽然广告公司帮了一把，"弗里曼在他的《大人物》中解释道，"代言还是不失其诚恳与可信度。代言建立在如下事实的基础上，这些都是有名的人，人们相信他们常喝啤酒，他们也受到公众的喜爱与信任。稍举几个例子，如范·赫夫林、维托·鲍格、路易斯·阿姆斯特朗、欧尼斯·鲍宁、纳金高、赛德里克·哈德维克爵士、雷蒙德·罗维、钟妮·杜露、比提·莉莉、查尔斯·科本、陶乐丝·基尔嘉兰和格劳乔·马克斯。读者相信，除非某个说法确实是真的，否则他们不会用自己的名字去担保它。所以他们用来表达对莱茵黄金喜爱的字词虽然出自他人之手，却也无伤大雅。”

广告世界永远不会崩溃，除非人们不再使用可信度作为衡量标准。即使所有传统广告公式都已经仪式化，即使背后的机制广为人知，这些机制本身也会像伪事件一样成为人们关注的中心。当剃须膏制造商被联邦贸易委员会点名指出他们在电视广告上用牙膏代替剃须膏来显示这种产品所宣称的卓越水下牢固度时，制造商不可避免地受益于此，因为在广泛报道这个伪事件时，它的品牌名被不断重复。我们在新闻世界看过这样的情况，新闻发布会被仪式化，成了一种伪事件，它失去了一些魅力和大部分的功能；当我们需要一种更宽松、更模糊的交流方式时，信息泄露机制便诞生了。同样，在广告世界，当直接代言被仪式化，失去了魅力，就可以创造新的机制，比如让公众选择自己的代言人（莱茵黄金小姐）或让他们看见代言人是如何被收买、如何得到报酬的（托马肯）。总有许多新的可信手段可供选择。

P.T. 巴纳姆十分夸张卖弄地解释他作为演出主持人的成功，但如今他的话可以用来平静描述我们的日常生活。巴纳姆说，这个世界的诀窍，就是“用鲜艳的海报刺激群众，承诺他们可以付出极小代价得到一切享受”。

> 我承认，我从来没有尝试过为我的同胞树立一个好榜样。我顺从现实；如果我的“吹捧”比别人更执着，我的广告比别人更大胆，我的海报比别人更鲜艳，我的图画比别人更夸张，我的旗帜比别人更爱国，我的幻灯片比别人更精彩，这一切比我邻居管理下能做到的结果更好，这并不是因为我不比他们审慎，而是因为我更精力充沛，远比他们有才，而且

更有底气做出这些承诺。

对于扩张中的美国经济而言，这可能是自大得恰到好处的格言。经济之所以繁荣发展，全拜我们越来越过度的期待所赐。

五　越过知与无知的界限

最关键的矛盾——形象的崛起、我们掌握世界的能力的增长，并没有让现实的轮廓变得更加清晰，反而变得更模糊——贯穿我们生活中一个又一个领域。我们的日常活动中几乎找不到没有受到影响的角落，形象在数量上的增长是图像革命的产品和副产品，它使得传统的日常界限变得含糊不清。

根据荷兰历史学家约翰·赫伊津哈的经典作品《中世纪的衰落》(1924)，中世纪生活中充满了清晰的界限和强烈的对比。每个季节，每天的每个时段，社会中的每个层级，彼此之间都有着强烈差异。或许我们永远都无法感受到中世纪人在冬日里的温暖火堆前、在警钟声里、在黑夜里、在贵族的织锦缎的华美之中所体验到的强烈感触。平等与经济增长拉平了人们的感受。在富有且进步的美国，社会阶级间以及时间与季节间的差异，比过去任何时候都要模糊。拜暖气所赐，我们在冬天生活得太温暖；拜空调所赐，我们的夏天也太凉爽。拜荧光灯所赐，室内比室外还要明亮，夜晚比白天还要耀眼。此处和彼处之间的差异消失了。由于电影和电视的存在，今天可以成为昨天；我们足不出户，便能走遍天下。实际上，心在彼处（置身于全国政治大会的场馆中）而身在此处（在家里或酒店房间，坐在电视前），要比身在彼处更简单。

在20世纪的美国，我们没有止步于体验的同质化，而是更进一步。我们不仅开始抹消自然的差异，我们自身的差异更是变得比自然的差异还要令人瞩目。在我们尝试把人造差异变得更清晰时，自然差异随即变得更模糊。只要举几个例子就足以印证我的观点。

比方说，我们关于时间与季节的观念。在经济的度量下，它们成了伪事件。随着制造业机器变得越来越复杂，随着“进步”变得越来越确定、越来越在意料之中，我们必须十分小心地分配进步的分量。明年的新款汽车（永远都在今年上市）并没有达到如今技术的极限。但它是在刨去宣传与广告这些伪事件的成本后依然能保证盈利的条件下所能采用的最先进技术。它所反映的往往不是进步的极限，而是能够被人轻易理解的进步所达到的程度。

预先宣传对所有产品都越发重要。为了更新明年最新款的车型，必须提前十八个月更换设备；筹备阶段必须提前至少两年。于是，发展所遵守的这种广泛的机制就使得所有产品都体现过时的想象。明年夏季的女装必须在今年冬天上架，这意味着去年夏天就必须设计款式，确定新风格。今年的衣服还没上市，明年的款式就设计好了。比如在出版业，秋季新书的名单夏天还没到就已经公布。在《出版人周刊》上，圣诞老人带着圣诞礼品绘本在7月4日便登场。我们总是预先计划，以至于制造商和经销商永远都同时经历着好几个季节。不仅仅是新闻，越来越多的其他日常消费品也都预先制造，以备在未来上市。

公关在政治和利益团体的世界越来越重要，以至于连“会员”这个简单概念都变得模糊。人们不记得自己到底是多少个不同组织的会员。利益团体的筹款顾问和职业经理人不仅要会管理人事，还得擅长利用各种名头。每年，大量信纸都被印上各种“顾问委员会”“赞助委员会”和其他虚构组织的名头。人们成立或解散组织，只为达成各种各样的目的。

从历史角度看，美国在“自发”组织方面一直是最优秀的国家。在美国，就连教会也具有自发的特点，这在其他国家是没有的。但在20世纪，我国成了“门面”组织之国。在美国，越来越多的组织只是伪事件，它们之所以成立，并非为了一个共同的目的，而是因为它满足了某人的需要，这个组织的成立和它的活动可以被广泛地报道。它们是媒体的附属物。它们是门面，但这并不是说它为颠覆性势力打掩护。相反，它们之所以是门面，是因为其会员、赞助者和领导层都是精心设计的产物，他们不用完成某种任务，而是用来制造某种形象。“同路人”（这也是我们时代特有的产物）的意思是——无论这个人的政治倾向如何——他允许自己和某个特定的形象联系起来。

参与的压力所导致的结果，是越来越多有名无实的会员：在教堂、在社区服务俱乐部、在政治团体，莫不如是。我们加入这些组织本身，是最敷衍的伪事件。我们希望自己的会员身份能被广而告之。我们不想付出行动。这些个人伪事件的数量越来越多，它迷惑并稀释了我们的个人忠诚。会员身份这个概念本身模糊得无可救药。《读者文摘》不把自己当作供人订阅的杂志，而是供人加入的“协会”。我们有图书俱乐部、旅行俱乐部、圣诞俱乐部……无穷无尽的俱乐部和协会。现在，如果有人说这些不能算作俱乐部，那他就太迂腐了。但如果它们确实算得上俱乐部的话，也只是因为没多少协会（除乡间的过时团体或自命高雅的团体以外——乡村俱乐部、市区美食俱乐部和小型的缝纫圈子以及阅读圈子）还符合传统的交际意义了。“你是会员吗？”“我不记得了。”

欧文·白璧德曾经敏锐地指出，受过教育者的标志是，在他脑中，所知的事物与不知的事物之间有着清晰的界限。当然，这只是理想状态。但今天，要达到这个目标比以往任何时候都要困难。当“时事”分析（也就是报纸上的东西）在学校里取代了历史事实，不可避免地，报章杂志与电视广播网所传播的知识标准（换句话说，某人是否“跟上了”报章杂志和电视上报道的信息）便掩盖了所有其他的知识标准。当博闻强识意味着对伪事件十分了解，知与无知之间的界限便遭到了前所未有的模糊。无怪乎我们用问答形式来测试人们的知识。无怪乎我们对书籍、电影和电视节目的评价取决于它们获奖与否（普利策、奥斯卡和艾美奖）或是否赢得畅销头衔。我们应该要知道它们，因为它们很有名气。我们让它们保持活力、让它们继续享有盛名，以此表达自己的崇拜。“知”与“无知”之间的分界线已经过时了。取而代之的是不同程度的名气间细微而几乎无法分辨的差异。

六　民意调查

随着知识逐渐模糊，越来越多且越来越锐利的形象模糊了我们的动机和欲望。越发进步的宣传技术难道没有让制造商比我们更了解我们想要什么吗？“欲望”和“功能”之间出现了新的模糊。公众真的希望新款汽车装上尾翼吗？如果尾翼真能满足公众的欲望，那么它们难道不该在某种意义上有用吗？在一个不断增长的经济体中，产品永远都和基本需要相去甚远，我们也越来越不清楚自己的欲望。

于是，我们通过看广告来发现并扩张自己的欲望。我们每时每刻都准备好——甚至渴望——从刚刚宣发的新产品中发现自己一直存在但并未发现的渴望。“欲望”和“功能”的模糊同时发生。“功能”这个词曾经只用来描述简单的实用性。相对而言，外观装饰不如这个物品的功能重要。但我们越来越不确定任何具体产品的用处到底是什么。物品的用处本身成了某种伪事件——这些功能是被编造出来的，只为供人报道。于是，我们越来越少地为了某个直截了当的功能寻找产品，而越来越多地把精力放在发现我们以为自己需要的产品的真正功能上。对功能的追寻——任何在现代“功能主义”住宅里住过的人都知道这是什么意思——就像对美的追寻一样捉摸不定。

形象的增长模糊了动机与渴望，其中一个症状就是日益增长的对舆论的兴趣，尤其是对舆论调查的兴趣。虽然“舆论”这个说法可以追溯到 18 世纪末（杰弗逊用过这个说法），但要到图像革命，它才得到广泛使用。新闻报道数量骤增，也使得反映舆论的材料数量大幅增多。当然，作为“观点”刊发并因此而接触到大部分人的文章并非所有人的看法，而只是几个征兆。然而，能识文断字的人增多且报纸的发行量增加，使得人们越发倾向于把征兆当作事实本身。文摘杂志——如《文学文摘》和《读者文摘》——以及其他报章杂志上许多新的表达意见的形式，都赋予了舆论似是而非的新模样。

在开拓性的杰出作品《舆论》（1922）中，沃尔特·李普曼作了极有价值的区分。“这些人类头脑中的看法，他们对自己的，对他人的，对需要、目标和关系的看法，就是他们的舆论。不同人群或个体以某群体的名义据以行事的看法，就是公众舆论。”在图像革命后，为舆论制造“形象”变得可行——这个形象拥有所有形象都具有的一般特点。公众舆论现在是合成的、可信的、被动的、生动的、具体的、简化的、模糊的，这些特点比过去任何时候都要强烈。如果你想知道公众的看法，只需要拿起一份报纸。变化每天都被记录下来，或是一天记录两次，新闻文章和照片让舆论变得生动，它们被真诚的新闻人强行制造，它们彼此矛盾。

于是，“公众舆论”本身不可避免地成了伪事件，它被强造出来，最主要的存在理由就是被报道。舆论表达成了最强力、最有趣、最神秘的伪事件之一。舆论越是被编造、越是虚假——完全遵循伪事件的法则——关于它的新闻就越有趣、越令人兴奋。“民主把舆论变得神秘莫测。”李普曼观察到，“总有一些深谙舆论之道并善以娴熟技巧对其加以操纵的人能够凭自己的这个本事在选举时占尽风头。不过在政治学中，这些舆论操控者往往被视为不入流的政客，甚至是‘问题人物’，而不是掌握‘舆论制造及操作’这门学问中最高深部分的人。在包括学生、演说家、媒体编辑在内的很多人中，往往流行着一种将民主宣之于口的习惯，即使这些人根本不能左右民主制度的运行过程。在其他社会形态下，人们通常习惯于将事务的发展方向和结果归因于某种神秘的力量；而在民主社会中，舆论就成了那个‘神秘的力量’。”[1] 李普曼的解读并没有充分考虑媒体的存在和增殖会带来怎样的压力，促使人们采用编造、复杂化与戏剧化的处理方式，从而导致歪曲与不实。同样，他也没有考虑到越发脱离事实的报道会掩盖

[1] 译文引自《舆论》，沃尔特·李普曼著，常江、肖寒译，北京大学出版社，2018 年版，有改动。

实实在在的确切真相。

又一次，根据伪事件的法则，舆论催生了使人兴趣盎然的独特新奇事物。即使本来没有观点存在，复杂的新工具也将催生观点，以供报道、讨论与互相碰撞。一位批评家警告道，这些工具“追求的目的是把人民变成一个怪物，在没有准备好的时候就被要求发出吼叫”。

民意调查就是一个很好的例子。早在1824年7月24日，美国就有了选举前非正式民意测验。当时《宾州人报》在特拉华州的威尔明顿市收集人们对总统选举的态度并加以报道：安德鲁·杰克逊，三百三十五票；约翰·昆西·亚当斯，一百六十九票；亨利·克莱，十九票；威廉·H.克劳福德，九票。自那以后，许多非正式民意测验应运而生，它们常常帮助报纸杂志提高销量。而本世纪最为著名的民调，是《文学文摘》在1916到1936年间举行的。

现代民意科学抽样技术却并非由这些粗糙的早期调查发展而来。相反，它源自市场营销与广告领域，可称得上是恰如其分。市场调查在1912年由罗伊·O.伊士曼发明，他的目的是调查刊登自家早餐食品广告的杂志都有哪些读者。到1919年，某广告公司就设立了调查部门；随后，独立调查公司也建立起来。最近，舆论调查成了规模可观的行业，培训并雇用上千名调查员，发出数百万份问卷，不惜工本地开展深度长采访。一系列新技术得到发展，以保证人们发表观点，并寻找观点背后的动机。而这些工具主要针对消费者。

1935年，市场调研技术被应用到政治和公共事务上。《财富》是第一个大面积公开这类调查结果的杂志（这一举动背后的决策者包括埃尔默·罗珀)，而后乔治·盖洛普定期向多家报纸提供专栏。自1936年起，全国选战期间的“解读民意调查”栏目成了最有趣、最广泛出现于媒体的新闻之一。

《文学文摘》民意测试在1936年的巨大失败——在此之前，该杂志的民意测验结果都极其准确，但在1936年，该测试预测兰德勒将胜过罗斯福，其预测得票率与现实结果的差异足有20%——实际上却使人们对民意测验有了更强烈的兴趣。《文摘》这一闹剧成了大选期间最大的新闻之一。在《文摘》崩溃时，其他民意测验——比如说《财富》的测验，阿奇巴尔德·M.克罗斯利的，乔治·盖洛普的，还有国家舆论研究中心的——便取而代之。1944年，某国家级民意测验机构的调查结果显示，超过一半的消息提供者对民意测试有所耳闻。1948年，历史再一次重演，最著名的全国民意调查得出了错误的结果，预测杜威将击败杜鲁门。埃尔默·罗珀的《财富》调查结果与实际直接投票结果相差12%；克罗斯利和盖洛普都认为杜威将以5%的优势胜出。然而，在这持续六个月的惨败中，市场调研机构与民意测验体现了1948年的水准。而在之后的总统选战中，由于拥有更多完善的精细调研技术，同时选民也习惯关注民意测试结果，这些测验就成了政治领域的《赛马消息》。它们出于自身的考虑，变得越来越有趣。现在，政客和专家所频繁面对的提问不仅包括重要争论与候选人以及公众情绪的情况，更包括特定民意调查结果的意义。人们推测这套或那套数据公开后会对选民产生什么样的影响。在每次选举后，最能引起广泛兴趣的新闻就是每一个民意测验的准确度到底如何。著名民意调查员受采访，被鼓励去猜测、探讨、维护并琢磨他们的调查结果。

当然，专家一向会下大力气为他们的错误辩解。在事后分析时，他们感兴趣的并不在于具体收集到的民意（当然，这些民意从来不是在人们进行合法投票的时间和场合收集的），而在于“虚拟”选举（由民意调查员举办）和真实选举（在正规投票箱进行的）之间的差异。某些民调专家，如乔治·盖洛普，一直急切地试图证明民意调查是有益的工具，而非对代议制民主的负面影响。在《民主的脉搏》（1940）一书中，盖洛普无意中做出了一个颇为不祥的结论，称“民意调查的局限和缺点在于民意本身的局限和缺点”。然而，民意调查最大的危害并不在于不准确，而正在于其准确性。如果民意调查科学到了可以准确预测我们在投票箱面前的行为，在它们真的能够做出这种预测时，它们就不会有多大吸引力了；同时，投票这一步也自然失去了必要性。为民意调查辩护的人，比如盖洛普，宣称这些调查对我国眼下被称为代议制政府的体制有着重要的价值——甚至不可或缺：“政府会因此对人民的典型观点保持敏感。”

人们对公众舆论及民意调查越来越强的兴趣反映了另一个更大的问题，那就是形象的兴起，以及形象如何支配着我们对自身的看法。这些调查有能力预测我们的决定，我们满怀希望，对它们的能力抱有过度的期待。民调专家有能力为我们提供形象，揭露我们未来会相信什么或选择什么。他们越能激发我们对这一能力的信心，我们作为选民的真正偏好就越模糊。

再一次，最令人云里雾里的模糊化出现了——由最为做作的形象催生而出。在新闻的世界里，演员和记者的角色交缠得越发紧密（通过新闻发布会、新闻稿、程序化泄密与其他手段实现），制造商与消费者、政治领袖与政治追随者、政治家与公民间的关系也是如此。现在，消费者可以在广告上看到他“真正”想要的东西（最好的制造商生产的全都是他们坚信消费者真正需要的商品）。现在，公民可以在民调的镜子里看见自己。他们作为人民的代表接受采访，随后在阅读报告时看见自己的表现。民调现在越来越科学，越来越细致——分类详细，根据职业、县市、收入水平、宗教信仰等等来调查——于是，公民可以从他这类人的主要观点中发现自己（以及他“应该”拥有或很可能拥有的观点）。公众舆论充斥着既有的观点，人民望向镜中的自己。

第六章　从美国梦到美国幻觉？自欺欺人的声望魔法

“当神明想惩罚我们时，”奥斯卡·王尔德可能会说，“他们让我们相信自己的广告。”[1] 美国命运的神明回应了我们的祷告，其馈赠远远超过儒勒·凡尔纳的想象。他让我们主宰了海里的鱼、空中的鸟，和地上各样行动的活物。但所有力量皆有其代价。

我们是不是注定要会把自己的梦想变成幻觉？

梦是远景或抱负，我们可以拿它与现实比较。它可能非常生动，但它的生动提醒我们，现实世界与之相较有多么不同。从另一方面说，幻觉是形象，我们可能会将它错当作现实。我们无法伸手触碰它、无法追求它，也无法为它所激励；这是因为我们生活在其中。它乏味庸常，是因为我们看不出它并非真实。

美国一向是逐梦之地。这片土地上，满怀梦想的人民远离原先的国家，远离丰富、累赘、充满贵族气与思想性的过去，追求一度难以企及的高度。在这里，他们试着把梦想变为现实。美国梦最准确地描述了美国人的希望。它给人快乐、给人激励，正是

[1] 王尔德的原话是“当神明想惩罚我们时，他们便回应我们的祈祷”。

因为它代表着新美国的种种潜力与旧日难以下咽的生活现实之间的天壤之别。只有停滞不前的美国人——清教神权与南方奴隶主集团的死板先知——才把梦错当作现实。只有无利可图的空想家——生活在狭隘理想社群的乌托邦主义者，比如新和谐镇[❶]和布鲁克农场[❷]里的那些人——才以为自己能把梦打造成模板，在里面过活。如果美国也曾是梦想成真之地，那是因为一代代人受尽苦难，终于发现梦想只能追求，而不能生活在其中。

我们这个国家素有这样的恶名，以为不可能之事只比艰难之事稍微难上一点点。前所未有的美国机会引诱我们将愿景混同于现实。而美国并未染上乌托邦主义的恶疾，其原因在于，正是在这里，梦想可以追求，可以实现。

然而现在，在图像革命的时代里，在我们的能力达到巅峰之时，我们面临着美国特有的新威胁。这威胁并非来自阶级斗争、意识形态、贫困、疾病、文盲率、煽动、暴政，尽管这种种威胁困扰着世界大部分地区。我们面对的是非现实的危险。美国梦被美国幻觉取代，构成了虚无的威胁。理想被形象取代，追求被模板取代。我们面临的威胁在于，我们可能是史上第一群有能力把幻觉变得如此多彩、如此有说服力、如此"真实"，以至于可以生活于其中的人民。我们是地球上最沉溺于幻觉的人民。然而，我们不敢破除迷惘，因为幻觉是我们居于其中的房屋，是我们的新闻、我们的英雄、我们的冒险、我们的艺术形式、我们的所有体验。

---

❶ 新和谐镇，由英国空想社会主义者罗伯特·欧文于 1824 年在美国印第安纳州建立，这一共产主义"劳动公社"实验在两年内宣告破产。

❷ 布鲁克农场，也被称为布鲁克农业与教育农场机构，是 19 世纪 40 年代在美国马萨诸塞州开展的一项合作社乌托邦实验，由社会改革家乔治·里普利主持，采用法国空想社会主义者夏尔·傅里叶的主张。该农场在 1847 年关闭。

从前，蒙美国梦的飘忽不定与其给我们的承诺，我们免于意识形态的威胁。现在，我们用我们于其中生活的形象取代别处他人赖以为生的信条。今天，我们以为美国的主要问题在国外。怎么才能把我们的形象"投射"到全世界？然而，国外问题只是国内更深层次问题的症候。在我们能够将自身投射到这个世界之前，我们已变成了自身形象的崇拜者。

不过，作为症候的国外"问题"很有价值。它可以提醒我们，过去，人们不需要活在形象的世界里，我们这个充满形象的生活是现代的诡异发明，是新世界的生活。它还提醒我们如此成功地说服自己会造成何种危险。

一　理想对阵形象

在世界各地，我们都揭示出人们思维方式从理想到形象的转变。在世界各地，我们都是这一变化的受害者。我们没有考虑其后果，只是全心全意地制造美国"受欢迎的形象"。然而，正因这么做，我们挫败了自己。

如今，几乎在所有地方，美国形象掩盖了美国理想。这是怎么发生的？有一些解释显而易见。其中许多，在我描述图像革命、伪事件的兴起、形象的骤增、制造与接收形象的工具之进步，以及我国形象思维的兴起时，就已讲过。而在国外，一些特殊的偶然因素正在起作用：我们的财富、我们技术的成熟，尤其是我们制造诱人影像的能力。这一切都让我们得以用美国形象淹没那些从未耳闻美国理想的人，以及那些不知道我们到底有没有理想的人。

在世界上确实听过美国的地方，最重要的影响，便是美国电影的泛滥。对此我有切身体会，那是在1960年前往南亚的旅途上。举例而言，在印度南部的班加罗尔，有一个令人钦佩的美国新闻署图书馆，其中收藏了内容广泛的书籍。图书馆的参观者每天大概有二百五十人。其中，绝大部分人都是来躲外面的尘土，或是因为没有别的地方能做学校作业。有些人则是为了学习美国或其他西方国家的文化。同时，城内六七个影院通常会播放美国电影。在这里，语言障碍几乎消隐无踪。在美国新闻署图书馆里阅读的人只有一小撮。而任何一个影院都提供美国形象，其所能触及的人以及供给的速度，远胜于提供美国观念的图书馆。

电影之于美国现实生活，就如任何形象之于其所代表的商品或企业。在国外看见的电影自然是人造的。它可信。它被动。它具体。它直白，并且它模棱两可。于是，世界便充斥着美国的形象。将美国形象贩卖到外国，是门颇有油水的生意。

我们的政府行为也对传播形象贡献颇多。我们的宣传中有大半都是为了创造美国形象（当然，我们口中所说的“真实”形象，意思就是受人欢迎的形象）。通过我们的图书馆、我们流动的电影与展览单元，以及我们在世博会的展台，我们提供照片和模型，描摹摩天大楼、农庄房屋、俱乐部、郊区以及教堂。我们提供农具、汽车、农机以及家电样品。我们的纪录片展现市民会议、药店、学校、教堂以及无数美国活动与美国制品。就连在人们无法阅读或阅读能力极低的地方，相较于对另一个同样遥远的国家，他们能够更为切实地（并且远为准确地）了解美国生活。

为教育他国人民（尤其是“不发达”国家的人民），以使其了解我国，我们所做的绝大部分努力，都在于提供生动且具体的形象。1960 年冬，我出席了在德里的国际农业展会。在那里，我们做出了最繁重、最昂贵（根据常规标准，也是最成功）的努力。美国展厅是座轻盈优雅的建筑，在日光下起舞。厅内，一切都整洁利落。对所有参观者而言，最令人印象深刻的景象之一，就是美国的乡间厨房——耀眼而精美多彩的壮观景象，含有冰箱、废物处理机、速冻柜、自动洗衣机和烘干机，还有电炉。在展厅前，一列印度佃农妇女走过。她们戴着长长的耳坠，脚踝和手臂上戴着镯子，鼻间穿着挂环——这些金器是她们所有的积蓄，不敢放在银行里。在怀里，她们抱着光屁股的婴儿。她们停下脚步，立在原地，完全糊涂了。这是什么？这是美国的形象。

这个近乎完美的例子显示了形象是如何突显出无关性的。一个多姿多彩的形象，为了观看者量身定做，可以诱惑他放弃自身，并完美地嵌入其中。但不相关的形象提醒另一个人，他与这形象的制造者并不处于同一社群。把美国式厨房换成一根大香蕉，就不会产生理解的困难。丰盛或健康或营养或幸福的理想，与这群人并非没有关联。他们渴望这些理想，也乐于拥抱它们。但美国厨房的形象毫无意义，只是她们与美国之间的屏障。

在我们那满是陈词滥调的“对人类心灵的争夺”中，或许问题并不在于国外的人民接受了美国的“负面形象”，而敌人的形象更受欢迎。我们的有些问题要简单得多，太过显而易见以至于难以察觉。我怀疑，我们在国外遇到困难，不过是因为人们通过形象来了解美国。而敌人的优势在于，人们仅通过或主要通过其理想来了解他们。也就是说，通过他们公开宣称的完美目标来了解他们。

形象是伦理世界的伪事件，充其量只是伪理想。它们之所以被制造，被传播，只是为了受报道，为了制造“受欢迎的印象”。这并非因为它们是好的，而是因为它们有趣。

我们不知不觉地受到自身的盲目崇拜的折磨。我们给人们提供越多形象，他们就越会觉得那与我们毫无关系，越觉得我们不通情理，毫无魅力。为什么呢？因为这些形象引人做出比较，使他们意识到它们与自己毫无干系。没多少人会迟钝到看不出这些形象与他们之间毫无关联。我们的形象传达出傲慢：通过它们，我们将自己树立为全世界的榜样。

这些形象——有限的，具体的，过度简化的——不可避免地显得狭隘且缺少弹性。因为它是我们的投射，它也就显示出我们的自负。形象看上去总是比理想更静止、更死板。乌托邦主义有种令人愉悦的灵活与模糊。在局促不安且动荡的亚洲与非洲，人们想要的是灵活：充满活力的东西，色彩斑斓的东西，变幻不定的东西。他们最不想要的，就是需要他们顺应的、他人的形象。

我们为了让世界有个好印象而做的努力，大多都起到了反效果。我们发送到全世界的影音工具，其基本效果是让人们相信美国与他们毫不相干，美国傲慢、死板且自负。不是因为这些工具粗制滥造，相反，正因为它们如此精美、如此生动，才会有这样的效果。这不是因为它们是受欢迎的形象还是不受欢迎的形象，而是因为，它们是形象。

这也能帮助我们解释，为什么我们在全世界眼中都显得“物质”。未来的历史学家可能会觉得奇怪，在我们的时代，共产主义这个史上最清晰地根植于物质主义的历史运动，享有“理想主义”之名。而美国这个明白无故根植于理想的国家，却因物质主义闻名。任何繁荣的国家当然会因其物质主义而遭受较不繁荣的邻居的指责（与嫉妒）。而当我们发现自己不能拥有其他民族的美德时，我们便指责那是恶习。而他们也因同样的理由痛恨我们。但除此之外，我们在全世界眼中蒙受责备的另一大原因是，我们的繁荣以及技术上的成就注定了我们将以形象示人。

虽然我们可能饱受盲目崇拜之苦，但我认为我们并未受害于物质主义——为追求物质本身而赋予物品过高价值。全世界都在拿这一点指责我们。然而，我们极其富庶的条件某种程度上让我们避免了物质主义这一贫困民族特有的恶德。相反，我们特有的盲目崇拜直到现在都不为世界所知。其他国家不够富有，或没有足够的技术实力，无法用影子充斥自身的体验。他们也无法用自己的形象充斥整个世界。我们所崇拜的，是这些形象而非物质。而迷惑不解的世界认为形象毫无魅力，并以自身的传统恶习为之冠名，这一点也不奇怪。

形象数量的暴增通过刺激我们的经济以及唤起过度期待来达成。当然，这个过程帮助我们成为世上最富有的国家。虽然存在一些骇人听闻的不公正与不平等，我们提供的机会比此前任何时候都更能为广大人民所享，也分配得更为公正。然而，我们不能够凭借任何形象魔法，把美洲大陆变大，也不能把他国人算进美国历史中。如果我们必须与他国人民交流，最好还是用比较简单的表达方式。我们依靠一些手段，向本国人民贩卖形象，让他们买下自己并不清楚是否想要的商品，但在这里，这个手段不能再用了，同样，我们也不能依靠新的非真非假的花言巧语。

在全世界的所有国家中，美国的建立不依赖于任何形象。这是片意外之地，属于无尽的希望，属于理想，属于对未知完美的追寻。如今我们却通过形象来展示自己，这极不合适。而我们有意或无意制造的、用以向全世界宣传美国的形象最后却倒打一耙，则再合适不过。或许，与其通过自己的影子和偶像来表达自身，不如与他人分享美国曾经代表的那种追求。

二　争夺声望的竞赛

要做到这点，从来都不容易，在图像革命与形象的崛起改变了我们的思维方式之后，更是难上加难。我们面临着莫大的障碍，它本身是图像革命所催生的后果之一，那就是我们对“声望”的信仰。

如今，在追寻声望的道路上，我们投入了极大努力。曾经，我们的政治家——华盛顿或亚当斯或杰弗逊或杰克逊或林肯——会说，希望他人能够敬仰、爱戴或敬畏美国。他们追求的是人们对美国和美国理想的尊敬。如今，我们不会再如此直接地表达。相反，我们希望美国在国外享有“受欢迎的形象”。我们希望自己的国家有“声望”。这是什么意思呢?

这意味着我们希望全世界受我们的形象吸引，因我们的形象目眩！曾经，当我们担心自己的名声有问题时，我们担忧的是世界会如何看待我们，如何看待我们奋进的方式。如今，我们担心的则是世界会如何看待我们的形象。

虽然在 20 世纪美国风头最盛的 prestige（声望）一词有着新颖的用法，它却并未严重地背离其词源学上的起源。它很可能与 prestidigitate 一词有关——该词意味着玩杂耍或变魔术。Prestige 从法语传入英语，从根源上看，可能来自拉丁词 *preaestigium*，意为幻觉或错觉，常用的是复数形式 *praestigiae*，指的是杂耍戏法。

而这个词又来自*praestringere*一词，意为紧紧绑住或蒙住眼睛——也就是说，使人目眩。在英语中，prestige 一词原意也是欺骗或错觉；prestigious（该形容词与名词 prestidigitation 联系尤为紧密）直到最近含义都是不诚实、欺骗或虚假。在很长一段时间里，prestige 只有负面意义。新的正面意义可能是美国发明出来的。在我们常见的美国用法中，旧的负面意义还留有最后一丝痕迹。一个有声望的人有种魅力：他用自己的形象，可以短暂地令人盲目或眼花缭乱。

虽然声望一词明显常常在对话中用来探讨国内的人和事，它在我们思维中的重要性却在我们关注国外时最为明显。当我们谈论在国外的名望时，我们所说的不是自己，而是我们的影子，可以被我们以某种方式投射的影子。于是，比较名望的高低，便意味着比较形象的吸引力。坚持我们名望更高，便是坚持我们的形象有更强烈的吸引力。

在 1960 年 7 月 26 日的共和党全国大会上，艾森豪威尔总统指出：

> 苏联统治者曾说，在他最近的旅行和演讲中，他成功损害了美国的声望……
>
> 在国家声望的相对高低问题上，我向他提出如下挑战：他是否愿意举办一次自由投票，由联合国主持，让世界各地每个大陆所有国家的人一起，就一个简单的论题表决？
>
> 这个论题是：你愿意生活在共产主义制度下，还是像美国这样的自由制度之下？……
>
> 苏联人愿意用这种选举方式来衡量他们在世界上的声望吗？

而美国将会欣然接受这个挑战。

这个提议呼吁举行一次全世界范围的市场调研，由联合国主持，看到底美国还是苏联提供的方案能在世上受到更多支持。不需要太捕风捉影，就能感觉到这个提案的问题，它本身就是一个巧妙的包装。像这样的“大胆提案”（当然，没有任何可能成真）应该会让美国的对外形象有所提升。在我们这个伪事件的世界里，美国表现出的这个开放、诚恳的戏剧性姿态达到了人所能想象的筹谋、欺诈与虚伪的极致。

声望的“高”或“低”，民众“接受”或“拒绝”，“俄国的方式”或“美国的方式”这些概念本身，就揭露了一种漠不关心的态度，丝毫不考虑一群真实的人对另一群真实的人所抱有的毁誉参半的复杂反应。它揭露出一种幼稚的非黑即白的思维方式，这与我们思考与其他民族关系时那种狡猾世故、拐弯抹角的方式是一体的。在我们的公关游戏里，我们向世界询问的并不是“你喜欢我吗”，而是“你喜欢我的影子吗”。

在1960年总统选战中，人们纷纷讨论艾森豪威尔政府到底会不会以及应不应该公开经过国会允许、由美国新闻署主持的“声望”民调结果。候选人肯尼迪严厉抨击当局没有公开数据的行为（人们认为，数据必定是单纯的，具备统计学意义，并且带有明显的破坏性寓意）。据说这组数据关系到国家利益，因此没有披露。如果人们不喜欢我们的形象，宣传这一形象或是解释为什么人们不喜欢它就对公关无益。最好还是巧妙地修复形象以达成更好的结果。

我们的思想已然模糊到严重混淆形象与现实的地步，以至于我们以为我们在世上的地位取决于自己的声望——也就是说，取决于他人对我们形象的尊重。“尤其要注意的是，”沃尔特·李普曼在1960年12月警告道，“我们在世界上的声望有所下降。我们不再像个活力四射且充满自信的国家了。”

在争夺声望的比赛中，完善形象而不是完善自我，显得非常合理。要实现我们想要的结果，这看来是最为经济，最直接的选择。我们习惯于生活其间的世界充满伪事件、名人、消解的形式，以及影影绰绰但掩盖一切的形象，我们把影子错当成自己。在我们看来，它们比现实更真实，为什么在别人眼中不是如此呢？我们的方法看上去十分直接，只是因为在我们的日常生活中，伪事件似乎总是注定会支配自然的事实。我们甚至不再能察觉我们采取的手段是间接的，我们把心思都放在了经营影子上。我们可以活在这个幻觉的世界里。虽然很难想象，但其他人依然活在有梦想的世界中。我们活在由我们创造的世界中。我们能不能变个戏法，让他人也活在这样的世界里？我们热爱形象，信仰形象。但他们会吗？

三　二手时代

制造可信的对外形象显得颇为棘手。要说服他人适应我们的模板，让他们在我们的幻觉中感觉自在舒适，并把这些错当作他们的现实，十分困难。在国内，问题恰恰相反。当所有人都接受了形象，当这些形象把现实挤到视野之外时，该怎么办？

在这里，在美国，形象制造司空见惯。形象从商业世界蔓延到教育与政治领域，触及我们日常生活的方方面面。我们的教堂、慈善组织、学校、大学，所有组织都在追求受欢迎的形象。当它们希望人们对它们有好印象时，实则是希望人们接受它们那受欢迎的形象。我们的国家政治成了追求形象的竞赛，或是几个形象之间的竞争，再也不是理想的对抗。电视选战的支配态势不过使事态更为戏剧化罢了。每年，在任总统必须愈加关心如何投放自己的形象。我们制造形象的方式既模糊又死板，日复一日，我们愈加深受其害。

例子无处不在。生活变得越来越虚幻。我们太过习惯于自身的幻觉，它们变得乏味，不再像是魔法制造的产物。我在本书中描述的力量汇集在我们的日常体验中，我们所做的一切，所见的一切，以及所说的一切，它们几乎无处不在。

有一个对我而言尤为重要的例子，我无意间碰到这事，但它集中体现了我在本书中探讨过的许多问题。

1960 年早秋，我收到了一份精心制作的全彩小册子，宣传的是 1961 年的雪佛兰轿车。其中，唯一的整页照片是一张精彩的人像照，照片里，一个男人坐在豪华新款轿车的前座上。他的硬顶敞篷车（宣传亮点是毫无阻拦的视野）停在山崖边，看起来像在大峡谷，照片的背景是无法描述的自然美景。然而，照片上的男人看的并不是车窗外的景色；他正准备看向自己的“立体观影器”，这是个便携观影器，硬纸壳里放着美丽景观的彩色幻灯片。在他身旁的座位上放着另外几个碟片。车外站着他的妻子和三个年幼的孩子。其中最年长的是大概十岁左右的女孩，妻子正看着她，孩子着迷地摆弄着一个小小的盒式相机，准备用它拍坐在车里的爸爸。

这是最极致的 20 世纪美国寓言。通用汽车，伊斯曼柯达，一代又一代的福特、费尔斯通与爱迪生，积累了五十年的汽车工业技术，生产知识与工业设计的聪明才智，全彩印刷与初高级管理人员的所有想象力与技术，还有硕大无朋一应俱全的美国经济，这一切的一切，汇集在这个小册子里。它提供这样一个机会，让人被这样一幅画面打动：画面上，一个男人（手边便是大峡谷）看向一个形象，同时还在被拍摄！

尽管这个例子象征意味十足，但我们身边也不乏其他证据。几乎每天晚上，我在家都能从电视上看到名人表演滑稽短剧，通常是由电影改编的电视版本（电影剧本则是由小说原作改编而来的），短剧里还有罐头笑声和罐头掌声——表演赞助商可能是钢铁制造商、石油公司、啤酒制造商、香烟制造商，其产品与竞争对手的几乎没有任何差异——他们之所以费这些力气，是为了制造一个更受欢迎的企业形象。

我清楚地记得，1956 年夏天在芝加哥举办的民主党全国大会有多么令人失望。我费尽力气，终于拿到了国际露天大剧院访客区的门票。这是我第一次出席全国党代会，还带上了小儿子。终于入座后，我们却被台上的节目弄得一头雾水。我们和其他“真正的观众”一起，花时间看着筹备委员会贴心地放在那里的电视屏幕。这些设备给我们看的东西，与我们在家里客厅能看到的东西完全一样。坐在底下的可怜代表们（当时，便携电视还没有发明）没有电视屏幕可看，肯定不比我们清楚到底发生了什么。

不久前我与一位公共关系顾问见面，他在一家有影响力的大公司任要职。他的专业领域是写作——演讲稿、文章、信件——为公众人物写作。我问他，他需要花费多久与客户商议。他解释说，他当然要和自己将要服务的人见面、认识他们，好用他们的口吻写作。但他说，为同一个客户长时间服务的问题在于，如果你写得很成功，那就越来越难判断他们实际上到底是什么样的。他说，客户有个改正不了的毛病，会忘记他们并不是演讲稿的真正作者。当他在通报会上问他们对某个方面有什么看法时，他们越来越倾向于引用几周前的演讲内容，而这些讲稿正是这位公关顾问本人写的。他说，这很让人困扰，一个人在你面前引用你自己写过的话，而他又以为这是他本人的意思：你会弄不清楚，这真是你自己的作品吗?

这让我的公关顾问朋友想到另一个相同问题的例子。某客户决定搬迁工厂，因此要把公关顾问换成新城市的某个公司。这位客户打电话给这位朋友，解释了情况，问他能不能代笔写一封信给原公关公司的领导，做些解释，表达一下遗憾，反正就是保持好该公司这些年来帮他维护的形象。朋友写了信。几天后，公关公司的领导打电话给我这位代笔的朋友，告诉他有个坏消息，这位X先生要搬厂，不能再和他们合作了，但领导说，交情完全没有影响（他刚刚从自己收到的信上读到这个）；现在他希望我的朋友代公司领导好好写封信，表达一下他对不能继续商业合作的遗憾之情。我朋友说，他或许是被雇来给自己写信的人里工资最高的一个。

我们听过有人说这个年代没有方向——一个“无方向”的时代。[1]我描述过的所有东西都能帮我们制造二手性。我们制造、寻觅，最后享受一切造作的体验。我们用以填满自己生活的不是体验，而是体验的形象。最受欢迎的——最“功能主义”的——现

[1] 无方向（directionless），字面上也可以拆解为“不直接”，与下文的“二手性”对应。

代建筑并不一定最好住，但肯定最上相。广播上，一间“友好的”个人贷款公司向我们承诺无担保贷款，帮我们摆脱恼人的债务，它告诉我们：“金钱是为你带来金融地位的魔法配料。”

我们的日常话语是些令人尴尬而丑陋的东西，它们揭露出我们看待任何事物时都带有二手特征。我们不再谈论某些事物；我们谈论“在某某角度看来”。组织里的人不再重要；他“处在决策层面”。我们被告知，我们追求的不再是财富或光荣或幸福，而是一种叫作“地位”的社会学调制品。我们不再简单地“相信”什么；相反，我们谈的是“我们所持有的价值”。我们不能在闲下来的时候做些什么，我们必须把它当作“兴趣”来培养。我们不学习音乐或美术或文学；我们学的是音乐或美术或文学“鉴赏”。我们不休息；我们“寻求休闲”。我们不用去见福特经销商，而是“拜访我们的本地经销人”。我们再也不工作；我们扮演角色。我们不学习为人父母的美德；相反，我们被鼓励要“扮演父母的角色”。我们不怎么说自己喜欢某人或与他共鸣；相反，我们比较喜欢指出他“给我们留下了好印象”。我们不再简单地约个时间见面；我们必须安排“创建”另一场会面。我们不找人；我们“联系”他。我们不讨论问题；我们“从政策角度”看待它。

日常生活中的技术毫无疑问为我们打下了这一切的基础。当我们收到某人的信件时，它不再是亲笔写的（而如果富兰克林或华盛顿或杰弗逊写给我们，必然是手写的）；它是打字机打的、滚筒印刷的，或传真打印的。这些文字常常不是他写的，而是他朝录音机里说的话，被他从来没见过的秘书转录成文字。我们听到的声音，越来越多地不来自在场某人之口，而是来自某个电话或某个录音，或在广播上、在电视上。

这是矫饰的年代。人工制品变得太过平常，以至于自然本身显得做作。自然是“非”和“不”。这是“非过滤”香烟的年代(滤嘴太过平常，以至于比烟草显得更自然)，“非节略版”小说的年代（节略版才是常规)，“一刀未剪”的电影的年代。我们把木材看作“非合成”纤维。于是，整个自然界就成了“非人造”世界。现实本身成了“非虚构”。

但人们——即使是20世纪的美国人——不会如此顺从地让最后一丝自然发生的现实从他们手中被夺走。于是，由于一种新的剩余效应，我们越发着迷于任何看似能给我们带来非人工之物的绿洲的事件。其中一个例子就是美国人对犯罪和体育新闻的热情。这不仅仅是因为公众口味已经堕落到琐碎与不严肃的层面。更重要的是，它表达了我们对真实事件的渴望，对非伪事件的渴望。

当然，许多运动比赛也成了伪事件；实际上，一些运动（比如说专业摔跤）由于受到人为干预而名声在外，并利用这种名声而繁荣发展。但在许多领域，我们依然（比如说业余运动和专业棒球）成功地在某种程度上保护了该赛事不受人为干扰。我们一旦发现拳击赛打假拳或业余棒球队收受贿赂，就会义愤填膺，这不仅仅是因为我们认为这触犯了我们的道德。我们之所以愤怒而沮丧，还因为这剥夺了我们与原汁原味的现实之间仅存的联系：参赛者是真的在追求胜利，而不是为了上报纸而装模作样。

犯罪世界比运动世界更甚，是没有被人为干预污染的真实事件最后的避难所。当然，确实存在罕见的例外（为了达成政治目的的有计划的“抗法者”，如妇女参政论者，或最近南方的自由乘车者[1]）。但总体而言，无论媒体多不知疲累地利用犯罪事件，它们也不是伪事件。很少有人为了受报道而犯罪。相反，犯下杀人或强奸罪的人，抢劫银行的人或从雇主那里贪污的人，都希望能不被发现。因此，我们渴求犯罪新闻或运动新闻并不意味着我们失去了现实感，实则它显示出，即使在一个完全被伪事件和各种各样的形象所淹没的世界，我们依然知道（而且着迷于）真正自然发生的事件。

对自发性的同一种追求也能解释我们对公众人物私生活、个人八卦以及性关系的病态兴趣。在这个世界里，政客和名人的公开行为受到越来越多的背后安排，我们因此越来越渴望看到不为我们的兴趣而安排的事件。我们想找到生活中依然不受伪事件之癌影响的领域。

四　镜像效应

这个矫饰年代最深层，也最不被人注意的特点中，有一个我称之为镜像效应。我们做出的许多努力，只为扩张这个世界，为了让生活更有趣、更多样化、更激动人心、更多姿多彩、更“如神话般美妙”、更有希望，但从长期来看，这些努力都只有反效果。由于我们的期待过度而夸张，我们的力量不断增长，我们把难以捉摸的梦想变成了触手可及的形象，我们每个人都能把自己套入这些形象中。如此，我们用以标注世界边缘的，是一圈由镜子围成的墙。我们孜孜不倦、费尽心思地扩充自己的体验，却在

[1] 指自 1961 年开始，乘坐巴士前往实施种族隔离的南部抗议种族政策的民权活动家。背景为 1960 年的波因顿案。该案中，最高法院判决允许跨州旅行者无视当地种族隔离政策。

不知不觉间把它变得狭窄了。在疯狂追求意料之外的事物时，我们却只找到了自己为自己准备的意外惊喜。我们遇见的是折返回来的自身。利奥·罗斯腾说，好莱坞的三角恋包含一位男演员、他的妻子和他自己。现在，我们所有人都和自己纠缠在一起。无论在哪里，我们看见的都是自己在镜中的倒影。

一些哲学流派早早就告诉我们，所有体验都只是我们脑中的形象。这种思想体现在各种形式的新柏拉图主义哲学里。在18世纪，它被乔治·贝克莱给予了经典的现代表述。在《视觉新论》(1709) 一书中，他主张我们看到的并不仅仅是外物的特征在心灵中留下的印记，而是破碎的视觉信号在心灵的作用下重组而成的形象，唯独形象才能被心灵理解。他继续论述道，只有这些脑海中的形象是“真实的”——因此，世上的任何事物之所以是真实的，只是因为它们在精神体验中被整合为某种存在。根据他的说法，为一切赋形、感知一切的存在，就是上帝。然而，即使我们不是哲学家，也能看到困扰贝克莱的东西与困扰我们的东西之间存在差异。即使我们同意贝克莱的观点，认为所有地方的所有体验在某种特殊意义上只包含形象，先哲那个无所不在的形象世界与我们自己的世界依然有极大不同。不同之处并不在于过去无法以令人信服的方式将体验仅仅描述成脑中形象，而在于现今我们生活于其中的形象绝大多数都是由人类自身设计的。

于是，越来越多的体验成了发明而非发现。我们的体验越是事先安排好、提前准备得越充分，里面的内容就越是只有我们“感兴趣”的东西。于是，我们就越能高效地把外在世界排除在视野之外：正是这个世界会动摇我们的体验，同时我们也正急需它来让自己变得更具人性。成名的标准让其他标准黯然失色，因为出名本身的定义就是为大多数人所知。我们追求名流，不仅仅是男人和女人中的名流，还包括书籍、戏剧、思想、电影和商品中的名流。我们把自己的整个体验都变成了“读者文摘”，只读自己想读的，而不是任何别人想写的。我们听的是自己想听的，而不是任何别人想说的。我们对自己说话，但根本意识不到和自己交谈的不是别人。我们对自己说的，是我们被期望去谈论的事物。我们通过观察别人对他们自己说了什么才明白这一点。“我所知的一切，”威尔·罗杰斯在图像革命早期说，“就是我在报纸上读到的。”现如今，他可能会这样改动他的抱怨以贴合现实：“我在报纸上看到的一切，都是我已经知道的。”

我们都听过一个故事。很久以前，古希腊有一位英俊的年轻人名叫那耳喀索斯，他被山中仙女厄科所爱。但他对她的爱不屑一顾，厄科因心碎而死。众神于是决定惩罚那耳喀索斯，他们令他爱上自己的形象。一位预言家曾说过，那耳喀索斯会在看到自己面庞的那一刻死去。当然，这个故事出现时，还没有摄影或电视。让他看见自己的唯一方式，就是在他某天弯腰向清澈的泉水时，看见自己的倒影。当他望向自己的倒影时，他对这一幻影的热爱令他神迷，他定在那里，无法离开水边。他一动不动，最终在原地憔悴殒命。人们最后用它的名字给生长在泉水边的水仙花命名，其鳞茎据说有镇痛效果。作为该名源头的希腊词有麻木或恍惚的意思（*narke*：narcotic 一词的来源，即镇静剂），对自身形象的爱因而与慵懒、倦怠以及呆滞这些意义紧密联系在一起。

无论是作为个体，还是作为国家，我们如今都苦于社会性的自恋。我们的先祖，原初的美国，如同心爱的厄科一般遭到抛弃。我们爱上了自己的形象，我们自己制造的形象到头来不过是我们自己的形象。

我们要如何逃离自己的形象呢？我们要如何让自己不被它那迷人的自负力量蛊惑呢？

要做到这一点可谓难上加难。我们创造的世界越来越像一面镜子。我们的名人反映出每个人的形象；遥远的“冒险”不过是我们的投影，只是我们让自己准备好去期待的东西，如今我们还能用钱雇人做准备。形象本身成了彼此模糊的镜像：一个采访评论另一个访谈；小说、电视节目、广播节目、电影、漫画书，以及我们反思自我的方式，全都融进了彼此的回响。在国内，我们根据电视节目上幸福家庭的剧本来说话，而那些家庭不过是我们自身的有趣典范罢了。

我们的新世界，被制造出来让我们逃离单调的现实，不出意料地变得千篇一律，而且看来再无从中逃离的可能。这种单调源自我们内心，是自我重复的单调。我们倦怠的口味不会让我们找到回去的路。当我们想找“自然”的味道时，却只能找到“非人工”的东西。我们越来越像（英国智者西德尼·史密斯）书中的角色，整个青春不过是“往空井里投空桶；他试着把空桶再拉回来，于是蹉跎了岁月”。一位少年读物批评家最近说，电视是“眼睛的口香糖”。19 世纪末，一位尖酸的批评家说廉价小说是“文学的口香糖，既没有好味道也没有营养，只为咀嚼的机械动作服务”。但口香糖（这个产品和这个词都是美国发明）本身可能有象征意义。我们现在可以说口香糖是嘴巴的电视。只要我们别以为自己能从口香糖中获取营养，就不会有什么危险。但图像革命赋予了我们能力，将所有体验都变成某种精神的口香糖，它们的甜味源源不断，带给我们被滋养的幻觉。

我们越来越习惯于用形象检验现实，而重新训练自己用现实检验形象则愈发困难。我们越来越难以控制自己的期待，越来越难以用体验来调整期待，相反，我们如今用期待来塑造体验。我们长久地役使着塑造“现实”的虚华伟力，要怎样才能重新发现未加矫饰的世界呢？

五　魔法不能打败魔法

我们被欺骗、被阻塞，而欺骗和阻塞我们的，正是我们造出来用以拓展自身眼界的机器。在早先的年代里，蓬勃的小镇美国的建筑标志是热情友好的门廊；如今，家庭生活的建筑标志则是落地观景窗。落地窗既能用来往里看，也能用来往外看。我们用它向自己展示自己。从外往里看时，你看到的一般不是各自忙活着的人，而是一个巨大且华丽但又毫无品位的电灯，在白天阻隔自然光进入。当我们从自家的落地窗往外看时，看到的不是邻居家的垃圾桶就是邻居本人。但他一般也没别的事可干，而是透过他的落地窗，看向我们。

20 世纪 30 年代的大萧条时期是个相对单纯的时代，当时，威尔·罗杰斯说美国可能是历史上唯一一个人们开车前往贫民院的国家。我们当时还没有发现更深层次的、从我们的富足中经过科学提纯而得到的贫困。如果威尔·罗杰斯今天还活着，他可能会在自己刻画的场景中加入自拍这个悖论——即使是在前往同一家贫民院的路上，人们也要拍下自己。

怎么逃离？怎么避免一种透过落地窗朝里朝外看的生活？

这还要从我们病症的一个恰到好处的古怪特色说起。在阿尔贝·加缪《鼠疫》的最后一段，里厄医生说，人是“不能同时治疗和求知的”。里厄医生说，他的使命，较为迫切的使命，不是求知，而是治疗。我们的瘟疫，我们过度期待的病症却不一样。了解我们的疾病，探索折磨我们的事物，可能是唯一可行的疗法。

奥斯卡·王尔德曾说：“不满足，是个人或国家发展的第一步。”在今天，这句话显然说得对。国家为自己开的药方同样是其疾病的症状，这使得我们的问题愈发复杂。但幻觉是不能用幻觉来医治的。我们的不满始于将欺骗我们的罪名怪在了错误的反派头上。下一步，我们就会寻找冒牌英雄，以为他们可以解放自己。最艰难、最令人狼狈的发现，正是每个人必须解放他自己。尽管我们苦于群体性幻觉，但却没有群体性祛魅的药方。根据伪事件的法则，一切群体性祛魅的努力都只会使我们的幻觉愈演愈烈。

虽然我们赋予他人强大的力量来欺骗我们，制造伪事件、名人和形象，但他们要实现这一切目的，都必须有我们的配合。如果有人在美国犯下欺骗的罪名，我们每个人都是主犯，其他所有人都是从犯。我们面临着危险的诱惑，用妥协来对付自己的幻觉。通过创造更多对广告有利的形象来治疗广告的问题。以对“卓越”的平庸呼吁来调和平庸。把我们个人层面的目标缺失，隐藏在为国家目标捏造诱人形象的委员会的目标缺失之中。

我们每个人都必须清醒过来，必须控制自己的期待，必须让自己准备好接收从外界而来的信息。第一步就是开始怀疑，认清确实存在一个外部世界，而以我们眼下和未来的能力，始终无法把它变成形象、无法想象。我们不应花费心思输出我们生活于其中的种种美国形象。我们不应说服他人共享我们的幻觉。我们应该试着触及我们形象以外的事物。我们应该寻找新的方式，让信息触及自己；这些信息来自我们的过去、来自上帝、来自我们痛恨或自以为痛恨的世界。我们要让陌生、异己和外部的观念通行无阻。这些观念是我们与共产主义者都未设想过的，是我们无法在镜中遇见的。我们最大的幻觉之一，就是对“灵丹妙药”的迷信。不存在这样的灵丹妙药，有的只是发现新事物的机会。为此，新世界为我们提供了一个宏大而独特的开端。

我们必须先觉醒过来，才能迈向正确的方向。必须先发现自己的幻觉，而后才能意识到我们此前一直在梦游。我们所能怀有的最高与最低的期望，就是每个人都能穿过我们终日生活其间却又知之甚少的形象丛林，重新发现梦想结束之地与幻觉开始之处。这就已经足够。在这之后，我们或许可以知晓自己身在何处，而每个人或许可以自行决定他想要往何处去。

道格拉斯·洛西科夫：经典版后记（2012）

《幻象》首次出版于1962年，那是我出生后的第二个年头。约翰·肯尼迪还未遭到暗杀，LSD致幻剂还没有进入哈佛大学，法国后现代主义者也还没有开始解构受电视推动的美国文化。

或许讽刺的是，就像今天读这本书的读者一样，我对那个时代的感受主要来自像《广告狂人》这样的电视剧。虽然剧中角色油滑，吞云吐雾，言辞间愤世嫉俗，实际上却描绘了一种纯真：它描述了我们历史上由麦迪逊大道创造的形象压倒现实之前的最后一刻。我们现在身受推文、状态更新和社交营销组成的混乱猛袭，从此处回看广告人讨论什么样的广告词能最好地推销连裤袜，显得有些过时。尽管其目的并不光明正大，但形象制造却像一门艺术，能够触及人类心理中尚未被挖掘的隐秘之处。这门技艺可以被一群人精通，从而影响另一群人的行为。

我们对那个时代的迷恋十分广泛——迷恋其风格、其器具、其价值观——这让我们看到，自那时以来，有些东西遗失了。没错，一系列残忍的谋杀、越南战争，还有肯特州立大学屠杀案，不可挽回地中断了二战后美国的胜利叙事。但如果我们再往前看一些，来到泛美航空的时代、世界博览会的时代、“迪克·凡戴克秀”的时代，就会发现美国已经在经历深刻而极端的变化，从一种文化转变为另一种文化，原先那个可能会被布尔斯廷称作语言与文本的世界，转变成了形象的世界。

布尔斯廷在心底是个保守派，他认为这种转变意味着背离深思熟虑的思想，转向浅薄的理解。话语需要时间来讲述和聆听，需要费力气分析其意义，而形象的冲击发生在一瞬间，它带来颓废的影响。在形象占据主导地位以前，推销员或广告得描述产品的优点，诉诸理性，以说服理智。在那以后，就只剩品牌的神话，这些神话常常由心理学家设计推行，可以左右消费者的感情。

同样，随着形象在政治领域的崛起，总统候选人政策纲领的重要性打了折扣，比这更重要的是他的形象能够传达多少难以言喻或毫不相干的价值观。尽管布尔斯廷根据尼克松－肯尼迪1960年总统选战引入这个想法，而当时十分适于电视广播的肯尼迪最终成为胜者，但最终，这种新的媒体现实并不总是有利于左派。里根比肯尼迪更依赖对视觉形象的国际层面的操纵，现代保守党也学会了利用电视阻滞思想的即时性，其功力相比于任何自由派民主党人也毫不逊色。

然而，现实证明布尔斯廷所做的最准确、与我们最息息相关的预言，在于人造形象能够在何等程度上取代现实本身。他在自己的时代看到了趋势的兴起，看到被创造出来的形象与传播它们的媒体发展出了自己的生命。正因如此，《广告狂人》的时代才令人大感兴趣，甚至在如今有了一丝情怀的味道。在那时，人们依然运用自身的创造力。那些广告狂人积极创造着银行的商标、肥皂的品牌神话，以及麦片盒上的形象。纯真的创造力推动着这一切文化生产与再生产，同时还有对新技术货真价实的激动心情。彩色电视的魔力与太空争霸一样壮观。

但就如布尔斯廷观察到的那样，电视的新奇很快因它随处可见而消失。这些合成的现实有种催眠般的诱惑，在饭店背景音乐与公路边商业区中一刻不停地向我们袭来。纯洁和敬畏让位于知觉过载与无意识。就像后来鲍德里亚解释的那样，我们和这些媒体的所有创造性源泉脱节了，因为它们所制造的刺激已经成了新的现实。这种文化脱节所导致的第一批症状，在布尔斯廷看来，预示着更大的疾病，即广泛的自我欺骗与不满足。马歇尔·麦克卢汉后来用不太带有批判性的语言来归类这些变化，如“热与冷”或“退化与恢复”，但布尔斯廷与他不同，直白地表达了他对美国体验与其话语前进方向的忧虑和蔑视。

最著名的是，他创造了“伪事件”一词，用以描述那些受公共关系推动、过分戏剧化的媒体行为。他看见一些事件和想法得以传播、得到注意，不过是因为它们符合危言耸听的媒体的口味。这些人造事件让我们从重要事项上分心，用形象的语言重塑了一切。他害怕总统选战变得太像问答节目，媒体报道的焦点不再是重要议题，而是候选人电视辩论的表现。伪事件只会突出伪能力。

他忧虑好莱坞针对小说再创作的趋势，营造幻觉，让人误以为不同体裁之间可以互相转换，以为只要看过电影就能抓住一本书的精要。(要是布尔斯廷看到今天的大学生在“火花笔记”网站上读两段总结来学习《哈姆雷特》的要点，他会说些什么？）虽然电影可以展现全景以及各种各样的场面，其表达能力却只限于就某些议题向外“大声表达”。而另一方面，小说有能力“向内呢喃”，关注更为内在的戏剧性，这只有通过让读者独自投入较长的思考才能做到。在一个形象为先而不是文字为先的世界，内在生活便让位于外在表演。本体让位于模拟。

伪事件转而催生出一种新的名流：因为出名而出名的人。布尔斯廷考虑的是好莱坞的明星系统，它制造出“类型”角色，选角本身就在某种意义上传达了这个角色需要为人所了解的一切信息。此外他同时至少模糊地预告了今天的“真人秀”电视节目，在这些节目上，任何才能不仅是多余的，实际上更是阻碍。比方说，MTV 台《真实世界》节目里孩子的超群之处主要在于，他们能以《真实世界》的选角风格行事。每一季《真实世界》就像任何真人秀一样，本身是个伪事件，完完全全的人造事件，因为它拒绝迎合任何自己以外的东西，并且凭此愈加成功。

在这样一个伪舞台上，名人已经不仅仅是布尔斯廷口中的“自我实现的预言”，而且是自我指涉的真空。要衡量并确认名人的纯度，最好去验证他们没有能力完成任何真正的任务。比如帕丽斯·希尔顿，她之所以出名，是因为她除了做名人以外，没能力胜任任何事。其大热真人秀跟着她和她的朋友穿行美国，看点在于她们如何或是因为懒惰或是因为能力不足而在任何最简单的任务上遭遇失败。同样，查理·辛之所以达到他名人生涯的巅峰，并非凭借在自己的电视情景喜剧里奉上杰出表演，而是通过社交媒体分享他关于世界的疯狂谵语。就连他塑造的虚拟电视角色，与其说是表演，倒不如说是对他那伪事件式的放浪生活的戏谑评论。

虽然布尔斯廷没有看到互联网的出现，但他确实预见了我们前进的方向，并迫切地警告我们，在一头扎进形象世界时，我们注定会将人性与智识抛在身后。然而，他或许没有意识到的是人与人之间的网络连接技术会发展到何等程度，以至于挑战他所避之而不及的形象工厂的优势地位。通过为彼此制造形象，而不是仅仅消费美国企业创造的形象，我们得以开始反转布尔斯廷所说的被广告人“编排”的趋势。

他同样似乎完全没有意识到市场经济在制造形象和篡夺含义的行为背后起到了推动作用。我们现在已经懂得，媒体并不独立于其他社会建制，而是更大的权力与经济生态的一部分。电视在制造伪事件中扮演的角色，并不比脸谱网在催生阿拉伯之春运动时扮演的角色更重要——尽管这些媒体形式的偏见毫无疑问地影响了最后产生的结果。

在 1962 年的美国，公司资本主义天经地义。当时唯一的问题在于，用什么方法才能最好地向美国兜售它的价值与产品。麦迪逊大道上的广告人相信，他们可以创造一个神话般的世界，在这个世界里，品牌与消费不仅能让公司赚得盆满钵满，还能满足我们无意识的渴望。布尔斯廷认为这种努力不仅十分危险，还相当于承认了失败。如果不是要掩盖某些东西，我们为什么需要广告业呢？由于向这些不诚恳的形象制造者投降，我们表现得仿佛自己心有不轨，需要隐瞒掩盖。事后看来，或许确实如此。

是不是没有广告业的操纵就能实现更真实的美国梦呢，无论如何，我们无疑还是落入了梦中。这个梦是我们怀抱着乐观心态和无限可能性建立起来的，从底特律到莱维敦，在放着埃姆斯和海伍德－维克菲尔德家具的办公室和卧室里，在国家广播公司的节目与飞歌牌电视里。若说我们常常满怀迷恋与渴望地回顾那个时代，不太可能是因为 20 世纪中期的家具和时尚，而是因为我们理解了这些家具和时尚的制造者和使用者所怀有的强烈意识。那是我们堕入梦境前最后的精彩时刻。

这本书是梦境彼岸传达给我们的最清晰的信函。在这梦中，布尔斯廷看见我们漂泊无依，他恳求我们从这梦中醒来。他分析了我们被哄入梦乡的过程，正视他的分析，我们或许最终能找到让自己重回清醒的机会。

道格拉斯·洛西科夫

哈德逊河畔黑丝廷斯，2012 年

道格拉斯·洛西科夫，媒体理论专家，著有《编程或被编程》《生活 Inc》《媒体病毒》和《大脑操纵》。他制作了电视纪录片《酷文化商人》《说服者》以及《数码国度》，曾获得媒体生态学协会马歇尔·麦克卢汉奖及尼尔·波兹曼奖。

延伸阅读（及写作）建议

注：下文有关书籍的讨论有三个目的：（1）让读者知道如何进一步学习我提到的话题；（2）向对写作此书帮助最大的书籍、文章和其他材料致意；（3）指出一些有待探索的领域。

我在本书中尝试描述的，是一种人类体验的较深刻、较革命性的改变，这种改变往往需要较长时间才能进入历史书。一般是在这些新事物显得十分平常，从而不再威胁学者端方庄重的思维模式后，历史书才会记录它们。“文艺复兴”是欧洲的思想解放运动，其起源至少可以回溯到 14 世纪，直到 17 世纪末才告结束，但这个表述要到 19 世纪中期，才得到历史学家的广泛使用。直到 19 世纪末 20 世纪初，历史学家才开始积极探索工业革命，而这场革命的起源至少可以前溯到 17 世纪。历史学这一行越是专业、越受尊重，历史学家就越倾向于把流动的体验框定在死板的类别中：政治史、经济史、思想史，不一而足。每一个门类都变成了广受承认的专业，有了各自的专业协会、学术刊物，还对行外人竖起了“不得擅入”的警告牌。于是，不可避免地，伟大的变革在这个体系里找不到体面的位置，因为它或是横跨了既有的分类，或是完全不在旧类别的范围内。如果一些事实恰好能归入传统章节标题下，那它便不太可能是激进的新事物；若不能归入，则很有可能被排除在外。

过去几十年间，在提供我国早期政治领袖作品的准确文本方面我们取得了巨大进展——包括富兰克林、杰斐逊、亚当斯、麦迪逊、汉密尔顿，等等等等。在国家档案中心、国会图书馆、州立档案馆、地区历史协会及其他地方，我们不断收集着公众人物的往来信件、政府文件草案资料，以及其他常规的重要历史资料。我们应该继续这么做，更应继续改进我们保存、分类、按日期整理以及编辑的能力，以妥善安置这些彰显我国传统的纪念物。但除了寥寥几本书（大多是关于报纸杂志历史的书籍），除了一些零星的商业史以及某些方面的进步，除了几个像哥伦比亚大学口述历史系这样颇具独创性的项目外，几乎所有图像革命导致的巨大变革，都没能进入我们最优秀的历史学家的视野中。

摄影史、艺术品复制史、团体游史、酒店或汽车旅馆史、广播史或电视史之类的许多主题，大体上依然被认为上不了史学的台面（至少是处在严肃史学领域的边缘）。除了美国研究专业以及美国研究协会鼓励放宽的某些分类标准以外，我们的文明史中有许多最为重要的主题都遭到了学术上的放逐。它们无法被纳入人们熟悉的学术分类中，也不能作为博士课题来考察；又或是需要结合科学和人文知识，鲜有人满足这一标准。如果教授自己都不了解这个主题，学生为什么要懂呢？那么，谁能说一篇学术论文“满足了毕业标准”呢？我们的历史学科，包括许多自称“跨学科”的科目，依然几乎只关注旧的分野，眼睛盯着这份或那份关税条约的背景，盯着小政党的前史，盯着政治或经济主题相关文件的编年史；最多也就是找找新方法，把新社会科学的统计学与一成不变的传统分类联系起来——杰克逊总统时期的劳工史，“社会阶层”以及进步运动，等等。

如果说本书只有一个目的的话，那就是为新的美国荒野描绘一个粗略的地图，覆盖太过鲜为人知的领域。它可能让我们看到，我们如今所知的多么有限，我们探索这个时代的内在巨变的速度又多么缓慢。

写作本书的主要动力，是我的个人经历：我看到的广告牌、我读过的报纸杂志、我听过的广播节目、我看过的电视节目、我看过的电影、我每天收到的邮寄广告、我在店里见过的商品、对着我讲过的销售话术、我听过的对话、我在身边感觉到的种种渴望。我所指出的20世纪美国所具有的倾向和弱点，也是我自己身上的。无论我能不能说服我这个时代的人，我猜想，未来某些历史学家若对印刷物怀抱过度的崇敬，或许会把我的作品当作“一份文献”。我想说服当下的美国同胞，告诉他们，他们也是一手资料。日常经历中鸡毛蒜皮的小事，回答了我们生活中最重要的问题：那就是，我们所相信的真实是什么？

我并不打算在下文列出完整的参考书目，甚至不打算涵盖基本资料。相反，我给出了我眼中最有启发性的材料，它们可能也会对读者了解这些主题有所帮助。

在这一方面最有用的书（还有专业历史学家及业余历史爱好者最为忽视的一些书籍）讲述的是口头和书面语言的历史。没有什么科目对其研究者提出的要求比语言学更严苛；但语言学研究的成果对我们所有人都有助益。我们当然要提防遵循某个词语首次使用时的含义的教条观点，但这不过是作为一位好的历史学家面对没有证据支持的观点时所应有的谨慎罢了。记录语言历史的人为我们带来一座丰富的矿藏，我们可以从中探索特定的说话与思考方式是如何传播开来的。

语言记录的亲密感、色彩与精微之处，是别处难以寻见的。在这方面奠定基础、开启新纪元的作品自然是詹姆斯 · A.H. 穆雷等人编纂的《基于历史原理的新英语词典》(*A New English Dictionary on Historical Principles*，十卷本，另有补遗，1888—1933 版，还有另一卷在筹备中)，该书较为人所知的名字是《牛津英语词典》(*Oxford English Dictionary*，简称 OED)。与之相对的美国版是威廉 · A. 克雷吉爵士与詹姆斯 · R. 赫尔伯特合编的《美国英语词典》(*A Dictionary of American English*，四卷本，1938—1944 版)，该书涵盖了至 1900 年左右的美国语言历史。至于 20 世纪，我们有幸看到米特福德 · M. 马修斯（编著）的《美式表达词典》(*A Dictionary of Americanisms*，两卷本，1951)，正好承接克雷吉与赫尔伯特的未竟之功。马修斯的工作限于“美国英语”，也就是说，发源于美国的单词、表达或用法；它修正了前面一些词典中的错误。除此以外，我们还有 H.L. 门肯的经典大作《美国语言》(*The American Language*，1937)、《美国语言：增补一》(*The American Language: Supplement One*，1945；1—6 章）和《增补二》(*Supplement Two*，1948；7—11 章)，这些作品现在正由小瑞文 · I. 麦克达威修订，他对这些作品做了极有价值的更新与缩略，新版本也将很快面世。20 世纪的口语历史由伯根 · 埃文斯和科妮莉亚 · 埃文斯做了合理但不完整的记录，成书《当代美语用法词典》(*Dictionary of Contemporary American Usage*，1957)，哈罗德 · 温特沃斯和斯图尔特 · 伯格 · 弗莱克斯纳则完成了出类拔萃而一丝不苟的工作，成书《美式俚语词典》(*Dictionary of American Slang*，1960)。只要花几个小时读温特沃斯与弗莱克斯纳的作品，学生就可以学到美国的情感、习俗以及社会态度的历史，其效果两倍于阅读我所知的任何一本介绍美国社会历史的图书。至于介绍现代美国语言的词典，我认为最有用的是《韦氏新世界美语词典》(*Webster's New World Dictionary of the American Language*，1957)。另一本杰出的词典则是《美国大学词典》(*American College Dictionary*，1959)。我们可能不愿意直白地描述自己最深藏的情感，但我们所不愿启齿的内容却违背了我们的意愿，被我们用以掩盖情感的词语记录下来。精通我国语言历史的专家可以用我们自己说的话让我们无话可说。

除此以外，对我在本书中所描述的变化的历史颇有价值的信息来源，是种种实用手册，如《商标管理：给商人的指南》(*Trademark Management: A Guide for Businessmen*)，由美国商标协会在1955年于纽约出版；威廉·M.弗里曼的《大人物》(*The Big Name*，1957)，谈的是如何取得并保护代言活动。还有行业刊物，如《印刷油墨》(*Printers' Ink*)、《广告时代》(*Advertising Age*)、《综艺》(*Variety*)、《出版人周刊》(*Publishers' Weekly*)、《民意季刊》(*Public Opinion Quarterly*)、《编辑与出版人》(*Editor and Publisher*)。它们都非常可靠，也无疑提供了从业者关注的、讨论的、忧心的内容。

第一章 从采集新闻到制造新闻：伪事件的洪流

本章观察到的现象自然都来源于杂志、新闻报刊、广播和电视节目。至今，我们还没有关于美国人眼中“新闻”的较完整的通史，也没有通讯或形象制造的一般历史，但我们确实已经有了一些颇有价值的学术作品，研究部分传统对象，如新闻报刊和杂志。我所说的图像革命现在还没有任何编年史，只在流行作品、实用专业手册和课本，以及零星的行业刊物与技术刊物中有一些记录。

图像革命在美国经济史中的背景很难追溯，这是因为即使我们广泛地（多半是在无意中）从经济角度解读历史，美国经济史大体上也还是一片待开垦的学术荒原。全国的学院都在寻找足以胜任工作的经济史学家，却徒劳无功。这种学者依然数量极少，既是因为较灵活、较不常规的课题被相对新兴的社会科学捷足先登（政治学、社会学、心理学和社会人类学），也因为随着经济理论越来越数学化，越来越少有历史学家可以适应这个图表与方程的世界了。在各种各样的话题中，对外行有价值的信息有许多可以在美国商务部人口统计局所提供的《美国历史统计资料，从殖民时期到 1957 年》（*Historical Statistics of the United States, Colonial Times to 1957*，政府印刷局，华盛顿特区，1960）。最有参考价值的书有瑞士历史学家希格弗里德·吉迪恩的《空间、时间与建筑》（*Space, Time and Architecture*，1941）和《机械化掌控一切》（*Mechanization Takes Command*，1948）。

美国制造体系和标准部件体系是图像革命的先驱和原型，对其开端时期的研究，请见珍妮特·米尔斯基和艾伦·内文斯合著的《伊莱·惠特尼的世界》（*The World of Eli Whitney*，1952），尤其是13—16 章，还有康斯坦斯·格林逻辑清晰的《伊莱·惠特尼和美国科技的诞生》（*Eli Whitney and the Birth of American Technology*,

1956)。还有一本书内容非常专业，但外行人也能看懂，是约瑟夫·W.罗的《英美工具制造者》(*English and American Tool Builders*，1916)。这本书向我们介绍了熟练技工、制模工和测量机的发明者，他们对建立眼下的生产制造系统至关重要，正是这个系统给我们带来了现代美国的标准生活。约翰·A.考恩霍文的《美国制造》(*Made in America*，1948)活泼且充满独创性地探索了许多主题，包括美国技术带来的艺术成果。在这个主题上颇具启发性的简短介绍包括：约翰·E.索耶的"美国制造系统的社会基础"，该文刊载于《经济史学刊》(*Journal of Economic History*)，第十四期(1954，四号刊)，361—379页，以及"社会架构与经济增长"，《美国经济评论》(*American Economic Review*)，第四十一期(1951年5月)，321—329页；还有D.L.布恩的"美国工程竞赛起源录"，《经济史》(*Economic History*)，第二期(1930—1933)，292—311页。

有关现代机械印刷，尤其是快速印刷和造纸的详细历史研究成果可以给我们提供大量背景知识，这一背景对研究新闻报纸的历史至关重要。我们有幸可以读到弗兰克·卢瑟·莫特开创性的作品：《美国杂志史》(*A History of American Magazines*，四卷本，研究范围直到1905年；1938—1957)、《美国新闻业》(*American Journalism*，修订版，1950)以及《新闻在美国》(*The News in America*，1952)。我非常依赖莫特的成果，他的成果几乎从任何角度看都值得赞扬；他的作品可读性极高，翔实可靠，富有想象力，但大的组织观点略有些缺陷。还有一部早期作品很有价值，着重关注社会背景，作者是阿尔弗雷德·M.李，书名为《美国的日报》(*The Daily Newspaper in America*，1937)。篇幅较短，较近期的另一部作品着重关注整体趋势和报纸行业本身，作者为伯纳德·A.魏斯贝格尔，书名是《美国新闻人》(*The American Newspaperman*，芝加哥美国文明历史系列，1961)。魏斯贝格尔这本小书的末尾列出的参考书目表是对文献的杰出概括；同样，艾伦·内文斯的“美国新闻业与其历史处境”一文的参考资料所列出的文献也非常好，该文发表于《新闻学季刊》(*Journalism Quarterly*)，第三十六期（1959 年秋季），411—422 页及 519 页。还有一本书对相关主题作很有帮助但并不完整的介绍，作者是莱曼·H.威克斯，书名为《美国造纸史，1640—1916》(*A History of Paper-Manufacturing in the United States, 1640—1916*，1916)。

我们可以在某些新闻人的传记中了解到许多关于现代新闻技巧发展的信息，如林肯·史蒂芬的《自传》(*Autobiography*，1931)，还有其他传记，比如唐·C.赛茨的《詹姆斯·戈登·贝内特父子：纽约先驱报老板》(*The James Gordon Bennetts Father and Son: Proprietors of the New York Herald*，1928)，奥利弗·卡尔森的《制造新闻的人：詹姆斯·戈登·贝内特传，1795—1872》(*The Man Who Made News: A Biography of James Gordon Bennett, 1795—1872*，1942)，弗朗西斯·布朗的《时代周刊的雷蒙德》(*Raymond of The Times*，1952)，另外，还有他们的理念，如查尔斯·A.达纳的《报纸制作艺术》(*The Art of Newspaper Making*，1900)。如今还在世的新闻人——收集新闻和制造新闻这门技艺和职业的先驱者和发展者——还可以为公众做最后一次贡献，写出包含亲身经历的职业传记。

传媒代理和公共关系的历史还没有人写成书。最好的材料也都十分零散，比如爱德华·L.伯内斯开风气之先的手册《舆论的结晶》(*Crystallizing Public Opinion*，1923）和他其后的作品《公共关系学》(*Public Relations*，1952)，还有他担任编辑的论文集《同意的工程》(*The Engineering of Consent*，1955)；还有一些好材料是专题式的，如很有帮助的“今日的公共关系”，《商业周刊》(*Business Week*，1960 年 7 月 2 日)，41—62 页；《财富》杂志里也偶尔有好文章。伯内斯的作品最精细，最有哲学自觉，是造诣最高的公共关系作品——同时探讨了公共关系的制度与行业。可以读他很有价值的文献目录《公共关系，爱德华·L. 伯内斯与美国情境：附注释的参考书目……1917 至 1951》(*Public Relations, Edward L. Bernays and the American Scene: Annotated Bibliography ... from 1917 to 1951*，1951；增补，1957)。他的传记正在筹备中，可能会是美国社会史的一部煌煌大作。也可读埃里克·F. 哥德曼对该主题颇有帮助的简短介绍，《双向道》(*Two-Way Street*，1948)；还有大卫·芬恩令人印象深刻的短文“公司虚荣的代价”，《哈佛商业评论》(*Harvard Business Review*)，第三十九期（七八月刊，1961)，135—143 页，在本书即将付印时，我发现了这篇文章。根据他在公共关系领域的丰富经验，芬恩得出了与我十分相似的结论。

新闻报纸的兴起与美国政治的关系这一话题可能更受公共关注，因此有更多文献，但依然是碎片化的。沃尔特·李普曼在20 世纪初出版了几本简洁且具有预见性的作品，《舆论》(*Public Opinion*，1922）和《幻影公众》(*The Phantom Public*，1925)，两本书设想了正在变化的新闻采集技术对政治理论和民主制度的外延性影响。道格拉斯·卡特的《第四权》(*The Fourth Branch of Government*，1959）一书十分深刻，是奠基之作，我从中获得了许多帮助；这本书值得广为流传。华盛顿媒体团体的兴起与其技巧和行为准则在詹姆斯·E. 波拉德的《总统与媒体》（*The Presidents and the Press*，1947）一书中得到溯源，这本书像一座宝藏，有条不紊地介绍了关于我国总统的媒体性格的信息；利奥·C. 罗斯腾的《华盛顿记者》（*The Washington Correspondents*，1937）一书收集了极具价值的统计及社会学数据，来源于 127 名于 1935 年 9 月到 1936 年 12 月间在华盛顿工作的驻派记者。杂志与新闻从业者本人的批判性观点可以在 T.S. 马修的《糖丸：论报纸》（*The Sugar Pill*，1959）里找到，这本书从前《时代》杂志编辑的角度批判新闻娱乐化的现象，还有卡尔·E. 林德斯特伦的《正在消失的美国报纸》（*The Fading American Newspaper*，1960）一书描述了技术、金钱和社会力量与新闻报纸日渐衰弱的影响力之间的关系。还有一些有趣的假说，出自奥斯瓦德·格里逊·维拉德的论文集《正在消逝的日报》（*The Disappearing Daily*，1944），其中的同名论文“正在消逝的日报”尤其有启发性。关于史上第一次采访，请见乔治·特恩布尔的“关于采访史的一些笔记”，《新闻学季刊》，第八期（1936 年 9 月），272—279 页。

至于新闻收集技术的变化对美国政治的影响，请见我的“公共关系的直接民主：向民众推销总统”，此文见于《美国与欧洲形象》（*America and the Image of Europe*，1960），97—117 页，华特·约翰逊做出了更具普遍性的解读，见《宾夕法尼亚大道 1600 号：总统与人民，1929—1959》（*1600 Pennsylvania Avenue: Presidents and the People, 1929—1959*，1960）。理查德·H. 罗维雷的《乔·麦卡锡参议员》（*Senator Joe McCarthy*）一书做出了敏锐且渊博的解读，这应该归功于我们时代最有学养的记者的个人心得与亲身在场的所知所得。我们可以在罗斯福总统身边人的回忆录中瞥见现代首位总统—媒体关系大师的技巧：比如说罗伯特·舍伍德的《罗斯福与霍普金斯》(*Roosevelt and Hopkins*，1948)，塞缪尔·I. 罗森曼的《与罗斯福共事》(*Working With Roosevelt*，1952)，还有亚瑟·M. 施莱辛格出色的多卷本《罗斯福年代》(*The Age of Roosevelt*，1957—)。

白修德的《美国总统的诞生》(*The Making of the President*，1961) 为我们揭露了用于总统竞选政治的搜集新闻、制造新闻与传播新闻的技巧。第十一章着重介绍了媒体关系和电视辩论。

就我所知，《国会议事录》(*Congressional Record*) 还没有整体性的史书。要把这样的史书写好，需要法国讽刺作家拉伯雷式的粗俗幽默与索福克勒斯式的悲剧态度。我提及的问题可以在克莱伦斯·坎农的《坎农众议院仪式程序》(*Cannon's Procedure in the House of Representatives*，第四版，华盛顿特区，1944) 一书中窥见一斑。我提到的改革者演讲是密苏里州的乔治·格雷厄姆·维斯特参议员 1884 年 9 月 23 日在参议院的演讲（见《国会议事录》，参议院卷，第十六卷，第一部分，第四十八届国会，第二会期，422 页)；这一演讲值得全文阅读。如果有足够的好奇心、有时间、有精力，公民可以通过本地参议员或众议员订阅《议事录》。但在订阅前，他要做好准备，接受其导致的结果。他得对自身对民主制度的热爱有充足的信心；除此以外，还有其他风险。一旦开闸放出洪水，要关上就难了。

有一些社会学研究关注不同媒体的效果和它们之间的关系。其中最优秀的研究之一，是对芝加哥麦克阿瑟游行的研究：库尔特·兰和格拉蒂斯·恩格尔·兰的研究，“以独特视角看待电视与其效果：试研究”，《美国社会学评论》(*American Sociological*

Review)，第十八期（1953），3—12 页。该研究还有一份更详细的报告，是未出版的博士论文（1953），藏于芝加哥大学社会学系。这篇论文赢得了 1952 年爱德华 · L. 伯内斯基金会奖项，研究做得非常精细，很有独创性。同样，鲁本 · 梅林的“新闻和照片结合造成的态度改变效果”，《新闻学季刊》，第三十六期（1959 年春季），189—198 页；该刊还可以读小埃尔默 · E. 康威尔的“总统新闻：不断扩张的公共形象”，275—283 页。

图像革命背景的巨大变革还有待历史学家研究。虽然有一些有价值的传记，如卡尔顿 · 马比的《美国的列奥纳多：塞缪尔 · F. B. 摩斯生平》（*The American Leonardo: The Life of Samuel F. B. Morse*，1943），马修 · 乔瑟夫森的《爱迪生》（*Edison*，1959），还有公司史，如罗伯特 · L. 汤普森的《连接大陆：美国电报行业史，1832—1886》（*Wiring a Continent: The History of the Telegraph Industry in the United States, 1832—1886*，1947），但电话、留声机、广播和电视的历史依然无人讲述。希望宾夕法尼亚大学的安尼伯格传播学院在吉尔伯特 · 赛德斯的带领下，在一众学者，包括帕特里克 · D. 哈扎德的帮助下，可以填补一些这样的空缺。要了解打字机和它在美国各地的重要地位，可读理查德 · N. 克伦特简明扼要的《打字机与其制造者》（*The Typewriter and The Men Who Made It*，1954）以及小布鲁斯 · 布利文的《奇妙的写字机器》（*The Wonderful Writing Machine*，1954）。速记史可以揭露我们生活中一些被遗忘的角度；书法史与手写的没落也有可能让我们获益良多。就我所知，现在还没有任何史书讲述影响力极大的复制技术，如油印机、复印机（红外辐射热影印法等）、平版印刷或照相胶印印刷。

也有极具价值且十分好读的专业书籍，如詹姆斯 · D. 霍兰的《马修·布雷迪，带着照相机的历史学家》(*Matthew Brady, Historian with a Camera*，1955)，以及多萝西·诺曼的《阿尔弗雷德·施蒂格利茨》(*Alfred Stieglitz*，1960)；还有大量“图像历史”——囊括南北战争、美—西战争、第一次世界大战和第二次世界大战，还有从水管设施到总统的一切。但我们还需要更全面、更现代、配得上这个伟大主题的美国摄影史书。有一本书看到了摄影的庄严与哲学重要性，是安德烈·马尔罗宏伟的《寂静之声：人与其艺术》(*The Voices of Silence: Man and His Art*，斯图尔特·吉尔伯特译，1953)。不幸的是，对于该主题历史的粗略概括与发展的大倾向，读者只有《大英百科全书》的“摄影”条目一文可读。

第二章　从英雄到名人：人类伪事件

我们的伟大书籍中有很大一部分——《圣经》《伊利亚特》《奥德赛》《埃涅阿斯纪》——内容当然是英雄与英雄崇拜。传记这一体裁出现得相对较晚；在英国，传记的历史最多回溯到文艺复兴期间——大概是17世纪。批判性传记——在英语文学中，可以回溯到无心插柳的《塞缪尔·约翰逊生平》(*Life of Samuel Johnson*，1791——出现的时间更晚)，作者是詹姆斯·鲍斯韦尔。对英雄与传记本质的自发研究不过只有一个多世纪的历史。最具影响力的作品是托马斯·卡莱尔的《英雄，英雄崇拜与历史中的英雄人物》(*Heroes, Hero-Worship, and the Heroic in History*，1841)。拉尔夫·瓦尔多·爱默生的《代表人物》(*Representative Men*，1850)可能受到了卡莱尔作品的启发；爱默生的著作收集了公开演讲稿，主题人物十分多样，包括柏拉图、瑞典科学家斯威登伯格、蒙田、莎士比亚、拿破仑和歌德。该书是讲述英雄“天赋权利”理论的作品中最著名的美国作品。许多老的 7 月 4 日国庆致辞都围绕我国建国者的英雄主义（即神圣灵感）这一主题作了不同阐释。所有这类作品一般都要求读者或听众与作者或讲述者一同崇敬英雄的伟大。在 19 世纪晚期与 20 世纪早期——随着对批判性及科学性历史的狂热逐渐兴起、社会学和人类学的发展、各种形式的对历史的经济学阐释（“理性化”），以及弗洛伊德派与荣格派心理学的兴起——许多作者开始通过各种新的方式，邀请读者对过去所有英雄都投以疏离与怀疑的目光。反映人类伟大的现象，与神圣再无关系（神圣本身也成了人类的虚构），而是某种集体社会幻觉。展现并加强这种倾向且具有世界影响力的欧洲作品（每一本读来都十分令人愉快且兴奋）包括：欧内斯特·勒南的《耶稣的一生》（*Life of Jesus*，1863）、詹姆斯·乔治·弗雷泽爵士的《金枝》（*The Golden Bough*，十一卷，1890—1915）和西格蒙德·弗洛伊德的《摩西与一神教》（*Moses and Monotheism*，1939）。

对于美国历史中的英雄崇拜现象，没有很令人满意的研究成果。悉尼·胡克的《历史中的英雄》（*The Hero in History*，1943）一书对此作了简短的综述。狄克逊·威克特的《美国的英雄：英雄崇拜编年史》（*The Hero in America: A Chronicle of Hero-Worship*，1941）一书写得十分优雅，收集了美国各伟大人物以及对他们的奉承之词，风格很老派。该书的目的是“关注公众生活中寥寥几位伟大人物……我们从他们身上获得了我们的政府象征，以及作为‘美国人’最值得嘉奖的品质”。还有一本书居于对美国英雄旧的、象征性的态度与新的、批判性的态度之间，即理查德·霍夫施塔特的《美国政治传统与其缔造者》（*The American Political Tradition and the Men Who Made It*，1948；Vintage 图书平装本，1954）。约翰·W. 瓦尔德开展了极具价值的专门研究，成书《安德鲁·杰克逊：时代的符号》（*Andrew Jackson: Symbol for an Age*，1955）。如果想读对殖民时期英雄成长史的生动演绎，可以读卫斯理·弗兰克·克雷文的《国父的传说》（*The Legend of the Founding Fathers*，1956）。对于深谋远虑的美国英雄在美国政治传统中所处的特殊地位的另一种解读，请见我的《美国政治的天才》（*Genius of American Politics*，1953；凤凰平装本，1958）。阿道夫·希特勒的信条“强大的人在独自一人时最有力量”与“联合的胜利”从未造就任何伟大，这些观点在《我的奋斗》第八章中得到详细阐明。

拉格伦男爵的《英雄：对传统、神话与戏剧的研究》（*The Hero: A Study in Tradition, Myth, and Drama*，1936；Vintage 图书平装本，1956）与约瑟夫·坎贝尔的《千面英雄》（*The Hero with a Thousand Faces*，1949；子午线图书平装本，1956）精妙地运用了心理学、人类学与批判史学的技巧。

若有更多研究项目关注美国传记的社会史，将极大地帮助记述美国理想的历史。约翰·A. 迦勒特《传记的性质》（*The Nature of Biography*，1958）一书做出了十分有用的普遍定义，不过并不主要关注美国。W. 伯力·布朗《人民的选择：竞选传记中的总统形象》（*The People's Choice: The Presidential Image in the Campaign Biography*，1960）一书研究了在大选期间为总统竞选者写传记的捉刀人为他们赋予的种种美德。在《一位传记作家的冒险》（*Adventures of a Biographer*，1959）一书中，凯瑟琳·德林克·包恩颇具启发性的文章描述了今日传记作家面对的许多问题。奥斯卡·汉德林等人所著的《哈佛大学美国历史指南》(*The Harvard Guide to American History*, 1954)一书为我们提供了一条了解美国传记文献的路径。在罗伯特·斯皮勒等人的《美国文学史》(*Literary History of the United States*, 三卷本, 1948)第三卷令人敬佩的文献目录的相关部分中,也能找到这方面阅读的路径。以下作品十分便利地概括了这点:爱德华·H.奥尼尔的《美国传记史, 1800—1935》(*A History of American Biography, 1800—1935*, 1935),《美国人创作的传记, 1658—1936》(*Biography by Americans, 1658—1936*, 文献目录, 1939);以及马里恩·达尔冈,《美国传记指南,第一部分: 1607—1815》(*Guide to American Biography, Part I: 1607—1815*, 分类文献目录, 1949)。关于认识美国英雄的另一种方式,路易斯·卡普兰等人的《美国传记文献目录》(*Bibliography of American Autobiographies*, 1961)一书提供了原始资料。理查德·多尔松的《美国民间传说》(*American Folklore*, 芝加哥美国文化历史系列, 1959)则介绍了美国民间传说中的英雄。

关于名人与名人崇拜史的文献数量非常少。近年来,没有什么作者比克里夫兰·艾摩利更能敏锐地察觉到社会认同标准的转变。他的《名人纪事》(*Celebrity Register*, 1959)是与厄尔·布拉克维尔合作的成果,堪称我们时代最有代表性的文献之一。《名人纪事》极好地表达了我们的社会偏好,可与英国早前的《伯克贵族名谱》(*Burke's Peerage*, 1826)或《伯克地绅名录》(*Burke's Landed Gentry*, 1833—1838)相较。克里夫兰·艾摩利的《谁杀了上流社会》(*Who Killed Society*, 1960)堪称宝藏,介绍了引人敬佩的标准的演化，信息无所不包，该书护封上的文字精妙而准确地描述了其内容：“名人与贵族在美国的战争——从‘第一家庭’到‘四百名流’再到‘公共社会。’”至于代言，请见威廉·M. 弗里曼的《大人物》(1957)。《美国社会模式》(*American Social Patterns*，威廉·皮特森汇编；Anchor 出版社平装本，1956) 收录了利奥·洛文塔尔“大众杂志中的传记”一文，极具价值。亦可见杰里米·埃里森和弗兰克林·T. 古塞的“非虚构杂志文章：内容分析”，发表于《新闻学季刊》，第三十六期（1959 年冬），27—34 页。

对于媒体秘书及其在政治与美国公共生活中扮演的角色，可以写一本重要的作品。就我所见，最有启发性的作品是蕾拉·斯蒂尔斯的《罗斯福背后的男人：路易斯·麦克亨利·豪的故事》(*The Man Behind Roosevelt: The Story of Louis McHenry Howe*，1954)；另外还有当代杂志上各种各样的文章，如《时代》周刊第七十一期（1958 年 1 月 27 日）16—20 页关于艾森豪威尔总统的媒体秘书詹姆斯·C. 哈格蒂的报道；《时代》周刊第七十六期（1960 年 12 月 5 日）关于肯尼迪总统媒体秘书皮埃尔·塞林格的文章。安尼伯格传媒学院的帕特里克·D. 哈扎德慷慨地准许我读了他未发表的文章“作为英雄的艺人：反智传统的负担”，该文对我而言价值难以估量。

在我重构林白从英雄到名人的变化故事时，我参考的事实依据主要来自肯尼斯·S. 戴维斯《查尔斯·A. 林白与美国梦》(*The Hero: Charles A. Lindbergh and the American Dream*，1959)。这本书巨细无遗，既有优秀小说特有的生动与温暖，又具有不带丝毫感情的客观性。这本杰出作品证明了掌握社会学家的专业技术不需要抛弃人文主义者的优雅文笔或戏剧洞察力。戴维斯为我们带来了属于这个时代的寓言，20 世纪任何一个严肃学习美国道德的学生都不能错过这本书。人们亦对阿尔·卡彭、鲁道夫·瓦伦蒂诺、查理·卓别林、弗兰克·辛纳特拉、玛丽莲·梦露和埃尔维斯·普雷斯利做了相似研究，具有可与这本书比拟的洞见、同情心与客观性。比起对不那么重要但传统上在我们的政治、文学和学术生活中“有重要性”的小人物的冗长研究而言，这些成果能让我们更深刻地了解自己。奥伦·E. 科拉普的“美国的英雄崇拜”一文中有一些颇具启发性的概念以及许多有价值的细节，尤其是人们对卡彭这样的人物抱有何种态度，该文发表在《美国社会学评论》，第十四期（1949 年 2 月）53—62 页。这项研究还有一份较长的报告，“作为社会类别的英雄”（1948），这份博士论文未出版，藏于芝加哥大学社会学系。在探索我们时代未经总结的社会历史时，《纽约时报索引》（*The New York Times Index*）一直都非常有用。

乔治·沃勒包含大量细节的作品《绑架：林白案的故事》（*Kidnap: The Story of the Lindbergh Case*，1961）在本书即将付印时面世。

第三章 从旅行者到游客：失落的旅行艺术

我们的伟大文学作品很大一部分是英雄的编年史，同样，很大一部分伟大文学作品是也是旅行的编年史。许多伟大的史诗两者兼是。实际上，如果将史诗定义为踏上旅途的英雄的冒险，没多少具有经久不衰的重要性的作品不在此列。这一现象本身就证明了我第二章和第三章的理论。英雄的旅行故事——尤利西斯对独眼巨人——让伟大诗人诗兴大发；但闲暇中（换句话说，正在度假）的名人——在棕榈泉的鲍勃·霍普——除了八卦专栏文章，就激发不了什么别的东西了。英雄的衰落与旅行的衰落结合在一起。除了为宗教和战争而旅行，在过去许多个世纪中，旅行是最能产生英雄、最能激励英雄的人类活动。在宗教中，许多史诗英雄（佛陀、摩西、穆罕默德）都是著名的旅行者。

关于旅行的文本极其丰富（光是美国作品就有一箩筐），不知该从哪里开始读好。其中有一些是美国文献中最令人手不释卷、最激动人心、也最受忽视的作品。我们可以把美国旅行文学分成三大类，它们在逻辑上和年代上，都互相重叠：(1）旅行史诗；(2）旅行概况；以及（3）游记（或观光日记）。

首先是旅行史诗，其中的主要角色是英雄，他在书中完成伟大事迹，面临风险，探索并享受一切陌生与危险。其中有一些美国历史的基本文献：比如说，约翰·史密斯上尉的《弗吉尼亚殖民地成立以来值得一提的情况与事件》(*True Relation of Such Occurrences and Accidents of Note as hath hapned in Virginia since the first planting of that Colony*，1608)，《约翰·史密斯上尉在欧洲、亚洲、非洲与美洲的旅行、冒险与观察，1593—1629》(*True Travels, Adventures, and Observations of Captain John Smith in Europe, Asia, Africa, and America, from ... 1593 to 1629*，1630)。宝嘉康蒂的故事是经典的旅行故事，史密斯在他的《弗吉尼亚通史》(*General Historie of Virginia*，1624）一书中对此作了详细的介绍。威廉·布拉德福德的《普利茅斯种植园史》(*History of Plymouth Plantation*）在很大程度上是一本旅行史诗。第一类作品同样包括一些较晚期的美国经典作品，如《路易斯及克拉克船长远征史》（*History of the Expedition under the Command of Captains Lewis and Clark*，尼古拉斯·比德尔与劳尔·艾伦编著，两卷本，1814）；约翰·劳埃德·斯蒂芬斯的《中美洲旅行事记》（*Incidents of Travel in Central America*，1841）及《尤卡坦旅行事记》（*Incidents of Travel in Yucatan*，1843）；弗朗西斯·帕克曼的《俄勒冈之旅》（*Oregon Trail*, 1849）；乔赛亚·格雷格《大草原贸易》（*Commerce of the Prairies*, 两卷本, 1844）；马克·吐温《艰苦岁月》（*Roughing It*，1872）、《浪迹海外》（*A Tramp Abroad*，1880）以及《密西西比河上》（*Life on the Mississippi*，1883）；还有查理·瓦仁·斯透达的《南海牧歌》（*South-Sea Idyls*，1873）、《莫罗凯岛的麻风病人》（*The Lepers of Molokai*，1885），《夏威夷生活》（*Hawaiian Life*，1894）和《静美小岛》（*The Island of Tranquil Delights*，1904），它们像许多昨日的伪经典一样，成了二手家具店的标配商品。

第二类作品，也就是旅行概况，有时候和第一类有所重叠。这些作品里没有那么多英勇事迹、刺激行动和危险情况，基本上只是收集了奇异或实用的信息。欧洲人在殖民时期写的与美国有关的作品中有不少就具有这些特点。这些作品当时十分热门，是因为提供了新世界的有用信息（或有趣的误传）。自然历史在 18 世纪和 19 世纪早期兴起，带来了像《约翰·巴萃姆在宾夕法尼亚至安大略湖之旅对本地人、气候、土壤等方面的观察》（*Observations on the Inhabitants, Climate, Soil, etc.... made by John Bartram in his travels from Pensilvania to ... Lake Ontario*，1751）这样的书，他的儿子威廉·巴萃姆也写了一本《卡罗莱纳南北、佐治亚，弗洛里达东西等地游记》（*Travels through North and South Carolina, Georgia, East and West Florida, etc.*, 1791);托马斯·杰弗逊有一本《弗吉尼亚笔记》(*Notes on the State of Virginia*, 1784);还有约翰·詹姆斯·奥杜邦《美国鸟类》(*Birds of America*, 1827—1838) 及其日记选段《美国风景特色录》(*Delineations of American Scenery and Character*, 1926)。关于美国人自身的海外经历,有一系列优秀作品(大部分都是社会调查或偶遇名人的记录),请见菲利普·拉编著的《发现欧洲》(*Discovery of Europe*, Anchor 出版社平装本, 1960)。

社会科学的崛起进一步鼓励了这种对遥远地区信息的收集和分类。这类作品包括:还是托马斯·杰弗逊《弗吉尼亚笔记》,明显是专为欧洲读者而写的,法国驻费城公馆书记巴比欧司伯爵提了二十个贝德克尔式的问题,成了该书的主要结构;亚历西斯·德·托克维尔《论美国的民主》(两卷本, 1835;美国版第一版, 1838),该书源于作者在美国不足一年的旅居体验(1831 年 5 月—1832 年 2 月);乔治·卡特林有一本插图《北美印第安人风俗习惯》(*Manners and Customs of the North American Indians*,两卷本, 1841),是作者从黄石到佛罗里达旅行并观察八年的结果。在 18 世纪的美国创作的最令人愉快的书中,包括威廉·伯德过于被人冷落的旅行概况。他以少见的机智为我们带来了或真或假的自然历史、地理与社会习俗知识。他的作品包括《分界线的历史》(*History of the Dividing Line*, 1728)、《向矿山进发》(*Progress to the Mines*, 1732) 和《伊甸园之旅》(*Journey to the Land of Eden*, 1733),每一本都到 1841 年才得以出版。

19 世纪早期,南方和北方间的冲突不断酝酿,引出了一大批值得注意的社会调查旅行书。弗雷德里克·劳·奥姆斯特德极具影响力的著作称得上是重要模范：《海岸蓄奴州之旅》(*A Journey in the Seaboard Slave States*，1856)、《穿越得克萨斯之旅》(*A Journey Through Texas*，1857) 以及《偏远地区之旅》(*A Journey in the Back Country*)，经缩略和修改，成书《棉花王国》(The Cotton Kingdom，两卷本，1861；亚瑟·M. 施莱辛格编著，1953)。托马斯·D. 克拉克和 E. 默顿·库尔特各有一本值得敬佩的分析目录，分别是《在旧南方旅行》(*Travels in the Old South*，1948) 和《在邦联各州旅行》(*Travels in the Confederate States*，1948)。关于美国西部最好的旅行概况被鲁本·G. 思韦茨收录在他的多卷本《早期西部旅行，1748—1846》(*Early Western Travels, 1748-1846*，三十二卷，1904—1907) 中。

这前两种较早的类型在许多杰出的作品中仍被引为典型例证，与此相比，第三种显然更为现代的、关于旅行反响的书（或观光日记）则非常浅薄。这类作品的特点是，它们记录的并不是行动，也不回顾威胁生命的时刻或概述社会情况和有趣的风俗，而是记录旅行者本人的困惑、有趣的慌乱以及一头雾水的感受，或他遍寻冒险而不得的沮丧。作品的焦点放在迷惑、刻意的寻求“趣味”之旅上，而不是那些避无可避的遭遇。可举一例，塔特·布莱恩的《母亲—先生！》(*Mother-Sir!*，1951) 说的是“一位水手的妻子在日本毫无计划的偶然冒险”。赫尔伯特·科布利的《美国人在意大利》(*American in Italy*，1955) 更充实一些，正因作者文笔老练，作品结构十分专业，反而更显出这种旅行文学的局限。

我们需要一些好的旅行史书，定个基调。保罗·哈扎德的《欧洲的头脑，1680—1715》(*The European Mind, 1680—1715*，1953) 在我所读过的书中，在思想、信仰和感情的框架下对传统旅行作了最完美的分析。西摩·邓巴的大作《美国旅游史》(*History of Travel in America*, 1915; 1937) 的价值主要因为它对交通方式作了编年记录，内容好读，其中包含大量未经整理的信息。关于美国人前往世界某个地方的各种动机，可以查阅范·怀克·布鲁克斯所做的特殊研究的成果:《阿卡迪亚的梦想: 美国作家和艺术家在意大利，1760—1915》(*The Dream of Arcadia*: *American Writers and Artists in Italy, 1760—1915*, 1958)。如果想了解不同时代旅行方式背后的哲学和认识论基础，请读哈罗德·A. 英尼斯的《帝国与交流》(*Empire and Communications*, 1950) 和《转变时代观念》(*Changing Concepts of Time*, 1952)。我在《美国与欧洲形象》(1960) 一书中的“历史中的美国时刻”一章里，对旅行方式与观光方式的关系提了几个问题，见书 79—96 页。

观光史的文献，总体而言，发展得更不充分。F.W. 奥格尔维的《旅游运动: 经济学研究》(*The Tourist Movement: An Economic Study*, 1933) 主要是从英国角度写的，焦点放在统计数据和对货币的影响上。A.J. 诺瓦尔在《旅游产业》(*The Tourist Industry*, 1936) 中采取了更广阔的视野，这项研究在开始时，由南非联盟政府主持。就我所知，包括这些书在内，没有一本探索了团体游、旅行社和中产阶级旅游的兴起对生活标准和一般社会态度的影响。有一篇论文研究的是旅行者的支票与信用卡的历史，可能会给人一些启发。(商业或专业等主题) 会议在美国的兴起——这个主题对许多事物都有影响——还有待研究。厄尔·波马洛伊《寻找黄金西部: 美国西部的游客》(*In Search of the Golden West: The Tourist in Western America*, 1957) 一书中的地区研究十分杰出，指出了观光史对社会史这个整体带来的种种可能性。

政府统计资料和促进旅游业的委员会所出具的报告也是很有价值的信息来源。《美国历史统计资料，从殖民时期到 1957 年》(*Historical Statistics of the United States, Colonial Times to 1957*，统计摘要补充；美国商务部，人口统计局；政府印刷局，1960)，尤其是消费者支出、运输、流通和服务数据（比如酒店和汽车旅馆的数据)。以下报告包含各式各样的资料：国际联盟（经济委员会)，《对作为国际经济因素的旅游业的调查》(*Survey of Tourist Traffic considered as An International Economic Factor*，日内瓦，1936)；美国商务部，对外贸易局，《国际旅游调查》(*Survey of International Travel*，华盛顿特区，1956）和《美国在国际旅行中的参与，1959 增补》(*United States Participation in International Travel, 1959 Supplement*，华盛顿特区,1959)；克拉伦斯 · B. 兰德尔，《国际旅行：给美国总统的报告》(*International Travel: Report to the President of the United States*，华盛顿特区，1958 年 4 月 17 日)。

这个主题还可以从侧面切入，研究跨国旅行的手续史，尤其是护照史。然而在这个主题上，大多数印刷资料内容都是纯粹的政府规定和手续，或与公共管理和政治理论相关，比如如何管理护照发放，限制发防护照是否侵犯了自由移动或放弃国籍的权利等等。现行护照管理方法，尤其是获取护照所需手续的大幅度简化和加速（1961 年，芝加哥市民获取护照只需要三天)，证明跨国旅行的特性有所变化。读一读世纪之交时的文件，可以了解一些历史背景，比如美国国务院的《外国护照条例》(*Passport Regulations of Foreign Countries*，华盛顿，1897）和《美国护照》(*The American Passport*，华盛顿，1898)。另请见西奥多 · M. 诺顿的“离开美国的权利”，该博士论文未出版，藏于芝加哥大学政治科学系（1960）。

若想了解特定旅行社的历史，可读约翰·帕德尼的《托马斯·库克的故事》(*The Thomas Cook Story*，1953)，该文写得活灵活现，很有学养，充满想象力、幽默感，公正且不偏不倚；与之相对，艾登·哈奇的《美国运通：一个世纪的服务》(*American Express: A Century of Service*，1950）一书要薄很多，书中在社会史方面表现得十分幼稚，充满了“官方”公司史的偏狭和虚假热情。关于美国运通，亦可读：拉尔夫·T. 里德的“美国运通：起源与发展”，载于纽康门协会会刊，第十五卷（1952)；以及“游客眼中的山姆大叔”，《财富》杂志，第六十三期（1961 年 6 月)，140—149 页。

现代美国酒店发展史研究起来并不容易，只能独自探索。这个主题非常丰富多彩，值得历史学家给予更多关注。多丽丝·伊丽莎白·金发表于《南方历史学刊》(*Journal of Southern History*)，第二十三期（1957，5 月)，第 173—188 页的“顶级酒店与平民时代”一文让我们看到了这个主题的潜力。美国文献中有一篇巨作，是康拉德·N. 希尔顿的《请来做客》(*Be My Guest*，1957)；它的质朴，自我揭露和无意中袒露的种种美国风俗——商界、宣传、名人、婚姻和宗教——最近发表的所有其他著作，几乎无出其右。希尔顿酒店的住客可以读到这本书。虽然这本书显然是由有这方面技术的代笔秘书写的，但这些捉刀人写得真是好；他们让此书的“作者”以毋庸置疑属于他自己的声音来叙说、嘟囔、“津津乐道地讲述”、自我恭维，以他那种无法模仿的方式展开道德说教。

除了在电影、小说和电视里，汽车旅馆的编年史还没有人做。要了解这方面的信息，必须翻查政府部门的统计数据和职业协会的报告。有价值的材料包括建筑策划书，如《汽车旅馆、旅馆、餐馆和酒吧：建筑记录手册》(*Motels, Hotels, Restaurants and Bars: An Architectural Record Book*，F.W. 道格公司，纽约，1953)。

关于博物馆的历史，从乔治·布朗·古德在史密森尼学会的《年报……1897，美国国立博物馆报告》(*Annual Report ... 1897, Report of the U.S. National Museum*，华盛顿特区，1901) 第二部分 65—81 页的“博物馆历史与历史博物馆”开始读，对理解颇有帮助。还可参考沃尔特·帕夏的《美国的艺术博物馆》(*The Art Museum in America*，1948)；关于富有收藏家与博物馆的关系，见艾琳·B.沙里宁令人忍俊不禁、充满轶事的《骄傲的持有者》(*The Proud Possessor*，1958)。博物馆和摄影的兴起造成的比较深远的美学影响在安德烈·马尔罗杰出的《寂静之声：人与其艺术》(1953) 一书中有所表现，尤其是第一部分“没有墙的博物馆”，以及第三部分“创作过程”。至于世界博览会的兴起与其意义，可读梅尔·柯蒂颇有启发性的文章“美国在世界博览会上，1851—1893”，刊载于《美国历史评论》(*American Historical Review*)，第五十五期 (1950 年 7 月)，833—856 页。至于对博物馆史的全面介绍，读者还是得靠《大英百科全书》中的条目 (第十四版)。

帆船、轮船、运河、收费高速公路、马路和铁路吸引了许多学者的关注，但没有多少严肃史学家关注汽车和飞机。约翰·H.莫里森的《美国轮船史》(*History of American Steam Navigation*，1903) 和约翰·L.斯托弗的《美国铁路》(*American Railroads*，芝加哥美国文化历史系列，1960) 给我们做了非常好的介绍。如果想更进一步地了解这些较老的发明所带来的影响，请见乔治·R 泰勒的《运输革命，1815—1860》(*The Transportation Revolution*,

1815—1860，1951；极具价值的美国莱因哈特经济史第四卷)。这些主题当然各自都有狂热爱好者和业余爱好者；若干画册相当有用。

汽车是个极大的课题；一部写得全面的汽车史可以成为现代美国的伟大寓言。至今为止，最有用的作品都是传记或是公司史，比如艾伦·内文斯和弗兰克·厄内斯特·希尔的《福特：时代、伟人与公司》(*Ford: The Times, the Man, the Company*，1954)和《福特：扩张与挑战》(*Ford: Expansion and Challenge*，1957)，这两本书无意中触及了汽车带来的影响这个话题。罗杰·柏林格姆在《铁人的行进》(*March of the Iron Men*，1938)、《民主的引擎》(*Engines of Democracy*，1940)和《建造美国的机器》(*Machines that Built America*，1948)中涉及主题更广，但也可以从中看到更专门研究的潜力。同样，在社会学著作中，也可以看到这种较小课题的前例，如罗伯特·S. 林德和海伦·M. 林德的《米德尔敦》(*Middletown*，1929)与《转型中的米德尔敦》(*Middletown in Transition*，1937)。20世纪美国的社会现实，如在F. 斯科特·菲兹杰拉德的《了不起的盖茨比》(*The Great Gatsby*，1925)、约翰·多斯·帕索斯的《美国》(*U.S.A.*，1938)和约翰·斯坦贝克的《愤怒的葡萄》(*Grapes of Wrath*，1939)中，不可避免地给汽车赋予了重要的角色；这些作品可能依然是未来历史学家研究该时代汽车重要性的最佳材料。

高速公路及高速公路行车的历史非常重要，是人造机动车景观的编年史，是我们这片大陆同质化进程中的重要插曲。美国公共道路管理局的《美利坚合众国高速公路实践》(*Highway Practice in the United States of America*，华盛顿，1949)简要介绍了这点。

飞机和飞行一般而言非常需要历史学家的研究。对于二战期间的空军，我们已有了很好的史书，但趁航空先驱者依然在世时，对民用航空旅行与航空观光作学术性且详细的治史，依然会使我们获益良多。关于空乘人员，请见约瑟夫·卡斯纳的“琼·沃特迈尔：空姐”，《生活》杂志，第十期（1941，4月28日），102—112页和“空中美人”，《生活》杂志，第四十五期（1958,8月25日），68—77页。关于民用航空旅行不断提高的速度，请见乔治·A. W. 贝姆的“超音速运输机：通往极速旅行的下一步”，《财富》杂志，第六十三期（1961年6月），159—164页，238—244页。

应该把观光指南当作材料看待，它们告诉我们当时的人被告知要期待什么，以及他们当时会看中什么。我曾经游览过法国和意大利，随身带着贝德克尔旅行指南。大部分大图书馆都藏有一套旧的贝德克尔指南，读来令人忍俊不禁、获益良多。我找到的《日本：官方指南》（日本交通公社，修订增补版，东京，1957）尤其突出了现代旅游手册的特点，但除此之外就没什么用处了。它是对旅游手册的拙劣模仿，让人看到，如果机械地遵守观光导览的套路，会让旅行变得多么琐碎，错过多少最重要的元素。这本书告诉读者，什么东西被看作是“重要的文化资产”，还列出了几乎所有公园、佛塔、宫殿、神殿和寺庙的外形规模，但几乎完全没有提及任何社会习俗和这些建筑的作用。关于贝德克尔观光手册，请见弗朗西斯·沃森的“贝德克尔的教育”，《双周刊》（*The Fortnightly*），第一百四十六期（1936，12月），698—702页；阿诺德·帕尔默，“贝德克尔的苍穹”，《双周刊》，第一百七十二期（1949，9月），200—205页；W.G. 康斯塔波，“给贝德克尔打三星”，《哈泼斯》，第二百零六期（1953，4月），76—83页；亚瑟·J.奥尔森，“贝德克尔之旅”，《纽约时报杂志》(*The New York Times Magazine*)，1959年11月29日，92、94页；以及“逍遥学派：两颗星的文明”，《时代》周刊，第四期（1950，1月9日），15—16页。就我所知，初代卡尔·贝德克尔或贝德克尔公司没有水平过关的传记，观光导览手册也没有足以让人满意的史书。当然，关于人们对旅游的态度有无穷无尽的资料，到处都是，这都是现在报纸杂志上的文章和广告、旅游海报、广告小册子和电视广告——我们现在能够轻易得到这些材料，未来的历史学家若想获取这些资料，则远远比不上我们了。

第四章 从实体到影子：消解的形式

学院派批评家，无论对艺术创作的过程了解多么浅薄，依然坚信艺术形式应该被“严肃”看待。他们主要是从教学或专业理由出发的。“一直以来”都被人用来讲授、用来考察的话题，继续被如此对待当然很容易。如果你没有别的能说，总能评论别人对于同一个话题的意见。在最受尊重的机构中，这个问题最严重。比如在英国牛津大学，对英国习惯法和英国文学的研究很晚才进入课程安排；在那里，美国历史研究到现在还没被严肃对待。这样的机构所带来的影响十分暴虐：直到现在，关于美国历史的书在英国依然几乎无人问津。

在我们这个艺术形式不固定、艺术与戏剧复制技术迅速变化的时代，学术界的习惯拥有前所未见的隔绝能力。这些习惯不可避免地让我们无视艺术、文学和戏剧形式如今正在经历的巨大改变所带来的深远影响。我没听过任何著名大学的文学系长设电影艺术课程，但可能是我孤陋寡闻了。结果就是，最有能力将现代戏剧艺术与传统戏剧艺术比较评判的学者，把我们这个时代最主要的戏剧形式流放在视野之外。相比之下，小剧作家的一些远远不及电影重要的（以传统形式为舞台而作的）戏剧作品却有好几门课程。

研究门类固化的一个症状就是，印刷史与出版史研究与文学史研究长期以来泾渭分明。有一本入门书将这两者结合在一起，值得钦佩，是赫尔姆特·莱曼—豪普特与他人合著的《美国的书：美国图书制造销售史》（*The Book in America: A History of the Making and Selling of Books in the United States*，第二版，1952）。

关于知识大众化过程的通史可以帮我们理解自由主义和民主建构的崛起如何影响了我们的面对所有事物的思维方式，以及我们眼中“知识”和“艺术”的概念。就这方面而言，翻译史是其中非常重要的组成部分。例如，可读 F. O. 马提森的《翻译，维多利亚时期的艺术》（*Translation, An Elizabethan Art*，1931）。当然，有几本书是关于《圣经》翻译历史的；但范畴更广泛的研究能极大帮助我们了解非母语或外国语言作品是如何在近期得以走到只能阅读母语的新识字阶层手里的。

唐纳德·希恩的《昨日出版：镀金时代图书行业编年史》（*This was Publishing: A Chronicle of the Book Trade in the Gilded Age*，1952）搜罗了亨利霍尔特出版社、哈珀兄弟、多德米德公司和斯克里布纳之子公司的记录（还有《出版人周刊》的记录），做了极具价值的研究，详尽而朴实地记述了内战与第一次世界大战期间的出版业；对我写作这本书的目的来说，他的书所关注的时期至关重要。罗伯特·E. 斯皮勒等人编著的《美国文学史》中，

第二卷 1263—1272 页“作家的生活”一章是马尔科姆·考利所作，写得十分渊博，深刻地解读了在第一次世界大战到 20 世纪 40 年代中期，新的出版技术和机会对作家这个行当的影响。

我们有幸能读到一些杰出的书籍——史料严丝合缝，行文亦是文采斐然。弗兰克·卢瑟·莫特的《黄金群书：美国畅销书的故事》(*Golden Multitudes: The Story of Best Sellers in the United States*，1947) 是开创性作品，如今也依然生动活泼，读来令人愉悦，可以帮人在许多主题上入门。莫特将畅销书定义为出版后十年内销量达到美国大陆人口百分之一（或在美国独立革命前，整个英国殖民地人口的百分之一）的书，在书中介绍了从迈克尔·威格尔斯沃思的《判决日》(*The Day of Doom*，1662，1690 年前销量：一千) 到卡斯琳·温索尔的《永远的琥珀》(*Forever Amber*，1945；1940—1949 年销量：一百三十万) 的一系列畅销书。

詹姆斯·D. 哈特的《畅销书：美国文学口味史》(*The Popular Book: A History of America's Literary Taste*，1950) 研究的主题更广，更微妙，统计数字也不那么精确，讨论大众阅读口味与社会压力之间的关系。除了书中如宝藏般丰富的信息以外，哈特还深刻地解读了书籍热度与其长期文学价值之间的关系。他尤其敏锐地指出“重构现实感”能力强的书一般都比较容易火起来。换句话说，他为“大众”或“畅销”书的流行会加强文学的镜像效应提供了证据。哈特（第 290 页）不同意莫特对畅销书的判断：“依靠一个时期的人口数据和另一个时期的销售数据，莫特教授认为马克·吐温的《密西西比河上》是 1880—1889 这十年的畅销书之一（该时期人口为五千万），因为在 1946 年，该书作为每本售价二十五美分的重印口袋本系列的第一本，销售量达到了五十万。

于是，莫特教授把《草叶集》、爱伦·坡的《诗集》《白鲸记》和其他作品定为畅销书，但这些书刚出版时，并没有吸引太多大众关注。”哈特总结道，过去最受欢迎的书籍中，昙花一现的作品总是比经典作品要多。爱丽丝·佩恩·海克特的《畅销书六十年：1895—1955》（*Sixty Years of Best Sellers: 1895—1955*，1956）根据年份列出了书单，提供了实际销售数据，并根据精装本和平装本分别计算。这一工作极具价值。

至于图书出版——从业内角度看待——O. H. 切尼的《图书行业经济调查，1930—1931》（*Economic Survey of the Book Industry, 1930—1931*，1931）一书提供了非常有价值的信息。这项研究由国家书籍出版商协会主持，但书中毫不留情地批判了业内某些泛滥行为。有一本较晚近的考察报告对初入门者很有意义，是钱德勒·B. 格兰尼斯的《出版业揭秘》（*What Happens in Publishing*，1957)。《出版人周刊》（1872 年成立）是不可或缺的资料来源，初入门者应该多读。

图书俱乐部现象在查尔斯·李的《隐藏的大众：月度图书俱乐部的故事》中有所阐述，书里充满了这个俱乐部不为人知的细节。但这本书依然极具“官方”公司史的特点；它不断为自己辩解，甚至在没被指责的情况下也这么做。关于月度图书俱乐部和其他受欢迎的图书俱乐部是如何强化镜像效应的，请见李书中最后的附录 C：“《出版人周刊》定期推出的畅销书榜单显示，月度图书俱乐部推荐的书籍肯定在本月最畅销书籍的榜单上。《周刊》的年度十大虚构和非虚构畅销书总榜上，该俱乐部推荐的书在 1926 年到 1953 年度一共上榜 129 本（额外附送书籍不计在内），着实惊人。在 560 本被列为畅销书的作品中，有 23% 是该俱乐部的推荐书籍。如果算上额外附送书籍，比例则上升到25.5%。”亦可见多萝西·坎菲尔德·费希尔的“图书俱乐部”（R. R. 鲍克出版社纪念讲座，1947），她讲述了作为月度图书俱乐部选书委员会成员二十年的经历，有理有据地为图书俱乐部辩护，称它们是帮助民主国家民众“保持读书习惯”的机制之一。若想对图书俱乐部和俱乐部所选书籍管中窥豹，请见利奥·M. 豪普特曼（整理者）的“今日月度图书俱乐部：描述性评论”（油印版），该评论是为国家教育协会研究部门所作（1944）。

阿尔伯特·凡诺斯特兰在《失去本性的小说》（*The Denatured Novel*，1960）中生动而敏锐地解读了平装本出版和小说电影改编对书籍出版方式与书籍内容的影响。这本书让我受益良多。凡诺斯特兰对这个领域愈演愈烈的镜像效应提供了很多证据和建议。艺术形式之间的关系所涉及的美学和哲学问题在两本经典著作中得到了讨论，一是戈特霍尔德·E. 莱辛的《拉奥孔》（*Laokoon*，1766）和欧文·白璧德的《新拉奥孔》（*The New Laokoon*，1910）。企业并购的加速与出版社股份进入股票市场对出版业的影响在小R.W. 艾伯的“出版行业淘金热”中有所涉及，发表于《星期六评论周刊》（*Saturday Review*），第四十三期（1960年10月8日），13—15页，47—49页，所有美国现代文学的学生都应该读这篇文章。关于20世纪中期的事态变化，还有一些很有价值的文章，包括：艾琳诺·布拉姆的“平装本出版：内容调查”，《新闻学季刊》，第三十六期（1959年秋季），447—454页；威廉·道·鲍特韦尔，“紧凑本的来临”，《图书馆杂志》（*Library Journal*），第八十五期，（1960，5月15日），1859—1862页；弗兰克·L. 希克，“平装本的未来”，《图书馆杂志》，第八十五期（1960，5月15日），

1863—1965 页；哈维·斯瓦多，“作家必须是角色吗？”，《星期六评论周刊》，第四十三期（1960，10 月 1 日），12—14、50 页。巴德·舒尔伯格，“不卖给电影公司，为什么还要写这本书？”，《星期六评论周刊》，第三十八期（1955，9 月 3 日），5—6、27 页。舒尔伯格这篇文章所探索的是在一个形式不断消解的世界里，作家所面对的特殊问题。作者十分精彩地讲述了他在写《码头风云》（*Waterfront*）电影剧本（还有后来写的小说版）时的体验。马尔科姆·考利在他的《文学现状》（*The Literary Situation*，Compass 图书平装本，1954）中思考了这个问题以及与此相关的其他问题，尤其是在第六章“给百万大众的廉价书”和第七章“是精装本还是平装本？”中；同样可读他的“平装本标题之争”，《记者杂志》（*The Reporter*），第二十三期（1960，7 月 7 日），44—47 页。《时代》周刊第七十六期（1960，8 月 22 日），70—71 页的“非书的时代”一文十分俏皮地报道了“不是书的书”的崛起。

节略本的历史是个非常重要的主题，非常需要研究。关于《读者文摘》，确实有两本书很有用，这两本书的批评论点是两个极端。詹姆斯·普雷斯泰德·伍德的《长盛不衰的兴趣：读者文摘的故事》（*Of Lasting Interest: The Story of The Reader's Digest*，1958）是“官方”公司史，充满吹捧赞誉之辞。但这本书提供了很多额外信息，让我们得以了解《文摘》的工作程序和内部公司史，这些信息在其他地方是找不到的，让我获益良多。约翰·韦伯斯特的《意料之中，〈读者文摘〉及其发展史》（*Little Wonder or, The Reader's Digest and How It Grew*，1946）本来是《纽约客》杂志上的连载文章，态度很是不善，语言颇为尖刻，但含有许多有用的细节、数据和轶事，其中有一章尤其出色，名为“先植入，再挖出”，讲的是《文摘》“植人”文章的行为，里面还有篇探访《文摘》位于查巴克的总部的故事，署名作者为供职于“迷你杂志”的神秘苏联编辑“尼古拉·波波科夫”，令人忍俊不禁。

为促进出版自由，反对图书审查，出版过许多书籍，也有不少改革力量做出了值得肯定的努力。比方说，出版自由委员会的报告（罗伯特·M.哈钦斯，委员会主席）：其中一份报告《自由且负责的出版》（*A Free and Responsible Press*，1947）值得一读。但在美国，就像许多大众识字兴起后的西欧国家一样，审查的影响力远远不及广泛的节略、删减和选集做法来得大。审查受到指责，人们声称它会使得大众无法得知生活的真相，而节略、总结、摘要和选集却受到夸赞，被看作是民主国家民众获知生活真相的关键工具。更仔细地研究这些行为与其影响会让我们更好地认识到自己的行径，也对其更加谨慎。有一个老笑话，一位大获成功的纽约出版商正在筹备“十诫”选集，出版“世界最佳三诫”。

艺术品复制技术的历史在安德烈·马尔罗的《寂静之声：人与其艺术》中得到探索，他看到了艺术品复制行为的深远影响。就像他这本书一样，这一门历史大部分内容必须从特定技术的历史中挖掘，如盖博·彼得迪的《版画复制，新旧技术》（*Printmaking, Methods Old and New*，1959）。一些既了解复制技术又了解艺术史的作者有能力写一本书，讲述现代技术如何改变我们的艺术体验。厄内斯特·贡布里希的《艺术与错觉》（*Art and Illusion*，1960）便是很吸引人的尝试。

至于视觉艺术与文学艺术形式之间的关系、新兴媒体和不断扩大的观众群体的重要性，吉尔伯特·赛德斯的总体评价和批判性洞察非常有趣，其中不乏专业的内行知识。可读他的《流行艺术七种》(*The Seven Lively Arts*，1924)、《伟大的观众》(*The Great Audience*，1950）和《大众艺术》(The Public Arts，1956)。

有关电影的文献如恒河沙数。但历史学家群体为这个题目所付出的写作才能、能量或勤勉工作却远远不足它所应得的。理查德·格里菲斯和亚瑟·梅耶的《电影》(*The Movies*，1957）是一本颇有用的入门书，把历史写得跃然纸上，这要归功于作者对这个话题的广泛了解与多年熟悉。利奥·罗斯腾的《好莱坞》(*Hollywood*，1941）是一本对仍在全盛期的电影资本令人敬佩的社会学研究。好莱坞在20世纪40和50年代的气氛和关注重点在以斯拉·古德曼充满轶事材料的《好莱坞五十年兴与衰》(*Fifty-Year Decline and Fall of Hollywood*，1961）中得到了极富技巧的讲述。若想读更专门的研究成果，尤其是与我在本章中所讨论的话题相关的作品，请见玛格丽特·法兰德·索普的《电影院里的美国》(*America at the Movies*，1939)。该书对电影观众作了极富洞见的研究，充满了票房大热作品的材料，各类电影的主流观众类型和电影对化妆、服装和道德的影响；霍顿斯·鲍德梅克的《好莱坞，梦工厂》(*Hollywood, the Dream Factory*，1950）是有意识的人类学研究的成果，书中的解读十分有趣，但有时候会走偏；多尔·沙里的（对查尔斯·帕尔默讲述的）《一部电影的案例研究》(*Case History of a Movie*，1950）是对一部电影拍摄过程的详细介绍；耶稣会的弗兰克·格特林和哈罗德·C.加德纳的《电影、道德和艺术》(*Movies, Morals, and Art*，1961）从天主教角度做出了十分合乎情理的批判。关于明星系统，可读埃德加·莫兰的奇异作品《明星：对电影明星系统的介绍》(*The Stars: An Account of the Star System in Motion Pictures*，从法语原版译出；长青轮廓系列

#7，1960)。该书中对礼拜仪式、梦之类的人造的、有些甚至是矫揉造作的概念提供了很多有价值的细节与洞见。小说和电影之间的关系在莱斯特·E. 阿歇姆的“从书到电影：对特定小说内容及其改编电影的比较分析”（1949）一文中得到了探索，该文为未出版博士论文，藏于芝加哥大学图书馆学研究生院。这篇文章有一些令人吃惊的结论，并附有细致的支持性文件。乔治·布鲁斯通的《从小说到电影》（*Novels into Films*，1957）追溯了六个作为例证的作品在改编过程中发生了怎样的突变；还有欧文·帕诺夫斯基出色的短文“电影中的风格与媒介”，《转型》杂志（*Transition*），第二十六期，121—133 页。

关于 19 世纪的技术变化对音乐体验的影响，我们还需要更多的研究和作品。保罗·S. 卡朋特的《音乐，一门艺术，一门生意》（*Music, An Art and a Business*，1950）主要关注音乐家和作曲家职业受到的影响。关于穆扎克，请见斯坦利·格林这篇出色的文章，“用来耳闻而非聆听的音乐”，《星期六评论周刊》，第四十期，(1957，9 月 28 日)，55—56、118 页；还有小短文“无处不在的音乐”，《音乐美国》（*Musical America*），第七十六期（1956，1 月 15 日），13 页。卡特琳·哈米尔的“唱片行业——‘这是谋杀’”一文发表于《财富》杂志，第六十三期（1961，5 月），148—151 页，178—187 页。该文讨论了靠大批量发行唱片获取利润的特殊问题。关于纽约中央车站广播音乐的故事，请见《时代》，第五十五期（1950，1 月 2 日，15 页；1950，1 月 9 日，14 页）。

科学知识进步的速度不断提高，制造印刷品的速度越来越快，这二者为我们眼中知识的概念带来了怎样的巨变，有关这方面的研究才刚刚开始。雅克·巴尔赞做出了激励人心的尝试，可读他充满活力与洞察力的《知识分子之家》(*House of Intellect*, 1959)。还可以参考德雷克·J. 德索拉·普莱斯的《巴比伦以来的科学》(*Science Since Babylon*, 1961),该书很好读,深刻,极具独创性,作者也是一位杰出的科学史家。该书为20世纪思想文化史的学生指出了最令人激动的、几乎无人涉足的领域。它提出了一些在所有与科学有关的领域中开展教育与研究所面临的最令人困扰的问题。弗朗西斯·费洛的"如何应对信息"一文,刊载于《财富》,第六十二期(1960,9月1日),162—167页,180—192页。该文提供了许多图表,简要回应了相应的问题。IBM公司在《纽约时报》出了一期特别增刊"信息爆炸"(1961年4月30日),为这些问题以及一家富有冒险精神的公司应该如何应对这些问题提供了一些有趣的线索。亦可读IBM的"语言'翻译器'第一次公开亮相"媒体发布会,安排在1960年5月27日,在纽约市的IBM公司举行。一本讲述IBM完整历史的书将对理解20世纪(或许还有21世纪!)的美国文明有极大帮助。

第五章　从理想到形象:寻求自我实现的预言
以及
第六章　从美国梦到美国幻觉?自欺欺人的声望魔法

后世者总是比时代的亲历者更容易观察到思维模式的巨大转变。用自己的语言和词汇描述自己的思维方式总是像透过红色玻璃分辨红色一样难。如今,我们情不自禁地谈论自己与自身思维的"形象",而不是谈论我们的思维本身。当批评家在当下的思维方式中发现某些新奇之处时,人们通常都会说他不了解历史,因为人们（至少是他们这群人或有智慧的人）总是像我们这样思考的。这些虔诚维护熟悉事物的人认为无知很正常，从而无法意识到自己的无知所导致的后果。现在，几乎每个人都在谈论形象，但很少人承认这代表着我们思维方式的一个重要转变：恺撒不也很关心他的公共形象吗？结果就是，只有少得可怜的文献研究了图像革命在认识论和哲学意义上的影响。

奇怪的事，几乎所有人都相信自己从事的是世界上最古老的职业之一。因此，大部分广告史都以一大堆貌似很有道理的奇谈怪论开场，介绍该行业多么源远流长：据说，耶稣是第一位广告人；据说，古代就有关于逃跑奴隶的广告，诸如此类。与此相似的是，对新制度、新职业和新技术最常见的攻击，一般都会指出这些新东西表现出了古老的罪恶。“广告，”我们常听人说，“违反了诚实、艺术和生产力的所有传统标准。”就这样，大众写手轻而易举地站在了事关公德的公众利益一边，让所有可敬的市民都对此嗤之以鼻。他们指责麦迪逊大道，说他们兜售的是不真实（其实他们很少犯这个错），从而让人忽略了更深层、更普遍的（也更让人一头雾水的）事实——广告的兴起使得整个社会重新定义了真实这个概念。

前面所有章节所用的材料中，有很多都和第五章、第六章以及形象崛起的通史有关。广告虽然在美国经济与我们的日常生活中起到举足轻重的作用，历史学家对它的兴趣却少得惊人。

詹姆斯·普雷斯泰德·伍德的《广告的故事》（*The Story of Advertising*，1958）是一本颇有用的入门书。把较新的课本，比如伍德这本书，和弗兰克·勒罗伊·布兰查德的《广告的要点》（*The Essentials of Advertising*，1921）相比，就可以稍微了解这个职业和它所面临的问题都经历了怎样的变化。现在看来，这本1921年的课本过时得就像16世纪的物理入门书一样。《纽约时报》商业版的广告新闻是一般读者了解该行业新闻最方便的途径。马丁·梅耶的《麦迪逊大道，U.S.A.》（*Madison Avenue, U.S.A.*，1958；口袋平装本，1960）是任何一个对这个题目有较严肃兴趣的人都必读的书。梅耶给出了丰富的信息，背景环境介绍详细，这就比万斯·帕卡德耸人听闻、揭秘爆料的《隐藏的说客》（*Hidden Persuaders*，1957）做得好。帕卡德的书大受欢迎（后来还有不少跟风的模仿者），这证明了美国消费大众的天真，以及大众想找个罪魁祸首承担骂名的急切心理。

还有一本重要的书提出了十分深刻的思考，探索了广告在广泛意义上的影响，作者是奥提斯·皮斯：《美国广告的责任》（*The Responsibilities of American Advertising*，1958）。罗瑟·瑞夫斯直白朴素地刻画了广告公司的职责，成书《广告的真相》（*Reality in Advertising*，1961）。关于担保代言，我从威廉·M. 弗里曼的《大人物》（1957）一书中获益良多。

商标——在法律和商业实践中有着悠久历史——依然是通过实践手册来了解最好，如克罗伊·查普曼的《商标》（*Trade-Marks*，1930）；还有I.E. 兰伯特的《公众认可：著名商标、名称与广告词背后的故事》（*The Public Accepts: Stories behind Famous Trade-Marks, Names and Slogans*，1941），该书收集了美国的商标和品牌的起源故事；还有杰西·J. 科尔斯，《消费商品规格与标签》（*Standards and Labels for Consumers' Goods*，1949）。《商标管理：商人指南》（*Trademark Management: A Guide for Businessmen*，由美国商标协会出版，1955）详尽地介绍了关于商标保护的种种问题，以及“未经监管”的词语是如何逃入语言的。

关于公众对广告的态度的变化，可以从《大吹大擂》（*Ballyhoo*）和《疯狂》（*Mad*）这两本杂志的对比中窥见一斑。30年代的低俗杂志《大吹大擂》通过讽刺性地模仿夸张的广告语来取笑广告，而在五六十年代活跃的广告杂志《疯狂》拥有同样庞大的受众，讽刺的是现实本身。《疯狂》在1961年11月大选后发行的那期杂志在前封后封印了两个祝贺封面（除了上面的照片，其他都一模一样）：其中一个印着“永远支持你，迪克！”，而另一个把“迪克”换成了“杰克”。

或许了解现代广告发展最好的方式是阅读一本出色的公司史。其中内容尤其丰富、尤其好读的一本是波利斯·埃米特和约翰·E.约伊克的《商品目录与销售柜台：希尔斯罗巴克公司历史》（*Catalogues and Counters: A History of Sears, Roebuck and Company*，1950）。像这样有深度、客观、令人敬佩且毫无说教内容的作品，能告诉我们在贩卖特定商品时，什么技术会成功，什么会失败。另一个差一些的资料书是马克·苏利文的《我们的时代：美国，1900—1925》（*Our Times: the United States*, 1900—1925，六卷本，1926—1936），该书选择细节十分巧妙、很有品位，读来津津有味，十分愉快。还有广告公司的基本历史，比如拉尔夫·M.豪尔的《广告公司的历史》（*The History of an Advertising Agency*，修订版，1949）。对任何对这些题目有严肃兴趣的人而言，亨利埃塔·M.拉尔森的《商业史导论》（*Guide to Business History*，1948）称得上不可或缺。

关于广播和电视的兴起以及它们与广告的关系等话题，可以读利奥·博加特的《电视时代：观看习惯与电视对美国生活的影响研究》（*The Age of Television: A study of viewing habits and the impact of television on American life*，第二版，1958）和悉尼·W. 海德的《美国的广播》（*Broadcasting in America*，1956），该书附录令人吃惊，极具价值，一条一条地对三个贸易协会的广播电视电影准则作了平行比较。同时可读约瑟夫·T. 克拉伯的《大众传播效应：……研究分析》（*The Effects of Mass Communication: An Analysis of Research ...*，1960），该书对文献阅读做出了引导。若想了解更专门的研究，可读埃弗雷特·C. 帕克等合著的《电视广播观众与宗教》（1955），该研究由耶鲁大学神学院主导。在《做一个政客》（*To Be a Politician*，1959）中，斯廷森·布利特对新兴媒体对美国政治生活的影响给出了一些非常好的意见，尤其是第五章。

在这所有主题上，传记依然是最真实、最令人愉快的信息来源。最好的一本就是P. T. 巴纳姆的传记《奋斗与胜利》（*Struggles and Triumphs*，1954），这本书重版过好几次，有不同版本，比如《巴纳姆自己的故事：P.T. 巴纳姆传记，搜罗并总结他在世时出版的各版本》（*Barnum's Own Story: The Autobiography of P. T. Barnum, Combined & Condensed from the various Editions published during his lifetime*，沃尔多·R. 布朗编著，1927）。除他以外，美国广告史中几乎所有重要角色都没有质量过关的传记。约翰·刚瑟的《抓住机会：阿尔伯特·D. 拉斯克的故事》（*Taken at the Flood: The Story of Albert D. Lasker*，1960）讲述的是现代美国社会史中最有趣的角色之一，内容却令人失望、单薄而且一板一眼。若想了解这些主要人物，我们还是得读这本大作《美国传记词典》（*Dictionary of American Biography*，艾伦·约翰逊与杜马斯·马隆编著，二十卷，两本增补；1928—1958)，第二本增补收录了1941年1月1日前去世的著名人物；还可以读最近出的一本《美国名人录》(*Who's Who*)。

公共关系和公关顾问这一职业的历史尤其难了解，因为很多委托还是保密的。有些人和公司非常不愿意披露自己的公关技巧，就像电影明星不愿意公开自己的化妆和整容秘密一样。但由于我在这本书中所提到的原因，我们在这个方面也越来越经验老到——或至少是越来越好奇了。这个主题的阅读材料请见第一章的阅读建议。

至于民意调查的历史，比较有水平的作品都是辩护性的。比如说乔治·盖洛普和索尔·福布斯·雷的《民主的脉搏：民意调查及其原理》(*The Pulse of Democracy: The Public-Opinion Poll and How It Works*，1940)。另一侧的辩护请见琳赛·罗杰斯的《民意调查人》(*The Pollsters*，1949)。约翰·杜威在一些作品中预见性地描写了对民意调查的兴趣的根源，以及民意调查的影响，尤其是《公众及其问题》(*The Public and its Problems*，1927)一书，沃尔特·李普曼的《舆论》(1922)，《幻影公众》(1925)和后来的《美好社会》(*The Good Society*，1937)亦对此有所涉猎。米尔德雷德·帕腾的《调查、民意测验和样本》(*Surveys, Polls, and Samples*，1950)虽然过时，但还是能让初入门的人了解许多民意测验的实践和技术性问题。后期变化在利奥波德·J.夏皮罗的“民意调查”(1956)中得到了描述，这是一篇未发表的博士论文，藏于芝加哥大学社会学系。该论文将民意调查看作一种社会现象，并探索（附带案例）人们实际上是如何开始、计划并开展民意调查的。它提出了一些因素，如调查者的智力、天真情绪或个人顾虑对结果造成的影响。至于民意调查的某些自反性研究，请见埃里克·F.哥德曼的“对民意调查的民意调查”，《民意季刊》，第八期（1944—1945冬季），461—467页，这本民意调查专业学刊上还有几篇很有价值的文章。

塞缪尔·鲁贝尔对选举敏锐的报告及预测，如《美国政治的未来》（*The Future of American Politics*，1952；Anchor出版社平装本1956）、《温和派的反叛》（*The Revolt of the Moderates*，1956），素有盛名，靠的是在统计当道的民意调查时代里不去分析民意的形象和规范，而是分析一个个活生生的选民所持有的动机、忧虑和担忧（以及他们所说的话）。

有一个非常有趣的主题我一直没法钻研，那就是心理学最近的历史，尤其是钻研测试“智力”与“性格”的心理学家所关注的焦点变化。我怀疑，对这一变化的研究会揭露人们对形象的执念所带来的影响，比我这本书发现的结果更广阔。“第一次世界大战对智识能力测试技术的发展带来的影响，”加德纳·林德杰博士称，“几乎和第二次世界大战对动机领域所带来的影响一模一样。”[加德纳·林德杰编著，《人类动机评估》（*Assessment of Human Motives*），1958；1960，第5页。]在“投射技术”和类似测试工具的发展中，对一个人应对生活的残酷事实的能力不甚在意，而更关注他如何让自己适应一个形象。“心理学家的关注点从认知方面转向了意向和动机方面。”林德杰博士继续论证道，“这一变化可以从罗夏墨迹测试（依靠人们对墨迹形状的解读进行测试）和无意识动机的名气上看出来，在过去十五年间，一般大众对这些测试的了解和谈论已经赶得上他们二十五年前对智力测试和智商的关注了。”这种变化因此被简单地称作对“人类动机”越来越强的兴趣，从另一个角度看，这种变化也可以反映出对形象越来越强的兴趣，本书第五章及第六章稍微探讨了这种变化的结果。心理学家、政治科学家和公共管理者在这方面的兴趣变化，可以从厚重的《第二次世界大战期间的社会心理学研究》(*Studies in Social Psychology in World War II*) 中窥见一斑：第一卷，塞缪尔·A. 斯托佛等人所著，《美国士兵：军队生活期间的适应》(*The American Soldier: Adjustment During Army Life*，1949)；第二卷，塞缪尔·A. 斯托佛等人所著，《美国士兵：战斗及其余波》(*American Soldier: Combat and its Aftermath*，1949)；以及卡尔·I. 霍夫兰等人所著，《大众传播实验》(*Experiments in Mass Communication*，1949)。至于与这方面相关的特殊主题，可读赫尔曼·罗夏的《心理诊断》(*Psycho-diagnostics*，伯尔尼，1942)；西尔万·汤姆金斯的《主题统觉测验》(*The Thematic Apperception Test*，1957)；克莱尔·H. 希勒（编著）的《本能行为：一个现代概念的发展》(*Instinctive Behavior: The Development of a Modern Concept*，1957)。其中某些概念的历史发展可读杰·沃顿·费的《威廉·詹姆斯前的美国心理学》(*American Psychology Before William James*，1939)；J. C. 弗吕格尔，《百年心理学》(*A Hundred Years of Psychology*，第二版，1951)；以及 A.A. 罗巴克的《美国心理学史》(*History of American Psychology*，1952)。语言这个主题显然也与这些发展相关；逻辑实证主义史可能可以提供一些有用的线索。本杰明·李·沃夫提出了一些最精巧的开创性问题，可以在他的《语言，思想与现实》(*Language, Thought, and Reality*，约翰·B. 卡罗尔编著，1956) 一书中十分方便地接触到他的一些工作。

关于犯罪在美国生活（和美国新闻）中的地位，丹尼尔·贝尔在《意识形态的终结》（*The End of Ideology*，1960）中提出了一些独创的思想，尤其是第七章“作为美国生活方式的犯罪”以及第八章“犯罪率激增的迷思”。我们还需要关注美国对运动与运动新闻的态度的史书。

美国在外国制造形象的努力若能有详细史书，将对未来研究美国生活和美国道德的历史学家有很大帮助。到现在为止，一些最敏锐的研究都出自外国人之手——比如意大利记者路易吉·巴兹尼的《美国人在世上是孤独的》（*Americans Are Alone in the World*，1953）。威廉 J. 勒德尔与尤金·波迪克合著的《丑陋的美国人》（*The Ugly American*，1958）一书，在我看来，展现而非批判了我们与他国人民关系中存在的问题。作者指责我们没把我们正尝试做的事情做好（但我认为我们不应该这么做），而不是问我们是不是最好该做点别的。

致谢

在为这本书做研究时，我得到了哈罗德·D. 伍德曼的宝贵帮助，他将历史学家对真相的尊重与对细节重要性的判断力结合在一起，做到了极致。如果没有他无私的帮助，这本书不可能写就。我还承蒙许多芝加哥大学的朋友、同事与学生的帮助；尤其是阿尔伯特·U. 罗马斯克，他鼓励我写这本书，为我阅读并评价了这本书所有的手稿，还有罗杰·舒格，他从编辑的角度毫无保留地给了我许多绝佳意见。写这本书的享受之一，就是借此机会再续我与雅典娜出版社的西蒙·迈克尔·贝西年的友谊，他充满耐心且极其严厉地审读了每一个时期的稿件。我还想感谢我在雅典娜的其他朋友，尤其是希兰·海登和马克·弗里德伦德尔，他们在百忙之中抽时间阅读此书，并十分细致地提出批评。这本书的稿件由伊利诺伊州霍姆伍德的艾德·斯塔克女士准备、抄录与再抄录，她聪慧、高效、关注细节、对事业毫无保留，我欠她的实在无以言表。这本书大部分的内容都源自我过去几年间对美国历史各领域的研究。书中的一些思想首次出现于以下几篇文章："美国的民主与文化"，发表于俄亥俄大学的"流行 / 大众文化：美国视角"会议上，该会议举办于 1960 年 10 月 28 日；“美国的形象”，1960 年 11 月 30 日在芝加哥大学公民理事会上做的演讲；以及“历史经验种种”，1960 年 12 月 29 日在纽约市的美国历史协会年会上讲演的论文。书中的一些概念和例子是在家里的饭桌上，以及在和我的儿子保罗、乔纳森和大卫的讨论中发展而来的。我这本书以及此前所有书的主编一直是我的妻子，露丝·F. 布尔斯廷，她一直是我的终审法庭和首席律师。

图书在版编目（C I P）数据

幻象 /（美）丹尼尔·布尔斯廷著 ；符夏怡译.
--海口 ：南海出版公司，2023.7
ISBN 978-7-5735-0256-8

Ⅰ．①幻… Ⅱ．①丹… ②符… Ⅲ．①新闻学－传播
学－研究 Ⅳ．①G210

中国版本图书馆CIP数据核字(2022)第169568号

著作权合同登记号 图字：30-2019-082

幻象
〔美〕丹尼尔·布尔斯廷 著
符夏怡 译

出　　版　南海出版公司　(0898)66568511
　　　　　海口市海秀中路51号星华大厦五楼　　邮编 570206
发　　行　新经典发行有限公司
　　　　　电话(010)68423599　　邮箱 editor@readinglife.com
经　　销　新华书店

出版统筹　杨静武
责任编辑　秦　薇
特邀编辑　唐　涛　周劼婷
营销编辑　陈　文　朱雨清　沈乐璇
装帧设计　韩　笑
内文制作　王春雪

印　　刷　山东韵杰文化科技有限公司
开　　本　880毫米×1230毫米　1/32
印　　张　10.5
字　　数　200千
版　　次　2023年7月第1版
印　　次　2023年9月第2次印刷
书　　号　ISBN 978-7-5735-0256-8
定　　价　69.00元